海洋经济高质量发展丛书
指导委员会

黄祖辉　韩立民　沈满洪　刘大海　叶属峰　汪浩瀚

本书为浙江省新型重点专业智库——宁波大学东海研究院研究成果

海洋经济高质量发展丛书
浙江省海洋发展智库联盟

"社科赋能山区（海岛）县高质量发展行动"研究成果

海岛高质量发展

"生态立县"之
嵊泗实践

余 杨 胡求光 贺跃军 等◎著

ISLANDS' HIGH QUALITY DEVELOPMENT:

COUNTY DEVELOPMENT BASED ON
ECOLOGICAL CIVILIZATION CONSTRUCTION IN SHENGSI

ZHEJIANG UNIVERSITY PRESS
浙江大学出版社
·杭州·

图书在版编目(CIP)数据

海岛高质量发展:"生态立县"之嵊泗实践/余杨
等著. -- 杭州:浙江大学出版社,2024.4
ISBN 978-7-308-24699-6

Ⅰ.①海… Ⅱ.①余… Ⅲ.①县级经济—区域经济发
展—研究—嵊泗县 Ⅳ.①F127.554

中国国家版本馆 CIP 数据核字(2024)第 045494 号

海岛高质量发展:"生态立县"之嵊泗实践

HAIDAO GAOZHILIANG FAZHAN:"SHENGTAI LI XIAN"ZHI SHENGSI SHIJIAN

余 杨 胡求光 贺跃军 等 著

责任编辑 陈逸行
责任校对 郭琳琳
封面设计 雷建军
出版发行 浙江大学出版社
         (杭州市天目山路 148 号 邮政编码310007)
         (网址:http://www.zjupress.com)
排   版 杭州星云光电图文制作有限公司
印   刷 广东虎彩云印刷有限公司绍兴分公司
开   本 710mm×1000mm 1/16
印   张 12.5
字   数 205 千
版 印 次 2024 年 4 月第 1 版 2024 年 4 月第 1 次印刷
书   号 ISBN 978-7-308-24699-6
定   价 68.00 元

总　序

　　海洋是生命的摇篮、资源的宝库、交通的命脉。海洋空间广袤辽阔,资源丰富多样。党的十八大以来,以习近平同志为核心的党中央作出了建设海洋强国的重大战略部署,强调海洋是高质量发展战略要地,建设海洋强国是中国特色社会主义事业的重要组成部分,必须进一步关心海洋、认识海洋、经略海洋。党的二十大报告作出"发展海洋经济,保护海洋生态环境,加快建设海洋强国"的战略安排。党的二十届三中全会也明确提出了完善促进海洋经济发展体制机制,健全海洋资源开发保护制度等要求,建设海洋强国的"四梁八柱"已基本形成。

　　浙江是中国革命红船起航地、改革开放先行地。浙江省拥有得天独厚的海洋资源禀赋,海岸线总长6486公里,海域面积约22万平方公里,面积大于500平方米的海岛有3061个,是全国岛屿最多的省份。21世纪是海洋的世纪,海洋经济在经济社会发展中的地位和作用将愈加突出。

　　鉴于此,作为浙江省海洋发展智库联盟的牵头单位,宁波大学东海研究院课题组积极贯彻党中央、国务院关于建设海洋强国的战略部署,立足浙江实际,针对海洋经济高质量发展领域专门编著了这套丛书。丛书包括四本专著。一是认清东海现状是研究的基础,也是本丛书的首要关注点。余璇博士撰写的《海洋经济高质量发展:东海海洋经济发展评估与产业景气研究》一书主要起到摸清家底的作用,力图通过量化方法评估东海区域所涉省份的海洋经济高质量发展的现状,探究东海区域的海洋产业的景气情况。二是食物供给是海洋最基础的功能,也是本丛书的聚焦重点所在。汪杰峰博士撰写的《海洋经济高质量发展:生鲜水产电商与供应商优选》研究了水产流通数字化趋势,提出产品供应商优选思路。叶胜超博士和汪浩瀚教授撰写的《海洋经济高质量发展:渔业金融支持与风险防控》系统探讨了金融

1

支持渔业发展的作用机制和效果,提出了完善的建议。三是服务地方经济社会发展是研究院的主要落脚点之一。余杨、胡求光等教授撰写的《海岛高质量发展:"生态立县"之嵊泗实践》就是研究院近期的重要实践探索。

具体而言,余璇博士撰写的《海洋经济高质量发展:东海海洋经济发展评估与产业景气研究》专著指出,作为海洋经济发展的"领头羊",东海海区所涉及的"三省一市"(江苏省、浙江省、福建省和上海市)的海洋生产总值占全国的比重更是常年高达40%以上,海洋生产总值占地区生产总值的比重更是常年接近20%,海洋产业发展对地区经济发展的推动作用尤为明显。该书共分为三大部分:第一部分重点评估东海海洋经济发展,一方面从发展趋势、产业现状和区域差异三方面对东海海洋经济发展状况进行总体评价,另一方面从海洋经济发展效率和资源配置效率两方面对东海海洋经济发展状况进行定量评估。第二部分重点研究东海海洋产业景气情况,在指标体系构建的基础上,将海洋产业景气总指数细分为规模指数、结构指数、成效指数、潜力指数和绿色指数五个分指数,定量测算并分析东海及所涉"三省一市"的海洋产业景气情况。第三部分侧重于经验借鉴和发展对策,在对美国、英国、挪威、韩国和日本等国海洋产业发展典型案例进行分析的基础上,识别东海海洋经济发展存在的问题,并从拓展深远海发展空间、强化海洋资源集约利用、推进海洋科技创新集聚、加快传统海洋产业转型和打造现代海洋产业集群等方面提出相应的对策建议。

叶胜超博士和汪浩瀚教授撰写的《海洋经济高质量发展:渔业金融支持与风险防控》,旨在充分考虑渔业产业特点及中国渔业阶段性发展特征,在辩证把握金融市场与现代产业发展关系的前提下,从规范金融、民间金融与数字金融三个角度考察中国渔业的金融支持问题,并从渔业风险特性及金融市场内在逻辑两个方面,前瞻性地关注渔业金融支持体系构建中的风险问题,从而提出关于完善渔业金融支持的系统性建议。该书重点探讨了以下问题:第一,金融支持渔业高质量发展的理论基础与可能路径;第二,我国渔业高质量发展科学评价体系构建与测量;第三,不同类型金融支持对于渔业发展的支持效果与作用机制;第四,我国渔业金融风险状况及其内外动态关联性问题;第五,渔业产业金融支持及风险防控策略的探讨与构建。该书认为,我国目前渔业发展的金融支持远未达到理想状态,实际效果与理论推演存在相当大的差距,渔业金融风险的存在更加剧了渔业企业的融资困境;但规范金融、民间金融与数字金融表现出各有侧重、彼此配合的趋势,这为我们探讨渔业多层次金融支持策略提供了重要思路。作者提出的渔业金融支持体系与引导性策略构建的建议具有一定的参考价值,有助于我国渔业在新时代实现高质量发展的目标。

汪杰峰博士撰写的《海洋经济高质量发展:生鲜水产电商与供应商优选》专著指出,生鲜水产品电商是海洋经济高质量发展的重要组成部分,而生鲜水产品供应商选择是电商平台和海洋经济高质量发展的战略性挑战。随着信息技术的发展和电商竞争的加剧,竞争情报在电商平台供应商优选中的作用更加凸显。该书从竞争情报分析视角出发,主要从竞争环境、竞争对手和竞争策略三个方面,综合运用了行为实验、神经科学、博弈理论和多属性群决策等学科交叉领域的研究方法,探究了不确定竞争环境下的生鲜水产品电商平台供应商优选问题。首先,在竞争环境层面,该书用事件相关电位(ERP)方法揭示了消费者对产品的认知和情感反应,为供应商优选提供新颖的证据和角度,使得研究结果更加科学可靠;其次,在竞争对手层面,该书用演化博弈模型分析了消费者、平台方和政府之间的互动与策略选择,为生鲜水产品电商平台供应商优选提供了市场竞争策略和定价策略;再次,在竞争策略层面,该书提出了单值中智组合加权对数平均距离(SVNLCWLAD)度量的新型多属性群决策模型,为供应商优选提供了一种新的、高效的决策工具;最后,该书为电商平台、政府监管部门和供应商提供了一系列的对策和建议。

余杨、胡求光等教授积极响应浙江省社会科学界联合会"社科赋能行动",对接中共嵊泗县委宣传部、县社会科学界联合会,聚焦海岛样本,探讨以高品质生态环境支撑高质量发展的生态文明理论与实践创新,形成了《海岛高质量发展:"生态立县"之嵊泗实践》一书。该书系统梳理了嵊泗县"生态立县"战略的形成、确立以及发展过程,总结从1.0版美丽资源建设向2.0版美丽经济转化的高质量发展道路,以及正迈向打造3.0版新时代美丽、美好、现代化海岛样板的新历程,诠释了"两美"生态建设的理论内涵,提炼了规划引领、生态为先、产业为本、创新驱动、生态惠民、制度增效等六个具有先行示范作用的重要做法。该书还凝练了海岛高质量建设三个方面的宝贵经验，可以为全省乃至全国提供重要参考：一是以党的全面领导推进海岛生态高标准顶层设计，落实到常态化、长效化制度建设和海陆协同治理模式，将制度优势转化为美丽胜势。二是做大做强高质量蓝色现代产业体系，创新推进蓝色产业融合发展，开拓实现蓝色生态产品系统转化，提升蓝色经济可持续发展的现代化水平。三是以生活高品质为核心引领，做好富民、惠民、乐民的美丽"组合拳"，共建共享生态福祉，共创美丽美好生活。该研究成果以校地形式进行了联合发布，获得省部级领导、县党政主要领导的肯定性批示，获得中共嵊泗县委党校的大力支持，还获得了"浙江社科""潮新闻"、腾讯网等媒体的报道转载，成为产学研合作研究的重要积累。

我相信，本丛书的出版将为浙江乃至全国沿海地区推动海洋经济高质量发展提供有益的经验借鉴，并能为相关政策的制定完善和宏观决策提供可信的理论依据。

2024 年 4 月 2 日

序

党的二十大报告指出,必须牢固树立和践行绿水青山就是金山银山的理念,站在人与自然和谐共生的高度谋划发展,并强调人与自然是生命共同体,要坚定不移走生产发展、生活富裕、生态良好的文明发展道路,实现中华民族永续发展。2023 年是全面贯彻党的二十大精神的开局之年,也是"八八战略"实施 20 周年。习近平总书记在全国生态环境保护大会上对建设美丽中国提出更高的要求,再次强调把建设美丽中国摆在强国建设、民族复兴的突出位置,以高品质生态环境支撑高质量发展,加快推进人与自然和谐共生的现代化。① 浙江省以"绿水青山就是金山银山"理念为根基,以"八八战略"为引领浙江改革发展的总纲,在"生态优先、绿色发展"的探索中走出浙江的"美丽山海"先行路。浙江省社会科学界联合会勇担新时代责任,开展"社科赋能山区(海岛)县高质量发展行动",助力从美丽先行到美丽现代化的跨越式发展。

嵊泗县作为浙江省唯一的全域海岛县,是联通长三角的"桥头堡",具有独特的海洋生态底色以及极其重要的海上战略地位。嵊泗县牢固树立和践行"绿水青山就是金山银山"理念,坚定落实省、市战略部署,将"生态优先、绿色发展"作为立县根本方略,走出了一条具有海岛特色、向海而生的美丽发展之路。为更好地扛起新发展阶段历史使命,更好地落实省、市高水平推进美丽海岛建设部署,嵊泗县积极谋划新时代美丽中国海岛样板建设与实践创新,探索人与海洋和谐共生的高质量发展迭代升级新路。为此,需要加强以"绿水青山就是金山银山"理念为指导,充分认识美丽嵊泗建设的能力

---

① 全面推进美丽中国建设 加快推进人与自然和谐共生的现代化[N].人民日报,2023 – 07 – 19(1).

与效率,深入挖掘发展潜力,走高质量发展道路。这本著作为海岛高质量发展的基础优势以及高质量特色道路的选择提供了全面翔实的研究支撑。

该著作是开展社科赋能高质量发展行动的专项研究,聚焦海岛样本,循迹溯源嵊泗"生态立县"战略的形成、发展与提升。围绕嵊泗县"美丽海岛"发展历程,从美丽海岛"生态立县"历史沿革、海岛生态价值评估以及"港、景、渔、能源"四个蓝色产业强县案例等六个方面,系统回顾和阐述了海岛嵊泗县的生态体系脆弱性、资源要素不平衡性、价值转化通路不畅性等三大发展难题,量化评估了"生态立县"战略下海岛生态价值结构与转化提升效率,理论与实践相结合地展现了"生态美、生产美、生活美"的海岛和美发展成效。在此基础上,深化诠释了"绿水青山就是金山银山"理念的海岛"生态两美"逻辑体系,凝练并提升了"生态优先"引领"三生"融合的美丽海岛建设之路,为全国海岛地区高质量发展提供可复制、可借鉴的发展经验。

该著作是一部全面展示"美丽浙江"窗口示范的力作,也是一部助力嵊泗谱写新时代美丽新篇章的力作。诚然,这部著作的呈现也离不开宁波大学东海研究院余杨教授团队夜以继日、不畏困难的辛勤工作。在此,为著作能够顺利付梓出版表示祝贺!希望余杨教授团队能够在以后的学术研究中百尺竿头更进一步。

黄祖辉

浙江大学中国农村发展研究院首席专家

2023 年 12 月

目　录

1

第一章 海岛生态发展模式：
进展、难题与浙江探索

"八八战略"诠释了浙江发展"八个方面的优势"和"推进八个方面的举措"，为建设全国生态文明系统工程提供了极其重要的理论基础与实践依据。海岛独具特色的海洋、海岛、海城风景资源以及颇具难度的生态保护与价值转化探索，为实施并丰富生态战略提供了特色创新的生动样本，也带来了实践创新的重大挑战。本章回顾浙江生态省建设的历史沿革，循迹溯源海岛嵊泗"生态立县"战略的形成、确立与发展，比较分析从"生态美丽"到"美丽美好"的阶段性创新探索，充分体现海岛高质量特色发展模式以及发展成效。

第一节 浙江生态省建设的历史沿革

一、"绿水青山就是金山银山"理念萌发与浙江生态省战略的 提出与实施

2002 年 12 月 19 日，中国共产党浙江省第十一届委员会第二次全体会议通过《中共浙江省委关于认真贯彻落实党的十六大精神 加快全面建设小康社会 提前基本实现现代化的决定》。全会明确提出"三生融合"的文明发展道路，"树立强烈的发展意识，集中全省人民的智慧和力量，聚精会神搞建设，一心一意谋发展，走生产发展、生活富裕、生态良好的文明发展道路"①，明确指出经济强省的建设目标就是总量、速度、质量、活力与可持续发

---

① 中共浙江省委关于认真贯彻落实党的十六大精神 加快全面建设小康社会 提前基本实现现代化的决定(2002 年 12 月 19 日中国共产党浙江省第十一届委员会第二次全体会议通过)[J].今日浙江,2003(1):16-22.

展能力的综合领先,明确可持续发展战略内容是"以建设'绿色浙江'为目标,以建设生态省为主要载体,努力保持人口、资源、环境与经济社会的协调发展"。2003年1月,经国家环保总局批准,浙江省成为全国第五个生态省建设试点省份。5月6日,浙江省成立浙江生态省建设工作领导小组,落实工作责任。6月,浙江省第十届人民代表大会常务委员会第四次会议通过了《浙江省人民代表大会常务委员会关于建设生态省的决定》,生态省建设方案得以落实。在2003年7月10日举行的中共浙江省委十一届四次全体(扩大)会议上,"发挥浙江的生态优势,创建生态省,打造'绿色浙江'"被纳入"八八战略"。7月11日,浙江省委、省政府召开生态省建设动员大会。8月19日,浙江省人民政府印发《浙江生态省建设规划纲要》。之后,各级党委、政府和各有关部门在省委、省政府的领导下,进行了广泛的宣传、动员,建立了组织机构。各市、县组织开展了生态市、生态县建设规划的编制。

2005年8月15日,时任浙江省委书记习近平同志到浙江安吉余村调研时首提"绿水青山就是金山银山"理念。[①] 当月,习近平同志在《浙江日报》头版的《之江新语》专栏发表评论文章《绿水青山也是金山银山》,指出:"我们追求人与自然的和谐,经济与社会的和谐,通俗地讲,就是既要绿水青山,又要金山银山。""如果能够把这些生态环境优势转化为生态农业、生态工业、生态旅游等生态经济的优势,那么绿水青山也就变成了金山银山。"[②]"绿水青山就是金山银山"理念深刻阐释了生态环境保护和经济发展辩证统一的关系,揭示了人们认识绿水青山与金山银山关系的三个阶段:第一个阶段是用绿水青山去换金山银山;第二个阶段是既要金山银山,但是也要保住绿水青山;第三个阶段是认识到绿水青山可以源源不断地带来金山银山,绿水青山本身就是金山银山。"绿水青山就是金山银山"理念提出近20年来已成为浙江生态省建设的指导思想,也成为全党、全社会的共识与共同行动。

浙江生态省战略在这一阶段实施,以环境治理为导向是其鲜明特色。"绿水青山就是金山银山"理念主基调体现在努力实现人与自然和谐发展以

---

① 本书编写组.干在实处　勇立潮头——习近平浙江足迹[M].北京:人民出版社,杭州:浙江人民出版社,2022:281-283.

② 习近平.之江新语[M].杭州:浙江人民出版社,2007:153.

及经济与社会和谐发展。2004 年,《浙江省环境污染整治行动方案》(浙政办发〔2004〕102 号)出台。该方案历时 3 年制定完成,突出 8 大水系和 11 个环保重点监管区的治理,也被称为"811"环境污染整治行动(以下简称"811"行动)。"811"行动持续开展,巩固提升,已经持续到第四轮。第一轮三年行动使浙江省市环境恶化趋势得到了有效遏制。第二轮的《"811"环境保护新三年行动实施方案》(浙政发〔2008〕7 号)从以工业领域为重点转向工业、农业以及近岸海域污染等多领域重点污染治理,面上较为突出的环境污染问题得到显著改善。两轮行动有效推进"绿水青山就是金山银山"理念落实由第一阶段向第二阶段过渡。

"绿水青山就是金山银山"理念刻画的"山水"画卷可以落实到农村"千万工程"生态建设工作上。"千万工程"是生态文明市县乡协同开展的一项工作创举,也是"山海"地区"绿水青山就是金山银山"理念落实由第一阶段转向第二阶段的重要抓手。2003 年 6 月,浙江省委、省政府出台《关于实施"千村示范、万村整治"工程的通知》(浙委办〔2003〕26 号),明确"千村示范、万村整治"工程是针对"三农"发展中的突出环境问题,以生态省战略建设推进城乡经济社会统筹发展,提高农村农民生活质量、健康水平和文明素质。这一阶段的"千万工程"以全面小康示范村建设为总目标,以人居环境整治为抓手,触及农村生产、生活、生态文化的协调关系,以山海"三农"环境变革来推动生态变革。

二、"绿水青山就是金山银山"理念形成与浙江生态省战略深化

党的十八大以来,我们党全面推动了对"为什么建设生态文明""建设什么样的生态文明"以及"怎样建设生态文明"等重大理论和实践问题的探索。2018 年 5 月,党中央召开全国生态环境保护大会,正式确立习近平生态文明思想。大会提出新时代推进生态文明和美丽中国建设必须坚持"六项原则","绿水青山就是金山银山"理念是其中之一,体现了绿色发展观。

党的十八大报告把生态文明建设纳入中国特色社会主义事业"五位一体"总体布局,提出"大力推进生态文明建设","努力建设美丽中国"。党的十九大报告再次按照"五位一体"框架系统阐述"加快生态文明体制改革,建设美丽中国",再次强调"建设美丽中国"。这一阶段,浙江深化"绿色浙江"和生态省战略,提出"建设美丽浙江、创造美好生活"的"两美"战略,建设

"绿水青山就是金山银山"的新天地。

2014 年 5 月,中共浙江省委十三届五次全体(扩大)会议通过《中共浙江省委关于建设美丽浙江创造美好生活的决定》。这一阶段,"811"行动进入第三轮和第四轮阶段,并在 2016 年第四轮专项行动中引入"两美"目标,提出"绿色经济""生态文化"和"制度创新"等新理念和新目标,规划"两美"八大专项行动。2018 年,《中共浙江省委 浙江省人民政府 关于高标准打好污染防治攻坚战高质量建设美丽浙江的意见》进一步将其提升为"坚决打赢蓝天保卫战""深入实施碧水行动""全面推进净土行动""切实抓好清废行动"等美丽浙江行动。在专项行动中,浙江省委、省政府印发《浙江省"四边三化"行动方案》以及《浙江省深化"四边三化"行动方案(2015—2020年)》,推进全省域公路边、铁路边、河边和山边的洁化、绿化、美化及长效治理。2013 年启动"三改一拆"(旧住宅区、旧厂区、城中村改造和拆除违法建筑)三年行动,2016 年启动深化行动,以"促发展、拓空间、优环境"等要求推进土地要素转化与生态高效利用。2014 年启动"五水共治"(治污水、防洪水、排涝水、保供水、抓节水)七年总规划和"三五七"目标行动,全面推进生态治水。2013 年启动浙江省大气污染防治行动,2018 年启动打赢蓝天保卫战三年行动计划,建设清新空气示范区,改善大气质量。必须指出的是,"绿色经济"理念在以上生态文明建设行动方案中均得到充分体现,还以经济、产业等专项方案深化"绿水青山就是金山银山"转化。2017 年,浙江省发展和改革委员会印发《浙江省绿色经济培育行动实施方案》,初步确立绿色经济产业体系、发展水平和机制目标,推进启动创新平台、绿色农业培育、绿色能源推广、生态旅游等重点工程。

党的十八大以来,海洋生态文明建设进入战略新阶段,国家海洋生态文明建设顶层设计凸显"绿水青山就是金山银山"理念,引领海洋强国发展之路。海洋生态文明建设出现在 2009 年 12 月出台的《关于进一步加强海洋生态保护与建设工作的若干意见》(国海发〔2009〕14 号)中,主要措施是监控管理与生态保护并进,体现为以末端治理为导向。2012 年以来,《中共中央 国务院关于加快推进生态文明建设的意见》《关于开展"海洋生态文明示范区"建设工作的意见》和《国家海洋局海洋生态文明建设实施方案》(2015—2020 年)等文件陆续出台,旨在探索建立较为完善的海洋生态文明制度体系,将海洋资源利用与海洋经济发展方式的绿色转型纳入其中,推进人与自然和谐相处的新发展格局。

同期,浙江省秉承"绿水青山就是金山银山"理念,实施"两美"战略和"811"行动等持续推进海洋生态文明建设,进行制度探索,制定出台了一批省市级重点规划及配套细则,包括《浙江海洋经济发展示范区规划》《浙江省海洋功能区划(2011—2020 年)》《浙江省海岸线保护与利用规划(2016—2020 年)》《浙江省重要海岛开发利用与保护规划》《浙江省无居民海岛管理实施细则》《舟山市海洋环境保护"十三五"规划》等。这些文件充分体现了"绿水青山就是金山银山"理念之海洋生态文明建设探索。

《浙江海洋经济发展示范区规划》。该规划以科学发展为主题,以转变经济发展为主线,探索海洋生态文明建设与浙江海洋经济科学发展之路。综合提出"海陆统筹、持续发展""科教先行、集约发展""生态优先、持续发展"等发展原则,以及东海经济可持续发展与建设模式。其中,嵊泗海域作为九大重要海域之一,确立基本海域功能、合理开发利用模式、"港景渔"现代海洋产业与文化体系、生态资源开发、污染防治与修复保护等示范建设。规划提出"群岛型花园城市"与"加强无居民海岛保护"的基本发展导向,为高水平落实"绿水青山就是金山银山"理念奠定重要制度基础。

《浙江省海洋功能区划(2011—2020 年)》。该文件是落实海域保护与开发战略、探索浙江海域管理调控制度与海洋功能分区管理的重要尝试。其中,嵊泗海域、海岛均被纳入合理开发重要海岛、重点海域名单。

《浙江省海岸线保护与利用规划(2016—2020 年)》。该文件是落实全面深化生态文明体制改革,构建科学合理的自然岸线格局,以及实现经济、社会、生态效益相统一精神的制度探索。其中,嵊泗海岸线划分为可围填海、限围填海和禁围填海三种类型进行分类管控,枸杞岛生态保护与修复进入重点整治修复名单。

三、"绿水青山就是金山银山"理念发展与浙江生态省战略提升

党的二十大报告系统阐述了"推动绿色发展,促进人与自然和谐共生",依然强调"推进美丽中国建设"。美丽中国建设提出了更高的任务目标,不仅包括加快发展方式绿色转型和深入推进环境污染防治,还包括提高生态系统多样性、稳定性、持续性以及稳妥推进碳达峰、碳中和。"绿水青山就是

金山银山"理念的内容进一步深入、范围进一步拓宽。

新时代,浙江争创美丽中国建设先行地,对"绿水青山就是金山银山"理念开展了更高水平的实践探索。在行动方案方面的新探索包括《深化生态文明示范创建高水平建设新时代美丽浙江规划纲要(2020—2035年)》和《浙江高质量发展建设共同富裕示范区实施方案(2021—2025年)》,强调高质量发展、高品质生活和美丽先行等示范建设;强调"绿水青山就是金山银山"转化通道进一步拓展,生态产品价值实现机制全面推行,生态文明制度体系率先形成。重要行动方案包括:高质量发展三个"一号工程"(数字经济创新提质、营商环境优化提升、"地瓜经济"提能升级)和"十项重大工程"①。在2022年浙江省高质量发展建设共同富裕示范区绩效考核评价中,嵊泗县入选县(市、区)考核优秀名单,成绩突出。

浙江高水平建设海洋文明与高质量发展山海地区,同步开展了诸多探索创新。重要行动方案包括:《浙江省八大水系和近岸海域生态修复与生物多样性保护行动方案(2021—2025年)》(浙政办发〔2021〕55号)、《浙江省海岸带综合保护与利用规划(2021—2035年)》、《浙江省美丽海湾保护与建设行动方案》(浙政发〔2022〕12号)、《浙江省重点海域综合治理攻坚战实施方案(2022—2025年)》(浙环函〔2022〕203号)。这些文件综合考虑高质量生态文明建设、海洋强省建设、共同富裕示范区和重要窗口建设等目标体系,深化"绿水青山就是金山银山"理念发展与生态省战略推进。

《浙江省八大水系和近岸海域生态修复与生物多样性保护行动方案(2021—2025年)》。该方案首次对近岸海域生态修复与生物多样性保护进行联合规划,对美丽海岛生态系统多样性、稳定性、持续性建设提出更系统全面的要求与措施。

《浙江省海岸带综合保护与利用规划(2021—2035年)》。该规划是2018年10月15日浙江省海洋与渔业局印发的《浙江省海洋功能区划

---

① "十项重大工程"指浙江省政府工作报告提出的扩大有效投资"千项万亿"工程、"415X"先进制造业集群培育工程、"315"科技创新体系建设工程、服务业高质量发展"百千万"工程、世界一流强港和交通强省建设工程、县城承载能力提升和深化"千村示范、万村整治"工程、跨乡镇土地综合整治工程、文旅深度融合工程、绿色低碳发展和能源保供稳价工程、公共服务"七优享"工程。

(2011—2020 年)》(2018 年 9 月修订)与 2020 年 1 月 6 日浙江省自然资源厅发布的《浙江省海岸线保护与利用规划(2016—2020 年)》的综合升级版,统筹考虑产业结构调整、污染治理、生态保护以及应对气候变化目标,探索浙江省海岸带空间规划科学规划。该规划的特点是融合海域、海岛、海岸线等各类涉海规划,统筹管控海岸带空间资源,对实现海洋生态—经济—社会发展综合效益具有重大格局意义,对嵊泗全域海岛型生态发展具有极其重要的科学规范作用。

《浙江省美丽海湾保护与建设行动方案》。该方案明确深化"五水共治"行动,提出"推动海洋污染防治向生态保护修复和亲海品质提升升级,促进海湾转清转净、转秀转美,实现人海和谐,全力服务海洋强省和全省共同富裕示范区建设"。2022 年 8 月 29 日,浙江省生态环境厅等八部门联合印发《浙江省重点海域综合治理攻坚战实施方案(2022—2025 年)》,作为污染防治攻坚的专项方案,其不仅衔接美丽海湾保护与建设行动,还涵盖其他三方面 11 项行动以及数字化治理。其中,海源污染治理重点体现为"港景渔"污染治理行动。

第二节　嵊泗"生态立县"之发展思考与先行探索

"靠山吃山,靠海吃海",没有"山海",哪有发展与文明。嵊泗作为浙江省唯一的全域海岛县,是沪、杭、甬的东大门,联通长三角的"桥头堡",具有丰富的海洋生态资源以及极其重要的海上战略地位。嵊泗也曾面临"港景渔"传统产业"人海相争"之痛以及"做大、做深、做绿"发展之难。2005 年 12 月,时任浙江省委书记习近平同志到舟山考察,提出要更加注重生态环境的保护。① 十几年来,嵊泗人始终贯彻"绿水青山就是金山银山"理念,坚定"生态立县"战略,探索绿色发展崛起,走出全域美丽"山海城"与蓝色海洋经济共荣之路。

一、嵊泗考察:立县发展工作指引

嵊泗县(嵊泗列岛)位于杭州湾以东、长江口东南,是浙江省最东部、舟

---

① 　周咏南. 发展海洋经济大有可为[N]. 浙江日报,2005-12-27(1).

山群岛最北端的一个海岛县,由 631 个大小岛屿组成,陆域面积 86 平方公里,海域面积 8738 平方公里,是一个典型的海洋大县、陆域小县,是我国唯一的海洋列岛型风景名胜区,著名的舟山渔场的中心。

2003 年 5 月 13 日至 14 日,时任浙江省委书记习近平同志来到舟山考察,其中一站便是嵊泗县小菜园海水淡化厂。① 此次考察,为淡水资源匮乏的海岛县打开了"活水"的思路,更为嵊泗县指明了立足海洋资源、面向海洋发展的新方向,使其充分认识到发展海洋经济的重要性。

2005 年 12 月 26 日,时任浙江省委书记习近平同志到舟山视察海洋经济发展情况,在充分肯定舟山经济社会发展所取得的成绩的同时指出,发展海洋经济,必须坚持高起点谋划,走出一条特色鲜明的发展路子。要更加注重增长质量的提高,更加注重资源的集约利用,更加注重生态环境的保护,更加注重发展的可持续性。鼓励舟山在建设海洋经济强省中要打头阵,有"舍我其谁"、敢于争先的气概,站在培育全省海洋经济增长点和优化全省经济结构的高度,算大账,算远账,善于借力发展,善于借梯登高。②

海洋经济发展就是要向海洋要潜力、要空间,要开发的深度和广度。当我们对海洋的认识和开发还有限时,对海洋经济的开发和掌握就会限于水产,且是近海养殖,对深海养殖和滩涂利用的渔业品种开发还远远不足。这就需要嵊泗人深刻理解海洋经济领域的广泛性。海洋经济不仅是海洋渔业,还有海港工业、海港经济、海岛开发及海洋旅游业等。在发展海洋经济的同时,还要注重把握开发与环境、海域经济与陆域经济的关系。没有海洋生态文明,就没有海洋经济与未来发展。

嵊泗县优美的自然景观资源赋予其"海上花园、东方明珠"的美名,而生态环境保护正是其得以保持海洋生态优势的根本基础。但生态旅游的现代化并不止于原生态体系,更多是人文与自然交融的旅游体验。嵊泗县渔人文化、百年渔场象征着东海渔业之源和生态文明之源。渔港经济的现代化也不止于渔业资源养护,渔船港市联动与生产延伸都将带来渔港新经济发展。平衡好"生态"与"发展"这一对关系,需要一代又一代嵊泗人的持续奋

---

① 胡园园.广拓水源,海岛引"活水"[N].舟山日报,2023-10-10(1).
② 周咏南.发展海洋经济大有可为[N].浙江日报,2005-12-27(1).

斗与创新突破。

二、嵊泗思考:"生态立县"发展出路

(一)三大发展瓶颈

嵊泗县探索海岛海洋经济高质量发展,面临诸多重要发展问题与发展瓶颈。

第一,海岛生态环境脆弱,生态治理难度大。一是地表水生态系统脆弱。尽管海岛地表水环境质量好,但水源高度依赖雨水,山体土层薄,植被根系浅,集雨面积小,形成生态系统的生物多样性指数小、稳定性差,生态环境脆弱,水环境容量小,自净能力很差。二是近岸海域水质受外源影响较大。嵊泗县位于长江、钱塘江入海处,杭州湾外侧,是我国南北间重要的海运通道。嵊泗处于海陆相互作用的动力敏感地带,近岸海域水环境受外来污染物输入性影响明显,海域生态环境容量有限,环境体系脆弱。

第二,要素资源限制多,海洋经济发展冲突多。一是土地资源瓶颈显著。县域面积8824平方公里,其中海域面积8738平方公里,陆地面积仅86平方公里,是一个土地资源匮乏的海岛县。集中连片土地资源紧张,重大项目引进缺乏有效的土地资源供给保障。城区拓展空间狭小,发展空间受到严重制约,难以满足经济社会发展的需要。二是淡水资源匮乏。县域岛屿规模和集雨面积均较小,降水量少,淡水资源匮乏,境内各岛屿丘低源短,无河流水系,是全省缺水严重的县,嵊泗县人均水资源占有量仅为420立方米,约为全国人均水资源量的1/5,大大低于国际公认的维持一个地区社会、经济、环境发展所需的人均1000立方米的临界值,属于极度缺水地区。三是能源资源分布不平衡。县域海岛具有丰富的石料矿产,但无能源矿产。近海海域也无探明的海底能源矿产。县域所处海域是海洋能资源最集中、最丰腴的海洋片区,可开发潜力大,但气候条件波动大,规模化利用易受技术经济性影响。

第三,海岛气候影响大、分布散,海陆统筹任务重。大风、台风、浓雾及大浪是嵊泗常见天气,经济活动受此影响较大,对外交通平均每年因此而停航的有20天以上。嵊泗全域海岛,海陆交通单一,流通量瓶颈明显。泗礁本岛距大陆最近的口岸上海芦潮港32海里,嵊山岛、枸杞岛等主要岛屿距

大陆更远,且岛屿分布较为分散。离岛区位因素极大地增加了交通成本,削弱了产业竞争力,直接影响到对外部资源与市场的利用,交通成本往往成为影响海岛海洋产业"最后一公里"的因素。

(二)三大发展问题

嵊泗县发展难题凸显县域海洋经济发展困境。嵊泗人深刻感受到,唯有走向人海和谐,才能长远发展,才能实现海洋经济强县发展。为此,需要思考并解决三大问题。

第一,海岛发展如何确保生态资源可持续供给。海岛发展以生态资源为主导,其所依赖的生态体系极其复杂,涉及海域、海岸、海滩、海湾、海岛等多态互联系统以及子系统体系。海岛发展不仅会影响特定的生态体系,还会影响山水林田海草整体系统。由此,如何开展海洋生态系统保护、修复以及持续提升是海岛发展的根本问题。

第二,海岛发展如何实现生态资源绿色高效利用。嵊泗传统产业是"港景渔"三大产业,尽管其对环境的影响远弱于工业产业,但仍可能对赖以生存的生态环境产生不可逆的影响。改变"港景渔"产业发展方式,转向绿色高效模式是嵊泗发展的长远之路。因此,如何转向绿色高效的产业发展模式成为海岛发展的核心问题。

第三,海岛发展如何实现生态资源最大价值转化。生态资源价值转化不仅是优势资源的最大价值实现,还是识别潜在资源、转化外部约束条件下的最大价值实现;不仅是生态资源的单一价值化实现,还是生态资源综合利用的最大价值实现。该如何实现海岛生态资源最大价值转化成为海岛发展的长久问题。

为合力并举破解三大发展问题——海洋生态资源可持续供给、海洋生态资源绿色高效利用与海洋生态资源最大价值转化,嵊泗县早在2004年就开始推进形成"生态立县"战略。伴随美丽海岛的体系建设,"生态立县"战略定位由"四大"战略之一向全局性、首位度战略提升,确立了"生态首位"系统框架下的海岛社会经济发展目标,探索并走出了一条以"生态优先、绿色发展"为特色的高质量发展之路。

三、嵊泗探索:"生态首位"先行实践

走蓝色生态之路、生态强县之路。嵊泗县确立"生态立县"战略,勇于探

索,敢于创新,走出了一条生态环境保护与经济建设共赢的发展之路。以下基于"绿水青山就是金山银山"理念,立足嵊泗县"美丽海岛"发展历程,梳理提炼"生态立县"战略以及探索"生态首位"的创新实践。

(一)"美丽海岛"概念提出与"生态立县"战略初创阶段(2002—2010年)

在嵊泗县生态县建设的契机下,嵊泗县委、县政府高度重视本区域的生态环境建设,适时提出了"生态立县"战略决策,推进生态县全域建设,将"美丽"内涵体系初步融入社会经济发展整体需要。2007年,中国共产党嵊泗县第十一次代表大会明确提出建设海岛特色的国家级生态县目标,并作为县域新发展思路的五大构成之一,推进全域生态环境建设,使经济效益、社会效益和环境效益相统一。大会提出"人居环境更趋优美"的生态建设重点目标。2010年,中国共产党嵊泗县第十一次代表大会2010年年会进一步具化"生态立县"体系内涵,首次提出将"美丽海岛"目标作为提升县域发展内涵的一项重要举措,构建"生态秀美、人居优美、生活和美、人文淳美"的"四美"价值体系,提升岛城品位。

这一阶段,生态文明建设主要体现为生态保障与美丽岛城建设。县域基于省"811"行动严控、整治和监管生态环境污染的要求,主要采取严控"两高"项目、渔贝加工清洁生产审核、固废无害化处理等措施,开展了"再造绿岛"、近岸海域增殖放流、东海渔村风貌综合改造、生态廊道和城镇景观林建设、菜园镇垃圾填埋场、菜园马关供水管网改造、泗礁本岛城乡供水一体化等28项海岛生态保护工程。生态环境质量显著改善,全县地表水水质达Ⅱ类,空气质量等级达良好以上,大气减排超额达标。海洋经济建设重点确立三大特色产业区(洋山港经济开发区、泗礁海洋产业集聚区、嵊泗东部渔业经济产业区)专项行动方案,聚焦生态渔农业、生态工业与海洋服务业发展。在此期间,海洋生态建设与经济发展的新方案、新举措和新成就具体如下所示。

1. 海洋生态文明行动方案与制度文件

2004年,出台《嵊泗生态县建设规划》;

2005年,出台《舟山市嵊泗县列岛型旅游产业发展规划(2006—2020年)》;

2005 年,出台《马鞍列岛海洋特别保护区建区规划》,马鞍列岛海洋特别保护区挂牌;

2006 年,出台《舟山市嵊泗县标准渔港建设规划(2007—2020 年)》;

2009 年,出台《嵊泗县港口岸线利用总体规划》。

2. 海洋生态环境建设重大工程与事件

2002 年,启动大规模"再造绿岛"工程;

2003 年,启动"千村示范、万村整治"工程示范引领;

2006 年,启动多鱼种"增殖放流"活动;

2007 年,获批第五批"国家级生态示范区";

2008 年,获批首批省级生态县。

3. 海洋生态经济发展大事件

2009 年,获批嵊泗中心渔港(新港区)扩建工程;

2010 年,被中国渔业协会授予"中国贻贝之乡"称号;

2010 年,获批第三批国家有机食品生产基地(万亩贻贝)。

(二)"美丽海岛"特色建设与"生态立县"战略发展阶段(2011—2020 年)

2011 年,中国共产党嵊泗县第十一次代表大会 2011 年年会报告正式提出实施"以港兴县、以旅活县、以渔稳县、生态立县"总战略,把"生态立县"作为全局性的战略来实施,把"四美"价值体系落实到生态建设提升上。由此,"生态立县"战略在发展理念和认知共识上得以全面确立。

2016 年,中国共产党嵊泗县第十三次代表大会报告深化"生态立县"战略,将生态战略充分融入海洋强县发展,提出"发展更高层次的蓝色海洋经济"和"建设更具魅力的特色美丽海岛"两大核心目标。融入国家、区域新发展战略,生态文明与海岛经济高质量发展相融合,生态文明与富民惠民有机融合。"生态立县"战略内涵在生态环境层面提升为美丽特色建设,不仅美丽,更有文化特色、艺术品位,独显海岛风情。"生态立县"战略内涵在海洋经济层面全面提升为绿色发展模式,融入"港景渔"主导产业的先导型、新形态和精细化发展,有效推动生态产业体系与发展模式的新转变。

这一阶段,嵊泗县"生态立县"工作聚焦海岛文明,统筹建设美丽海岛,构建海洋经济"四梁八柱"新体系,实现城乡、海陆环境绿色新转变,实现"港景渔能"综合实力跃升。海陆生态文明建设的重点领域与系统推进并举,海洋经济做大做深特色更为显著。实施重大生态建设方案,包括"美丽海岛"、"811"行动与国家级海洋生态文明示范区建设等,重大工程包括"再造绿岛""增殖放流""封礁育贝""五水共治""五气共治""三改一拆""小城镇环境综合整治"等组合拳,生态环境质量实现优良水平。生态环境状况保持全省领先,生态环境指数从2014年的76.5升至2019年的77.8;近岸海域Ⅰ、Ⅱ类水质面积比例10年间由12.65%升至41.7%,地表水始终保持100%Ⅱ类水质标准以上;空气质量达到及优于二级天数占比从2015年的91.7%升至2020年的97.4%,始终保持全省前三;马鞍列岛获批国家级海洋特别保护区,珍稀与重点保护种群数量明显上升。实施重大海洋经济方案包括海洋经济发展、海洋牧场、全域旅游等示范建设,重大工程包括"自贸试验区""三权分置""海岛能源保障工程"等系统项目,产业绿色提质发展成效明显。2020年海洋经济增加值占比达78.2%,港口物流业、航运业、渔业进入全国沿海县(市、区)前列,海洋能工程业领航全省基地。在此期间,海洋生态建设与经济发展的新方案、新举措和新成就具体如下所示。

1. 海洋生态文明行动方案与制度文件

2011年,出台《嵊泗县"811"海洋生态文明建设推进行动方案》;

2011年,出台《浙江海洋经济发展示范区规划嵊泗县实施方案》;

2012年,出台《中共嵊泗县委关于印发〈嵊泗县"美丽海岛"建设实施纲要〉的通知》(嵊委〔2012〕3号),围绕"四美"价值体系,实施美丽海岛建设行动计划;

2012年,出台《浙江省嵊泗县生态环境功能区规划(修编)》;

2012年,出台《嵊泗县泗礁本岛污水处理专项规划(2013—2030年)》;

2012年,出台《浙江嵊泗马鞍列岛海洋特别保护区岛礁资源管理暂行办法》《浙江嵊泗马鞍列岛海洋特别保护区岛礁资源管理暂行办法实施细则》;

2016年,出台《嵊泗县"十三五"环境保护规划》;

2016年,编制《嵊泗县森林城市建设总体规划(2016—2020年)》;

2017年,出台《嵊泗生态文明建设规划(2016—2025年)》;

2019年,出台《嵊泗县全域旅游总体规划(2017—2030)》;

2020年,出台《嵊泗县养殖海域使用管理暂行办法》。

2. 海洋生态环境建设重大工程项目与事件

2014 年,启动"五水共治"工程;

2014 年,启动"五气共治"工程;

2014 年,获批国家级海洋公园;

2015 年,获批国家级海洋生态文明示范区;

2014 年,嵊泗县城获批国家卫生乡镇(县城);

2015 年,获批马鞍列岛海域国家级海洋牧场示范区;

2016 年,获批国家海洋生态文明示范区;

2017 年,获评浙江省第二批"美丽乡村示范县",为舟山首个获评县;

2018 年,获评国家生态文明建设示范县;

2018 年,获批浙江省第一批清新空气示范区;

2019 年,获评全国节水型社会建设达标县;

2019 年,洋山镇获评美丽乡村示范乡镇;

2020 年,获批嵊泗东部东库黄礁海域国家级海洋牧场示范区;

2021 年,获评中国最美乡村百佳县市;

2018—2023 年,五次入选浙江省"五水共治"(河长制)工作优秀区(县、市)名单。

3. 海洋生态经济发展大事件

2012 年,嵊泗贻贝获批国家地理标志保护产品;

2013 年,田岙村获批全国休闲渔业示范基地;

2018 年,获批浙江省贻贝特色农业科技园区;

2019 年,获批国家绿色渔业实验基地;

2019 年,东海五渔村获批国家 4A 级旅游景区;

2019 年,花鸟村获评首批全国乡村旅游重点村;

2019 年,获评浙江省全域旅游示范县;

2019 年,花鸟村获评中国美丽休闲乡村;

2020 年,获批浙江省文旅融合高质量发展十佳县;

2020 年,花鸟岛获批国家 4A 级旅游景区;

2020 年,入选浙江省渔业健康养殖示范县名单;

2020 年,"嵊泗贻贝"地理标志入选中欧地理标志协定保护名录;

2020 年,获评中国健康产业百佳县市。

（三）美丽海岛高水平建设与"生态立县"首位战略引领阶段
（2021—2035 年）

2021 年 1 月 12 日在中国共产党嵊泗县第十三次代表大会 2021 年年会上作的工作报告、2021 年 1 月 20 日在嵊泗县第十七届人民代表大会第五次会议上作的政府工作报告中，嵊泗县正式提出坚持"生态立县、以港兴县、以旅活县、以渔稳县"总战略，将"生态立县"作为首位战略实施。对"生态立县"首位战略的诠释，就是以"生态优先、高质量发展"为主题，全面推进海洋经济转型升级，全面提升美丽海岛建设水平。"生态优先"就是突出"生态立县"战略的引领地位，任何时候都不能以牺牲生态为代价，任何发展都必须以生态为基础，任何工作都必须以生态保护为出发点。"生态优先"引领现代化海洋经济体系的高质量发展，引领"三生"融合的美丽渔农村和独具特色的海岛县城建设。

2021 年 12 月 27 日在中国共产党嵊泗县第十四次代表大会上的报告中，"生态立县"首位战略以及系统框架被进一步完善深化。以高质量发展建设美丽嵊泗、美好嵊泗（"两美"）为发展主旨，统一融合了"经济—生态—社会"体系发展的战略内涵、发展方式与目标实现。主导以生态优先、绿色发展为导向的高质量发展模式，形成既有形美又有神美、既有外在美又有内在美、既有环境美又有生活美的"两美"嵊泗，彰显生态之美、经济之美、文明之美、和谐之美，努力建设成为高质量发展、竞争力提升、人与自然和谐共生、共富共美的现代化海岛县。至此，"生态首位度"系统框架正式形成，生态首位作为立县根本、立县旗帜和立县先锋，而"两美"作为发展目标也是发展方式，蕴含着"生态首位"的高质量特色发展道路以及生态价值的最大实现。

2021 年，嵊泗县出台《嵊泗高质量发展建设共同富裕示范区海岛样板县实施方案（2021—2025）》作为总规划方案，提出深入推进生态文明全面建设。生态文明建设重点不仅深化"蓝天碧水净土清废"行动，还新增"碳达峰"、海陆统筹生态保护修复、生态产品价值转化通道等行动举措；海洋经济聚焦高智力"三区＋绿色工业"体系，即长三角一体化海上示范区、国际海岛旅游典范区、国家绿色渔业实验区以及绿能与精细水产业，重大方案包括制造业产业集群建设行动方案、"六大产业"高质量发展行动等，重大工程包括文旅深度融合、渔业"千万工程"、新能源"千项万亿"、"数字海岛"等举措。已出台和形成的海洋生态建设与经济发展的新方案、新举措和新成就具体如下所示。

1. 海洋生态文明行动方案与政策

2021年,出台《嵊泗县"十四五"生态环境保护规划》;

2021年,出台《新时代美丽嵊泗建设实施纲要(2020—2035年)》;

2022年,出台新时代深化生态文明示范行动总方案《新时代美丽嵊泗建设实施方案(2020—2035年)》;

2022年,出台《嵊泗县"美丽海湾"保护与建设实施方案》;

2022年,印发《嵊泗县"无废城市"建设工作实施方案(2022—2025年)》,完善一般工业固体废物、危险废物、农业废弃物、生活垃圾、建筑垃圾等各类固体废物管理制度,开展实施"净滩净海"工程;

2023年,成为省级第二批12个低碳试点县创建单位之一,出台《嵊泗县低碳试点县建设实施方案》,探索具有代表性、创新性、可复制性的低碳转型路径;

2023年,出台《嵊泗县近岸海域"两面一线"污染整治行动方案》。

2. 海洋生态环境建设大事件

2021年,获评浙江省深化"千万工程"建设新时代美丽乡村工作优胜县;

2021年,获评浙江省新时代美丽城镇建设优秀县(市、区);

2021年,枸杞乡、花鸟乡获评新时代美丽城镇建设省级样板;

2021年,花鸟乡、雄洋社区入选浙江省第一批低(零)碳试点创建单位;

2021年,花鸟村入选浙江省首批自然保护地融合发展示范村;

2022年,五龙乡会城村入选浙江省"一村万树"示范村;

2022年,成功创建浙江省园林城市;

2022年,荣获"浙江省新时代美丽乡村示范县"称号,实现新时代美丽乡村达标村全覆盖;

2023年,获评2022年度"无废城市"并达到三星级标准,荣获"清源杯"。

3.海洋生态经济发展大事件

2021年,浙江省渔业转型发展先行区成功验收;

2021年,五龙乡、花鸟乡、黄龙乡获评浙江省旅游风情小镇;

2022年,入选浙江省第三批新时代美丽乡村共同富裕示范带;

2022年,菜园镇、洋山镇创成浙江省3A级景区镇;

2022年,嵊山镇、枸杞乡创成浙江省4A级景区镇;

2022年,五龙乡田岙村获评浙江省美丽庭院特色村。

第二章 美丽海岛生态经济指数：
海岛生态价值评估框架

"八八战略"实施以来，嵊泗县以"生态立县"为发展主题，牢固树立和践行"绿水青山就是金山银山"理念，以高品质的生态环境支撑高质量发展，走出了一条具有海岛特色、向海而生的可持续发展之路。本章用量化的方式考察嵊泗的"生态立县"，考察嵊泗县如何打好"生态牌"、走好"绿色路"。本章尝试构建可参考的海岛综合生态价值评估框架，评估嵊泗县美丽海岛生态经济指数，理解、分析并佐证嵊泗县"生态立县"的发展成果，并基于评估结果提出未来可以关注的方向。

第一节 综合评估框架构建的理论依据

本节主要梳理综合评估框架构建的学理依据，包括框架构建的学术背景和政策背景，整体、系统地讨论框架构建的可行性，讨论生态系统服务价值以及生态系统生产总值对本综合评估框架的支持意义，并关注具体指标选择的方向和内涵，从而整理出本章框架建立的技术路线。

一、框架构建合法性、系统性及融合性的讨论

习近平总书记在首个全国生态日之际作出重要指示强调，全社会行动起来做绿水青山就是金山银山理念的积极传播者和模范践行者。① 那么，如何拓宽"绿水青山"向"金山银山"转化的路径？摸清绿水青山家底是前置条件。因此，用一个可参考的综合性海岛生态价值评估框架来核算并描述美丽海岛的生态经济指数，从而从学理和数据分析角度佐证嵊泗"生态立

---

① 全社会行动起来做绿水青山就是金山银山理念的积极传播者和模范践行者[N].人民日报,2023-08-16(1).

县"20年的成果,是很有必要的。

　　当然,我们也可以从更为广义的生态文明和生态危机角度看待海岛、海岸带、海域开发和保护问题,看待和理解嵊泗的"生态立县"20年。近年来,全球范围内都被气候问题所困扰,但很少有国家像中国一样愿意慎思笃行、为全人类生存和人与自然和谐共生的理念而努力,且很少有国家能像中国这样将生态文明建设融入其他建设当中,去探索经济增长和能耗脱钩的万全之策,避免出现因高能耗、资源型、劳动密集型的经济发展方式导致的危害公共安全的环境事件,从而避免给周边乃至区域生态环境带来极为严重的污染与破坏。尽管如此,我国的生态文明建设仍旧会面临很长一段时期的"三期叠加"。在此背景下,以高强度人类活动影响和生态脆弱性高为典型特点的陆海交错生态系统,面临着严峻的功能衰退、恢复力降低、生态风险加剧的问题。从这个意义上来说,一个海岛县的立县标准定位为"生态"是非常有预见性的,即选择了一种可持续的"人化自然"方式。

　　如何定义"生态立县"? 2005年,在浙江安吉余村,时任浙江省委书记习近平同志认为,在经济发展与环境冲突时,"必须懂得机会成本,善于选择,学会扬弃,做到有所为、有所不为,坚定不移地落实科学发展观,建设人与自然和谐相处的资源节约型、环境友好型社会"。"一定不要再想着走老路,还是迷恋着过去的那种发展模式。所以,刚才你们讲了,下决心停掉一些矿山,这个都是高明之举。绿水青山就是金山银山。我们过去讲既要绿水青山,又要金山银山,实际上绿水青山就是金山银山。"①可见,"生态立县"不仅是经济发展以生态经济为主导,还体现生态和经济之间的高效转化通道。"生态立县"是地区发展的基础,更是地区发展的质量体现。

　　有关转化通道的构建,从党的十八大开始,自上而下的探索不知凡几,而党的十八大以来的生态文明建设成就举世瞩目,更是新时代党和国家事业取得历史性成就、发生历史性变革的显著标志。党的十九大之后,我们步入决胜全面建设小康社会的新征程,社会主义建设模式发生转变。党的十九大报告指出,我们要建设的现代化是人与自然和谐共生的现代化,既要创

---

　　① 周天晓,沈建波,邓国芳,等.绿水青山就是金山银山——习近平总书记在浙江的探索与实践·绿色篇[N].浙江日报,2017-10-08(1).

造更多物质财富和精神财富以满足人民日益增长的美好生活需要,也要提供更多优质生态产品以满足人民日益增长的优美生态环境需要。必须坚持节约优先、保护优先、自然恢复为主的方针,形成节约资源和保护环境的空间格局、产业结构、生产方式、生活方式,还自然以宁静、和谐、美丽。生态融入其他四大建设,真正实现五位一体,从人与自然和谐共生的现代化、美丽中国的要求出发,体现生态—经济—民生的逻辑主线。

从微观的生态系统综合评估框架搭建,反思海岛、海域或海岸带建设是否遵循生态文明建设的理论、实践指导,就需要重新审视其中有关系统和整体思想的论述。"山水林田湖草是生命共同体"①的系统思想,要求我们树立生态治理的大局观、全局观,也是生态环境保护的方法论指导。生态系统本就是一个整体的系统,并不能割裂开来看待,比如保护和治理水体,小到要从水体自身生态系统全局考量,大到要关注水体周边其他生态系统与水体之间的关系。而要从系统工程和全局角度寻求新的治理之道,则必须做到统筹兼顾、整体决策、多举措协同并进,在研究尺度的选择中,要考虑全方位、全地域和全过程。因此思考本章评估框架完整性的时候,就要考虑指标选择的完整性,要意识到这也是一个系统工程,所选指标应尽可能反映岛屿型区域生态系统的各个方面。

城市发展不能只考虑规模经济效益,还要考虑生态效益、社会效益。需要统筹城市布局的经济需要、生活需要、生态需要、安全需要等各方面发展。由此,指标选取除了要满足体系构建本身所属的学理支持,还要在此基础上,将经济元素、生活元素、生态元素和安全元素有机融合。这些元素的有机融合是建立高质量的城市生态系统的前提条件,也是高质量发展海洋经济的有力支撑。反映到具体的评估框架搭建、体系指标选择、数据实证分析上,也要考虑有机融合带来的实际意义。

党的二十大报告指出,要推进美丽中国建设,坚持山水林田湖草沙一体化保护和系统治理,统筹产业结构调整、污染治理、生态保护、应对气候变化,协同推进降碳、减污、扩绿、增长,推进生态优先、节约集约、绿色低碳发展。方法论的关键词还是"系统""统筹""协同",也说明整体考量的重要

---

① 人民日报评论部. 山水林田湖草是生命共同体[EB/OL]. (2020-08-13)[2023-08-09]. http://opinion. people. com. cn/n1/2020/0813/c1003-31820297.html.

性。新时代新征程,新征程有新要求,这些要求涉及污染防治、碳约束中的高质量发展、生物多样性提升、全民生态保护自觉性等各个方面,因此指标的选择或计算的方式,要尽可能反映或提升生态系统与这些要求之间的关联度和黏合度。

二、框架依据:生态系统服务功能

(一)生态系统服务功能的研究状况

大自然通过稳定的能量流动、鲜明的能量结构、生物多样性和物质循环给人类提供各种各样的基本物质、适宜的气候环境和极具欣赏价值的自然景观,从而衍生出人文历史资源。而这一稳定的过程,就是大自然给人类提供服务的过程,是依托生态系统实现的。因此,所谓生态系统服务就是指生态系统和生态过程所形成及所维持的人类赖以生存的自然环境条件与效用。[①] 人类获得服务,从而实现福祉。但在很长一段时间内,人类对生态系统所提供的服务抱有一种理所当然的态度,因此滥用生态系统服务的现象非常常见,社会经济发展也并不可持续。这种现象反向催生了学术界对生态系统服务功能的探索欲望。

对生态系统服务功能的文字记载始于19世纪60年代,但真正开始全面深入地研究生态系统的服务功能则是一个世纪之后的事情,同时也开始了系统的定量研究。一直到1997年,Daily主编的《生态系统服务:人类社会对自然生态系统的依赖性》[②]一书出版、Constanza等在《自然》(Nature)发表文章《世界生态系统服务与自然资本的价值》[③],标志着生态系统服务功能以及系统价值定量评估正式成为生态学的研究热点之一。2001年,时任联合国秘书长安南亲自启动了"千年生态系统评估"项目[④],这一项目旨在警醒人们,人类赖以生存的自然生态系统及其服务功能正在不断退化,需要人们

---

① Daily G C. Introduction: What are ecosystem services? [M]//Nature's Services: Societal Dependence on Natural Ecosystems. Washington, D. C.: Island Press,1997:1-10.

② Daily G C. Nature's Services: Societal Dependence on Natural Ecosystems [M]. Washington, D. C.: Island Press,1997.

③ Costanza R, d'Arge R, de Groot R, et al. The value of the world's ecosystem services and natural capital[J]. Nature,1997,387(15):253-260.

④ MA (Millennium Ecosystem Assessment). Ecosystems and Human Well-being: A Framework for Assessment[M]. Washington, D. C.: Island Press,2003.

重视并处理好开发和保护自然之间的关系。这个预警性质的项目,也是将人类关于人与生态关系的反思,从学术界扩展到了政治、经济和社会领域。而这三份文献也成为学界搭建生态系统服务价值评估框架的重要依据。之后,国内外学者更为积极地围绕生态系统服务功能开展各个方面的研究,比如概念的进一步界定、服务的分类、价值核算方法学的改进、针对不同类型生态系统或不同时空尺度的实证研究等。而我国逐渐从单纯研究生态系统服务价值,转换到各层级生态系统生产总值的研究,比如从海洋(包括海岛和海岸带等海陆交错区域)生态系统生产总值研究的范围来看,主要是环渤海地区和东南沿海地区①,主要省份包括山东、浙江、福建、广东和海南。

区域实证研究的进一步发展,也延伸出对核算结果的应用研究,多角度审视生态文明建设下,实现人与自然和谐共生的方式、措施和途径。当然,这本就是现代生态学的重要目的之一,将科学的生态理念融入现代经济社会发展,并将科学的治理手段应用到日常管理当中。对生态系统的服务功能进行价值评估、给生态系统"标价",并不是为了可以"买卖"大自然,而是为了用一种有形的工具让大众都能看到大自然无形的高价值和自然资源的稀缺性,从而更为珍惜、爱护自然环境,也可以给予区域管理者一种更为明晰的、与自然生态"打交道"的方式,给予公众科学认识大自然的通道。通过针对不同生态系统类型的评估可知该生态系统当下价值几何,未来可如何进行合理、适度的开发;通过针对时间线的评估则可知在评估年限之内,该区域生态系统价值增长几何,从而有效评估管理者治理手段的科学性和政策有效性,并为进一步合理开发利用自然提供数据支持和理论支撑。本次对嵊泗县的评估,就是基于这样一种目的——观经济社会发展历史,知自然系统价值兴替;用数字还原嵊泗县的"生态立县"20年进程,并进一步探索嵊泗县未来生态文明建设的路径。

经过20多年的研究,生态系统服务功能的价值评价进展并不迅速,但价值评价所带来的实际效益是被广泛认可的。首先,从评价结果的角度来看,定量的方式可以很直观地在时间尺度进行比较,通过数值的变化看到生

---

① 李淑娟,徐海霞,隋玉正.国内外海洋生态系统服务研究进展及启示[J].海洋湖沼通报,2019(1):126-134.

态系统服务总量的变化或变化趋势。其次,通过总量的变化或趋势的变化,人类可以进一步评估生态环境保护措施或者政策是否到位,生物多样性丧失、湿地缩减等生态问题都可能是生态环境保护手段不够、保护成效不显著的后果,因此定量评估生态系统价值同时也是评估了生态环境保护成效。生态系统服务总量也能通过价值量进行表示,价值量的大小也是生态系统对人类社会经济系统发展支撑作用的大小。最后,从进一步利用评价结果的角度来看,结果可以用来约束人类行为,比如作为考核领导干部生态政绩的指标,比如为一些生态破坏或环境污染的赔偿标准提供依据,又比如可打通区域之间的生态交互,进一步实现区域之间的生态补偿和协调发展。

(二)生态系统服务功能的分类及描述

任何区域生态文明建设行为的评估,其目的之一,都是评估该区域发展的可持续性,或者用可持续性的程度来表示该区域经济社会发展的生态程度和健康程度。人们所熟知的可持续发展主要有两种流派——弱可持续流派和强可持续流派,两者之间的本质区别在于自然资源是否可以用价值表达或者可替代。理解这两个流派可以帮助我们更好地理解生态系统服务价值核算和被价值核算的大自然。弱可持续性理念以新古典经济学为理论基础,认为人造资本与自然资本能够相互替代[①],并且随着科技的进步和知识的创新,自然资源资本增长的极限完全可以被突破。弱可持续流派并不仅仅关注生态系统,而是以更为宏观格局的人类总体资本为衡量基础,只要各类资本总量不减少,人类福祉就能保证,生态资源最终将化为经济产品的一种。强可持续流派则更为谨慎,认为自然资源作为一种资本形式,并不能完全被其他资本形式替代,比如一些极端脆弱或难以恢复的生态功能是无法被人造功能替代的,或者人工制造或修复的生态系统——比如人工湿地——并不能完全模拟自然湿地带来的实际价值,哪怕花费高出几倍的成本,都很难实现原生自然生态系统给人类带来的福祉。这两个流派帮助我们更好地分类生态系统的服务功能,并谨慎选择评价方式和实现结果应用。

生态系统服务的分类并不是完全统一的,通常研究会参照 Costanza 分

---

① 石敏俊,陈岭楠,王金南.生态产品第四产业的概念辨析与核算框架[J].自然资源学报,2023(7):1784-1796.

类、de Groot 分类和"千年生态系统评估"三种,进行有条件的选择或组合。本章主要参照"千年生态系统评估"①的分类方式,将生态系统服务分为四大类型,即供给服务、调节服务、支持服务和文化服务,每一个类型下面有不同的具体服务内容,一共 26 小项,分类体系如表 2-1 所示。

表 2-1 "千年生态系统评估"分类

一级分类	二级分类
供给服务 从生态系统中获得的产品或物质	食物和纤维
	燃料
	基因资源
	生化药剂、自然药品
	观赏资源
	淡水
调节服务 从生态系统的调节作用中获得的收益	气候调节
	气体调节
	风暴防护
	水调节
	净化水源和废物处理
	侵蚀控制
	人类疾病调节
	传授花粉
	生态控制
支持服务 支持和生产所有其他 生态系统服务的基础服务	营养物质循环
	提供生境
	水循环
	土壤形成和保持
	初级生产

① MA(Millennium Ecosystem Assessment). Ecosystems and Human Well-being:Synthesis [M].Washington,D. C.:Island Press,2005.

续表

一级分类	二级分类
文化服务 人类从生态系统中获得的非物质的收益	娱乐与生态旅游
	教育价值
	精神和宗教价值
	审美价值
	故土情
	文化遗产价值

资料来源:World Resources Institute. WRI Annual Report 2003[R/OL]. (2004-07-01)[2023-03-01]. https://www.wri.org/wri-annual-report-2003.

供给服务,是指人类可以从生态系统中获取的产品或物质,包括食物和纤维、燃料和基因资源等6小项。

调节服务,是指人类从生态系统的调节作用中获得的收益,包括气候调节、气体调节、水调节、风暴防护、人类疾病调节等9小项。

支持服务,是指支持和产生所有其他生态系统服务的基础服务,包括初级生产、营养物质循环等5小项。

文化服务,是指人类从生态系统中获得的非物质的收益,类似于感受、精神满足、认知发展等,具体项目包括娱乐与生态旅游、教育价值等6小项。

本章主要评估海岛(列岛)生态系统的服务功能,参照上述"千年生态系统评估"的分类和嵊泗县实际情况、调查可及性和数据可获情况,酌情选择具体可评价的服务功能。

(三)生态系统服务功能的进阶研究:生态系统生产总值(GEP)

对生态系统服务价值的评估是否对政策决策者和管理者有实际参考作用? 曾有学者对此进行研究,通过调查,得出"大部分决策者和管理者认为价值评估有参考作用"但"大部分决策者和管理者并没有实际使用此类评估"的结论。[1] 究其原因,可能是无论是生态系统服务功能的价值评估还是

---

① Marre J, Thébaud O, Pascoe S, et al. Is economic valuation of ecosystem services useful to decision-makers? Lessons learned from Australian coastal and marine management[J]. Journal of Environmental Management,2016,178:52-62.

GEP 的评估,都还未大规模宣传普及,仅在学术界的认可度较高。但做到大范围普及也仅仅是时间问题。就拿我国来说,近年来,越来越多的省份开展了生态系统生产总值的核算。作为生态系统服务价值的一种最重要的表现形式,生态系统生产总值的核算,一方面可以摸清生态家底,另一方面为生态产业化和产业生态化、生态系统价值转换路径拓宽做好基础准备。

生态系统生产总值这一概念最早由美国学者提出,用来描述生态系统的产品价值。国内最早由欧阳志云等提出 GEP 的概念和算法,将 GEP 定义为生态系统为人类福祉和经济社会可持续发展提供的产品与服务价值的总和。与生态系统服务有所区别的是,其并未将间接服务的支持服务计算在内。[1]

党的十八大报告提到,要把资源消耗、环境损害、生态效益纳入经济社会发展评价体系,建立体现生态文明要求的目标体系、考核办法、奖惩机制。GEP 就是实现全方位经济社会发展评价体系的突破口,是建立体现生态文明要求目标体系、考核办法和奖惩机制的路径与通道。2013 年,中国科学院生态环境研究中心欧阳志云研究员和世界自然保护联盟(IUCN)中国代表处原驻华代表朱春全博士等以贵州省为例,核算了贵州省 2010 年全省生态系统生产总值,为 20013.46 亿元,是当年贵州省地区生产总值的 4.3 倍。在这之后,全国各地陆续开展 GEP 核算尝试,并且在国家层面发布了《生态系统评估 生态系统生产总值(GEP)核算技术规范》。浙江省、贵州省、南京市、黄山市等地也先后出台了一系列地方标准、规范等,推动了我国省级及以下 GEP 核算工作的开展。

2021 年 2 月 19 日,由中央全面深化改革委员会第十八次会议审议通过的《关于建立健全生态产品价值实现机制的意见》对生态产品价值实现机制进行明确意见说明。建立生态产品价值实现机制,关键是要构建绿水青山转化为金山银山的政策制度体系,坚持保护优先、合理利用,彻底摒弃以牺牲生态环境换取一时一地经济增长的做法,建立生态环境保护者受益、使用者付费、破坏者赔偿的利益导向机制,探索政府主导、企业和社会各界参与、市场化运作、可持续的生态产品价值实现路径,推进生态产业化和产业生态

① 欧阳志云,朱春全,杨广斌,等.生态系统生产总值核算:概念、核算方法与案例研究[J].生态学报,2013(21):6747-6761.

化。其主要目标是到 2025 年,生态产品价值实现的制度框架初步形成,在此之前,探索建立生态产品价值评价体系、制定生态产品价值核算规范和推动生态产品价值核算结果应用共同推进。

2021 年 5 月 20 日,《中共中央 国务院关于支持浙江高质量发展建设共同富裕示范区的意见》正式发布,其中明确提出,践行绿水青山就是金山银山理念,全面推进生产生活方式绿色转型,拓宽绿水青山就是金山银山转化通道,建立健全生态产品价值实现机制,探索完善具有浙江特点的生态系统生产总值(GEP)核算应用体系。省内走在前列的是作为国家级试点城市的丽水市,其下辖几个县区都在不同程度地探索 GEP 核算及其应用,并取得了一定进展。比如缙云县和青田县基于核算结果开展"农光互补"项目,企业基于核算结果购买所在区域的调节类服务;比如景宁畲族自治县基于 GEP 核算结果出台生态产品价值实现专项资金管理办法①。这些围绕政府、企业购买生态产品和基于生态价值核算结果的生态信用贷款的有益尝试都为全省推广 GEP 核算和其应用打下坚实基础。嵊泗县完全具备高价值 GEP 的自然条件,努力探索 GEP 的核算方式和规范化核算是很有必要的,也应当积极探索 GEP 在生态补偿标准制定、生态产品定价、生态投融资政策设计和绩效考核指标体系构建等方面的实际应用。

三、框架建立的技术路线

生态系统所提供的服务是联结大自然和人类经济社会的重要纽带。大自然通过稳定的生态系统给人类提供服务,支撑人类社会经济正常运转,而人类享受服务并做出反馈——管理或者调控,这种管理或者调控可能是优化,也可能是破坏。这在马克思的自然观中体现为"人化自然"的思想,比如"先污染后治理",是一种不可持续的"人化自然"的方式;而如今习近平生态文明思想指导下的"人化自然",是一种可以实现人与自然和谐共生的方式。因此,人类的反馈结果如果不被有效评估,则很难知道人类行为是否会给大自然带去负面影响,也很难为决策者和管理者提供进一步的方法论指导。而生态系统服务作为一种评估的核心,很好地起到了承上启下的作用。

---

① 景宁畲族自治县人民政府办公室关于印发《景宁畲族自治县生态产品价值实现专项资金管理办法》的通知(景政办便签头〔2020〕4 号)。

生态系统服务是将生态知识和经济利益结合起来的工具,可以纠正我们在政策制定中对生态系统服务的忽视。① 根据生态系统服务功能的概念和理论,结合生态系统总产值的概念,形成嵊泗县生态系统服务价值评估的技术路线,如图 2-1 所示。

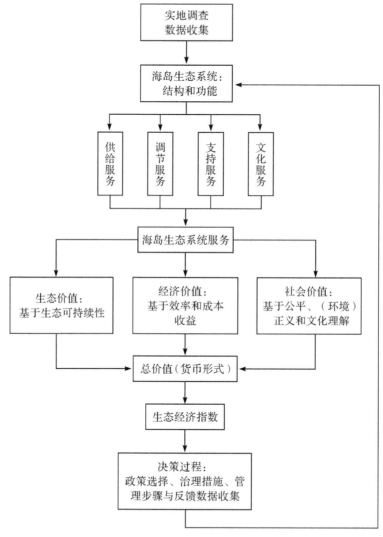

图 2-1 嵊泗县生态系统服务价值评估的技术路线

---

① Chee Y E. An ecological perspective on the valuation of ecosystem services [J]. Biological Conservation,2004,120(4):549-565.

步骤一:通过实地调查、数据收集等方式梳理嵊泗县生态系统的结构和功能。嵊泗县以海洋生态系统为主(含滨海湿地生态系统),以岛屿、岛礁、森林生态系统为辅,这些生态系统通过各类生物和生态过程提供各类生态服务。

步骤二:从供给服务、调节服务、支持服务和文化服务四个方面展示嵊泗县生态系统的结构和功能,以四种服务为维度设置四个一级指标,下设若干二级指标。确定计算方法并进行计算,输出嵊泗县生态系统服务总价值和下属四类服务的具体服务价值。尽管生态系统生产总值并不计算支持服务,但鉴于嵊泗县的生态系统多样性是一个相对重要的评价项目,本章仍考虑采用成果系数或专家估值的方式去估算该项服务的价值。

步骤三:生态系统服务总价值并不限于基于生态可持续性的生态价值,还包括基于公平、(环境)正义和文化理解的社会价值,基于效率和成本收益的经济价值。区分嵊泗县生态系统服务的价值成分,尝试用占总价值的比例和组成的方式表示,有助于理解服务的实际转化程度,判断嵊泗县目前的生态系统服务更偏向于哪一类价值,或判断嵊泗县可以在哪一类价值中获取更高收益。

步骤四:将嵊泗县生态系统服务价值与嵊泗县生产总值进行比较,同时通过政府和市场对生态系统的投资测算,来构建研究时间尺度内嵊泗县美丽海岛生态经济指数,分析该指数来评估"八八战略"实施以来嵊泗"生态立县"的主要成果。

步骤五:对嵊泗县的生态系统服务进行定量评估和分析,为嵊泗县的新时代新征程提供更为科学的决策依据。基于评估结果,从政策选择、治理措施、管理步骤等方面提出关于管理方案的建议。

第二节　海岛生态系统综合评估框架构建与应用

本节在遵循系统性、科学性和可行性原则的基础上,构建海岛生态系统综合评估框架,评估包括海岛生态系统服务价值的选择性评估及以此为基础的生态价值的转化率评估,其中列举本节框架评估所需要的计算方式和公式,讨论评估框架及其附件的适用性和实用性。本评估框架也适用于列岛。

一、综合评估框架构建原则和数据来源

框架构建须遵循系统性、科学性和可行性原则。

(一)系统性原则

海岛(列岛)生态系统综合评估须从整体考虑,评价指标须尽可能同时反映其生态效益、经济效益和社会效益。生态系统服务价值可以相对清晰地反映海岛(列岛)的生态效益,并基于可持续性从理论上指导后续的生态保护和经济发展。因此,须将生态系统服务价值转化(率)概念引入服务价值体系,构建综合性的评价体系,来同时牵引经济效益和社会效益,并将生态融入其中。同时尽可能从生态系统服务价值的视角分类反映嵊泗县在生态、经济和社会各方面的发展程度。

(二)科学性原则

海岛(列岛)生态系统综合评价体系的构建建立在丰富的学理基础和生态系统服务价值研究背景之上,同时引入价值转化概念构建美丽生态经济指数,旨在为海岛(列岛)的发展方向提供一定的决策参考价值。因此须以此作为底层逻辑科学地从参考框架中选择适合研究对象(嵊泗县)的指标。同时,评价指标体系的建立须考虑陆海统筹和时空交替,全方位思考研究对象的发展因素。

(三)可行性原则

无论是生态系统服务价值评估还是生态系统生产总值评估,都处于发展期或进阶期,一些指标或者对应的算法仍存在不确定性或缺少普适性,新修订的标准也仍在征求意见阶段。因此在指标和对应算法的具体选取过程中,也需要考虑指标数据的可获性、获取指标数据的便利性和数据计算的简便性。

(四)数据来源与处理

所用数据主要来自2002—2022年的《嵊泗统计年鉴》、当地政府部门报告;部分系数来自相关研究成果文献和国家级技术导则。数据处理方式主要有两种:一是直接使用年鉴、座谈调研、问卷调查分析和部门报告中的数据;二是通过现有的成果系数简单取平均数计算确定。

二、生态系统服务价值评估

(一)生态系统服务价值评估体系构建、指标选择及其含义

1.主要评价的服务产品或生态服务过程

嵊泗县以海洋生态系统为主,辅以海岛森林生态系统,构成具有海洋特色的海岛生态系统服务体系,其中的主要生态服务产品和生态服务过程有以下几种,需要在评价体系构建当中重点讨论。

浮游植物。浮游植物是海洋生态系统中最重要的初级生产力。海域初级生产力的多寡直接影响区域渔业产量的多寡。初级生产力的下降意味着经济效益的下降。同时,浮游植物作为植物的一种,参与光合作用,是固碳释氧的主力军。氧气的产生可稳定大气的组成比例,反之意味着空气质量的下降,甚至影响人类生存。二氧化碳是调节气温的气候因子,浮游植物的数量下降直接导致海区初级生产力降低、二氧化碳吸收能力降低,从海平面交换去大气的二氧化碳量随之上升,大气温室气体含量增加,气候变暖。另外,根据雷德菲尔德比率(Redfield ratio),浮游植物在固碳的同时,同比例固定氮和磷,支持海水净化和生态系统中营养物质的循环。由此可见,浮游植物是海岛(列岛)生态系统中非常重要的一个角色,承担着多种服务功能,应将其放入评估框架,并重点监测、测算,从而获得有针对性的治理、提升措施。

浮游动物。浮游动物作为一种重要的平衡生态系统的物种,可以控制浮游植物的数量,一定程度上可以降低赤潮发生的概率。浮游动物同样也是重要的营养级,如果数量减少,海区的生产能力同样会降低,经济效益随之下降。并且浮游动物还有特殊的固碳效果,它们参与营养元素循环,通过粪球下沉,让碳垂直移动至海底固定下来。但由于该机制的计算方法尚未普及,目前很难将其完全放入生态系统价值评估框架当中,仅作为食物供给的一部分,计算嵊泗县海域浮游动物的供给服务价值。

甲壳类、头足类、爬行类、贝类、鱼类等海洋生物。这些海洋生物主要以海产品的形式提供食品,部分种类可以作为工业原料、饲料或者添加剂、药用产品的原料或提供部分观赏、娱乐功能。这些生物的数量直接关系到人类经济社会产品输出功能的强弱,以及关系到物种多样性价值、观赏价值和

生态旅游价值。因此,这些海洋生物的产量和产值将会是评估生态系统评估框架中供给服务的重要指标。其中贝类又是一个对嵊泗县来说非常特殊的评估项目,涉及食物供给、产品输出、海洋碳汇、物质循环过程等几个重要方面。

底栖植物。对海洋生态系统来说,海藻森林、红树林等底栖植物与浮游植物一样,提供初级生产力,具有决定海洋初级生产力的强弱、为海洋生物提供避难所和栖息地、增加对来自陆地污染物的净化功能等多种作用。但由于嵊泗县并不具备红树林和大型海藻的生存条件,因此底栖植物并不会被放入生态系统价值评估框架。尽管如此,底栖植物的重要性仍值得被提及,在未来条件允许的前提下,可考虑嵊泗县发展海藻森林的可能性。

本章并不具备讨论海洋微生物和底层微生物的条件,但仍要声明的是,这些微生物与海洋初级生产力、物质循环、生态系统的环境净化能力都有不同层次的关系。

生态服务过程通常与各种主要海洋生物有关。海洋生物除了直接提供食物价值、观赏价值或作为原材料,还通过各类生态过程实现服务。以下简单介绍几种生态系统服务(尤其是调节服务)评估需要重点关注的生态服务过程。

光合作用。海洋植物通过光合作用吸收二氧化碳、释放氧气,稳定大气成分与气温变化。此项服务如果丧失,则会影响海洋吸收二氧化碳的能力,增加海洋与大气之间二氧化碳的流通量。在光合作用中,依据光合作用方程式计算,同化 1g 干物质需要吸收 1.63g 二氧化碳,并产生 1.20g 氧气。

生物泵作用。海洋生物、微生物通过生物泵,促进空气中的二氧化碳向海洋移动。生物泵的作用非常复杂,将其量化还有困难,但一旦实现量化,海洋碳汇功能价值量会更高。如果以海岛为中心计算区域生态系统的服务价值,那嵊泗县的生态系统价值量会更高。

净化作用。海洋生态系统的净化作用是几种作用的结合,海洋生物的转移、转化和吸收,结合海洋自身的分解、矿化、硝化、脱氮固氮等作用。这些作用的存在,是海洋环境洁净的重要保障。

生物扰动过程。海洋生物的扰动促进海底沉积物中的营养盐上升到海面,配合沿岸的自然上升流,物质循环得以稳定进行。

2. 指标选择及其含义

根据以上所述重要的海洋生物和生态过程和意义,参考"千年生态系统评估"等评估框架,结合嵊泗县实际情况,构建4个一级指标、11个对应二级指标的嵊泗县生态系统服务价值评估框架,详见表2-2。评估时间尺度为2002—2022年。

表2-2 嵊泗县生态系统服务价值评估框架

一级指标	二级指标	指标释义
供给服务	食物供给	嵊泗种植业、渔业(含浮游动物)、畜牧业食物供给价值
	燃料(供电)	嵊泗海上风电供给价值
调节服务	气候调节(仅计算固碳部分)	嵊泗海域海洋碳汇价值(不计算大型藻类碳汇)
	气体调节(释氧)	嵊泗海域氧气释放价值(以浮游植物为主)
	风暴防护	嵊泗滨海湿地防范风暴潮价值
	水调节	嵊泗海岛森林涵养水源价值
	净化水源和废物处理	嵊泗海域海洋分解废水价值
支持服务	营养物质循环	嵊泗海域营养物质循环价值
	提供生境	嵊泗维持海岛生态系统多样性和生物多样性价值提升
文化服务	娱乐与生态旅游	嵊泗全岛生态旅游价值
	文化遗产价值	关于嵊泗列岛的文化价值

(二)生态系统服务价值公式与计算方法

1. 总计算模型构建与公式

嵊泗县生态系统服务总价值模型

$$V_T = V_S + V_R + V_{ST} + V_C \tag{2-1}$$

其中,V_T 为总价值;V_S 为供给服务价值;V_R 为调节服务价值;V_{ST} 为支持服务价值;V_C 为文化服务价值。

2. 供给服务

(1)食物供给,公式如下:

$$V_L = \sum (Q_{Li} \times P_{Li}) \tag{2-2}$$

其中,V_L 为食物供给价值;Q_{Li} 为第 i 种食物的产量;P_{Li} 为第 i 种食物的市场价格。

另外,浮游动物按 15% 的生态转化率转化为渔获物产量,按渔获物市场价格折合人民币 10 元/kg。[①]

(2)燃料(供电),公式如下:

$$V_E = G \times P_E \tag{2-3}$$

其中,V_E 为海上风电供电价值;G 为海上风电发电量;P_E 为海上风电价格。

3. 调节服务

(1)气候调节(仅计算固碳部分),公式[②]如下:

$$V_{CO_2} = Q_{CO_2} \times P_{CO_2} \times 10^{-4} \tag{2-4}$$

$$Q_{CO_2} = Q'_{CO_2} \times S \times 365 \times 10^{-3} + C_{BH} \times S_{BH} \times \frac{44}{12} \tag{2-5}$$

$$Q'_{CO_2} = 3.67 \times Q_{pp} \tag{2-6}$$

$$C_{BH} = W_{by} \times R_{adw} \times (R_{ash} \times C_{ash} + R_{am} \times C_{am}) \times 10^{-3} \tag{2-7}$$

$$FCS = FCSR \times SF \times (1 + \beta) \tag{2-8}$$

其中,海洋固碳用生态系统生产力法进行计算,海岛森林固碳则用固碳速率法进行计算;V_{CO_2} 为碳汇价值;Q_{CO_2} 为固定二氧化碳物质量(t/a);P_{CO_2} 为二氧化碳排放权的平均市场交易价格(基准年为 2022 年,价格为 45.16 元/t);Q'_{CO_2} 为单位面积单位时间浮游植物固定的二氧化碳量[mg/(m² · d)];S 为海域面积(km²);Q_{pp} 为浮游植物初级生产力[mg/(m² · d)];C_{BH} 为养殖双壳贝类成贝收获的碳量(t/hm²);S_{BH} 为贝类养殖面积(hm²);W_{by} 为单位养殖面积的产量(kg/hm²);R_{adw} 为成贝的干湿比(0.5902);R_{ash} 为成贝的贝壳质量比;C_{ash} 为成贝壳含碳率(取平均值 11.45%);R_{am} 为成贝的软体部质量比;C_{am} 为成贝软体部含碳率(取平均值 42.82%);$\frac{44}{12}$ 为碳和二氧化碳转化系数;FCS 为森林固碳量;FCSR 为森林及灌丛的固碳速率(tC · ha⁻¹ · a⁻¹),SF 为

---

① 潘怡,叶属峰,刘星,等. 南麂列岛海域生态系统服务及价值评估研究[J].海洋环境科学,2009(2):176-180.

② 参照《GB/T 28058—2011》。

森林及灌丛面积(hm^2),β 为森林及灌丛土壤固碳系数(取值0.646)。

(2)气体调节(释氧),公式①如下:

$$V_{O_2} = Q_{O_2} \times P_{O_2} \times 10^{-4} \qquad (2\text{-}9)$$

$$Q_{O_2} = Q'_{O_2} \times S \times 365 \times 10^{-3} \qquad (2\text{-}10)$$

$$Q'_{O_2} = 2.67 \times Q_{pp} \qquad (2\text{-}11)$$

$$Q_{OP} = M_{O_2}/M_{CO_2} \times FCS \times \frac{44}{12} \qquad (2\text{-}12)$$

其中,海洋气体调节用生态系统生产力法进行计算,海岛森林气体调节则用固碳速率法进行计算;V_{O_2} 为气体调节价值;Q_{O_2} 为海洋氧气释放物质量;P_{O_2} 为工业制氧价格;Q'_{O_2} 为单位面积浮游植物氧气释放物质量;Q_{OP} 为森林氧气释放物质量;M_{O_2}/M_{CO_2} 为 CO_2 转化为 O_2 的系数(取值$\frac{32}{44}$)。

(3)风暴防护,公式②如下:

$$V_n = S_n \times P_n (1+r)^x \qquad (2\text{-}13)$$

其中,V_n 为滨海湿地防风暴潮的价值;S_n 为湿地面积;P_n 为单位面积湿地抵御风暴潮的价值,采用 Costanza③ 的研究成果 1839 美元/(公顷·年),1997年人民币对美元汇率8.28,折合人民币约 1.52 万元/(公顷·年);r 为社会贴现率,取 4.5%;x 为贴现日期起到贴现截止日期的时间。

(4)水调节,公式如下:

$$V_f = S_f \times P_f (1+r)^x \qquad (2\text{-}14)$$

其中,V_f 为水调节价值;S_f 为森林面积;根据 Constanza 等④ 的研究结果,森林涵养水源主要分为水调节和水供给两部分,水调节价格 P_f 是 2 美元/(公顷·年),水供给是 3 美元/(公顷·年),1997 年人民币对美元汇率8.28,折合人民币,水调节价格 P_f 是 16.56 元/(公顷·年),水供给是 24.84 元/(公顷·年)。

---

① 参照《GB/T 28058—2011》《陆地生态系统生产总值(GEP)核算技术指南》(2020)。

② 丁冬静. 海南滨海湿地生态系统服务功能价值评估[D]. 北京:中国林业科学研究院,2016.

③ Costanza R, d'Arge R, de Groot R, et al. The value of the world's ecosystem services and natural capital[J]. Nature,1997,387(15):253-260.

④ Costanza R, d'Arge R, de Groot R, et al. The value of the world's ecosystem services and natural capital[J]. Nature,1997,387(15):253-260.

（5）净化水源和废物处理,方法一公式如下:

$$V_{SW} = Q_{SWT} \times P_W \times 10^{-4} \tag{2-15}$$

$$Q_{SWT} = Q_{WW} \times w \times (1 - 20\%) \tag{2-16}$$

其中,V_{SW}为废弃物处理价值量;Q_{SWT}为废弃物处理(排海 COD、氮、磷等污染物)的物质量,P_W为人工处理废水(COD、氮、磷等)单位价格;Q_{WW}为工业和生活废水产生量;w为工业和生活废水所含污染物的质量分数;（1 - 20%）表示污染物的入海率。

净化水源和废物处理,方法二公式如下:

$$V_N = Q_N \times P_N \tag{2-17}$$

$$Q_N = Q'_{CO_2} \times \frac{16}{106} \times \frac{14}{44} \tag{2-18}$$

$$V_P = Q_P \times P_P \tag{2-19}$$

$$Q_P = Q'_{CO_2} \times \frac{1}{106} \times \frac{31}{44} \tag{2-20}$$

其中,V_N为海洋生态系统无机氮净化价值;Q_N为海洋生态系统无机氮净化量（t/a）;V_P为海洋生态系统磷酸盐净化价值;Q_P为海洋生态系统磷酸盐净化量（t/a）;浮游植物对营养盐的吸收总体上遵循雷德菲尔德比率[①]（$C: N: P = 106 : 16 : 1$）的规律,由此获得氮磷物质量转化系数。

由于"十三五"期间污染物统计口径有变化,本章主要采用第二种计算方式来评估该项调节服务。

4. 支持服务

（1）营养物质循环[②],公式如下:

$$V_{nn} = S_{nn} \times NPK \times \rho \times P_{ch} \times D \times 10^4 \tag{2-21}$$

其中,V_{nn}为滨海湿地营养循环价值;S_{nn}为马鞍列岛湿地陆地部分面积（hm^2）;NPK 为土壤氮、磷、钾的平均含量[$t/(hm^2 \cdot a)$];ρ为表层土壤密度（取值 1.79t/m³）;P_{ch}为化肥价格（元）;D为表层土壤厚度（取值 0.2m）。

① 王保栋,陈爱萍,刘峰. 海洋中 Redfield 比值的研究[J]. 海洋科学进展,2003（2）:232-235.

② 隋磊,赵智杰,金羽,等. 海南岛自然生态系统服务价值动态评估[J]. 资源科学,2012（3）:572-580.

（2）提供生境,公式如下:

$$V_S = S_n \times P_S (1 + r)^x \qquad (2\text{-}22)$$

其中,V_S 为湿地生物多样性价值;根据 Constanza 等[1]研究计算的全球湿地单位面积生物多样性价值 P_S 是 304 美元/(公顷·年),折合人民币 2520.16元/(公顷·年)。

5. 文化服务

（1）文化遗产价值,公式[2]如下:

$$V_{CU} = S_{CU} \times P_{CU} (1 + r)^x \qquad (2\text{-}23)$$

其中,V_{CU} 为文化价值;S_{CU} 为嵊泗县岛陆面积（hm^2）;P_{CU} 为 Constanza 等[3]计算的海洋文化价值,为 65 ~ 1282 美元/(公顷·年)。

（2）娱乐与生态旅游,公式[4]如下:

$$V_T = TC \times N + W \times T \times N + C \qquad (2\text{-}24)$$

其中,V_T 为海岛生态旅游价值;TC 为游客到景区的交通费用,根据近年的调查,嵊泗县主要接待周边省（市）的游客,旅行交通费取平均值估算;N 为景区年接待总人次（嵊泗县的旅游为全域型海岛旅游,旅游总接待人次即为景区年接待总人次）;W 为游客在当地的平均工资（取平均值估算）;T 为在景区旅游的平均时间（根据近年问卷调查估算取平均值）;C 为其他直接旅行费用（用当年旅游收入代替）。

（三）评估方法说明

目前,生态系统服务的价值核算方法有很多,根据所选指标和目标案例的实际情况,本章的主要评估方法为以下六种。

（1）市场价值法。该方法主要用于有实际市场价格的生态产品或生态

---

① Costanza R, d'Arge R, de Groot R, et al. The value of the world's ecosystem services and natural capital[J]. Nature,1997,387(15):253-260.

② Costanza R, d'Arge R, de Groot R, et al. The value of the world's ecosystem services and natural capital[J]. Nature,1997,387(15):253-260.

③ Costanza R, d'Arge R, de Groot R, et al. The value of the world's ecosystem services and natural capital[J]. Nature,1997,387(15):253-260.

④ 张朝晖,叶属峰,朱明远.典型海洋生态系统服务及价值评估[M].北京:海洋出版社,2007.

服务的价值计算,用市场价格来衡量、表示该产品或服务的实际价值,比如食物供给的价值计算。

(2)代替成本法。该方法用于没有实际市场价格的生态产品或生态服务的价值计算,该方法意味着生态服务的价值需要以代替服务的成本为基础,人们愿意花钱来代替该生态服务所产生的实际价值,但通常这种代替成本是最低价格。比如人们需要造污水净化厂并通过花费人工净化的价值来代替森林的净化功能价值。

(3)影子工程法。该方法适用于那些相对难以估算的生态系统服务价值,采用能够提供类似功能的工程来实现该类生态系统的服务功能。比如湿地被破坏之后,防范风暴潮的功能就随之丧失,因此需要通过建造人工湿地或者人工防波堤的方式来实现风暴潮的防范或抵御,那么人工防波堤的造价就是自然湿地的服务价值。影子工程法让这些难以被估算的生态系统服务价值货币化,但该方法也存在一定局限性,至少自然湿地的防范风暴潮价值是被相对低估的。

(4)旅行费用法。该方法以人及人的消费为中心,主要评估生态系统所提供的文化旅游价值,要素包含旅行者的旅行时间、交通费用、旅行实际支出等。通常需要通过问卷调查获取一部分数据信息。嵊泗县的旅游是全域型海岛旅游,且旅游收入绝大部分来自列岛外游客,因此本章会相对简化旅行费用的计算模型。

(5)条件价值法。该方法是依托人为构造的假想市场,来估算生态系统所提供的服务。比较常见的是意愿问卷调查,根据在假想市场的条件下被调查者愿意支付多少生态系统保护费用或者会采取什么行动的回答来确定某个生态系统服务的价值。

(6)成果系数法。该方法也被称为专家评估法。对于一些数据实在难以获取但对于该系统意义重大的待评估项目,可采用已有文献中的成果系数进行评估。由于各地区(甚至不同国家)情况不同,比如货币体系、生活方式和质量等不同,评估结果误差可能较大。

三、美丽海岛生态经济指数构建

(一)关于指数的讨论

1.与地区生产总值(GDP)的关系

相关研究通常都会计算生态系统服务价值或生态系统生产总值与地区

生产总值之间的关系。本章同样关注两者的比值,20 年间,嵊泗县生态系统服务总价值与嵊泗县地区生产总值一直保持着相对稳定的关系。GDP 包含了部分被成功转化的生态系统服务价值,但也仅仅是一部分。因此,GDP 与 GEP 或者生态系统服务价值的比值并不能直接表示生态系统服务价值的转化率。大量权威文献建议用 GEP 来评估社会经济发展水平和政府工作绩效,更多的原因来自对大自然的敬畏和对可持续发展、对人与自然和谐共生现代化等现代生态文明理论、观念的高度认同。两者的比值是一个非常重要的评价指标,但目前看来,并没有一个相对公认的比值范围可以用来评估被评估区域生态系统保护的好坏或生态系统价值量的高低。一些地区生态系统服务价值可以是 GDP 的四倍、五倍,甚至更高,而一些地区可能仅仅与 GDP 持平,甚至小于 GDP 的数值。可以这样理解,生态系统服务价值四五倍于 GDP 的地区,其生态保护工作应该做得不错,但生态经济的发展很难定性。同理,在两者比值无法直接得出结论的情况下,也需要进一步深入评估或确定生态系统服务价值与 GDP 数值相近的原因——到底是该地区生态条件本就匮乏还是生态价值转化率较低。

2. 生态系统服务价值转化(率)

鉴于生态系统服务价值与 GDP 的比值无法直观、有效地刻画海岛生态、经济和社会的发展情况,本章尝试引入生态系统服务价值转化率的概念,具体原因如下。

生态系统服务价值转化是采用一定的手段将生态服务所具有的理论价值转化为现实中的生态效益、经济效益或社会效益,或在某个评估时间尺度内实现生态系统服务价值的增值。部分生态服务具有竞争性的使用价值,其经济价值可以直接通过市场交易体现;但大多数生态服务不具备竞争性和排他性,此类公共产品往往不能直接进行市场交易,需要进行机制设计和路径规划,使得生态系统的生态服务获得市场的识别和认可。因此,生态系统服务价值转化应至少由政府和市场共同完成,即政府和市场通过不同的手段来增加生态系统服务价值或提取该价值。最终,呈现出这样一种效果:生态系统服务价值成功让世人理解或被各种意义上的识别。未来是否需要考虑社会主体行为,则需要进一步研究和探讨。

生态系统服务价值转化用数据来表示,就是转化率的概念。转化率是指在一个统计周期内,完成的转化目标同投入物或反应物的比率。转化率的概念被广泛地应用于社会各领域以评估转化效力,在生态系统服务价值转化的研究中引入转化率的概念可以相对直观、科学地评价生态系统服务价值的经济效益、社会效益和直接生态效益,也可在某种意义上体现人类社会对大自然的重视程度和两者之间的和谐度。本章将生态系统服务价值的转化率定义为生态服务获得的经济补偿与创造的经济价值之和同生态服务价值总量的比率。

(二)生态价值转化率计算方法与公式

1. 政府主导的价值转化

政府主导的价值转化,即以政府为主体对生态系统服务价值转化制定计划、相关政策或规定以及对生态系统服务提供资金支持,以期获得生态环境、资源保护的直接效益、社会效益、经济效益以及生态系统服务价值的增值。

2. 市场主导的价值转化

市场主导的价值转化,即以市场为主体通过市场化手段转化生态系统服务价值,最终主要以经济效益的形式呈现,是GDP中生态系统服务价值的主要表现。随着政府主导的价值转化方案效率相对较低和缺乏外部监督等局限性的逐渐显露,市场主导的价值转化方案和转化方式的必要性也逐渐被注意到。

3. 公式与计算

生态系统服务价值转化率,用以表示美丽海岛生态经济指数,公式如下:

$$M = \frac{V_M}{V_T} \tag{2-25}$$

$$V_M = V_{GOV} + V_{MAR} \tag{2-26}$$

$$V_{GOV} = V_{TRAN} + V_{PUR} + V_{TAX} + V_{COM} \tag{2-27}$$

$$V_{MAR} = V_{BUS} + V_{TRA} \tag{2-28}$$

其中,V_M 表示政府和市场主导的总价值;V_{GOV} 表示政府主导的总价值;V_{TRAN} 表示转移支付,上级行政单位为保护当地生态直接对下级行政单位的经济资助;V_{PUR}表示政府直接参与生态系统服务购买,或适当将所买的部分生态资源调整为生态保护区等;V_{TAX}表示生态税费,包括环境税和资源税;V_{COM}表示生态补偿,目前我国生态补偿类型主要包括自然保护区生态补偿、重要生态功能区生态补偿、流域水资源生态补偿、大气环境保护生态补偿、矿产资源开发区生态补偿、农业生产区生态补偿和旅游风景开发区生态补偿等;V_{MAR}表示市场主导的总价值;V_{BUS}表示生态产业化经营,指生态产业在市场化交易中所产生的经济价值,通常包括生态农业价值、生态旅游价值等;V_{TRA}表示权属交易,类似区域之间生态使用权的交易,通常指排污权、碳排放权等。

4.评价等级设置

参照主流评估等级设置和实际情况,本章将生态系统服务价值转换率评价等级分为5级,详见表2-3。

表2-3 美丽海岛生态经济指数建设水平标准

等级	总体指数范围	状态	描述
Ⅰ	(0.8,1.0]	高级阶段 (理想状态)	城市生态空间格局、产业结构、生产方式、生活方式达到最佳状态,人与自然和谐共生
Ⅱ	(0.6,0.8]	稳定阶段 (良好状态)	经济发展方式转变取得实质性进展,民生改善与城乡统筹得到同步推进,生态环境较为优化
Ⅲ	(0.4,0.6]	中级阶段 (一般状态)	能源资源利用效率有所提高,城市生态系统状况有所改善,生态文明水平有待提高
Ⅳ	(0.2,0.4]	发展阶段 (较差状态)	资源约束、环境污染、经济结构单一、社会问题凸显
Ⅴ	(0,0.2]	初始阶段 (恶劣状态)	人口过剩、资源消耗、环境污染等矛盾日益突出,城市生态系统健康面临威胁

资料来源:王祥荣,谢玉静,李瑛,等.气候变化与中国韧性城市发展对策研究[M].北京:科学出版社,2016:190-191.

第三节　美丽海岛生态经济蝶变 20 年

嵊泗县的美丽生态经济 20 年是羽化蝶变的 20 年,是探索人与自然和谐共生之道的 20 年,是嵊泗县政府兑现对嵊泗人民的承诺、完成"生态立县"的 20 年。本节基于已构建的海岛生态系统综合评估框架,实现对嵊泗县 20 年间生态经济工作的量化评估,并在分析的基础上提出可行的对策建议。

一、从生态数字看美丽嵊泗

(一)嵊泗县生态系统服务价值评估结果及分析

本节对嵊泗县 2002—2022 年的生态系统服务功能进行价值核算,每五年算作一个评估周期。为便于比较近期趋势,对近三年的价值进行了单独评估和趋势分析。具体数值见表 2-4 和表 2-5。

嵊泗县生态系统服务功能的总价值增值趋势显著(见图 2-2),充分体现了生态为本、生态优先的发展方式。从 2002 年的 38.52 亿元增长到 2022 年的 266.18 亿元,增长了 591%,年均增长 37.59%。20 年间,嵊泗县生态系统服务价值一直保持在嵊泗县当年地区生产总值的 2 倍左右(见图2-3),2022 年人均生态系统服务价值为 397285.22 元。由此可见,"八八战略"实施以来,嵊泗县发展确实以"生态""立县","金山银山"多从"绿水青山"转化而来,追求高质量发展海洋经济。

表 2-4　2002—2022 年嵊泗县生态系统价值评估

年份	供给服务/亿元	占比/%	调节服务/亿元	占比/%	支持服务/亿元	占比/%	文化服务/亿元	占比/%	总价值/亿元
2002	9.26	24.04	20.32	52.75	3.34	8.67	5.60	14.54	38.52
2007	9.80	9.82	70.27	70.43	3.96	3.97	15.74	15.78	99.77
2012	17.28	16.34	52.36	49.51	4.82	4.56	31.29	29.59	105.75
2017	28.02	13.79	71.92	35.41	4.97	2.45	98.20	48.35	203.11
2022	50.13	18.83	95.63	35.93	6.98	2.62	113.44	42.62	266.18

表 2-5 2002—2022 年嵊泗县生态系统价值

年份	服务类型	服务项目	生态系统服务价值/亿元	单项占总价值比例/%	与GDP比例/%	人均服务价值/(元/人)
2022	供给服务	食物供给	36.12	13.57	27.78	53903.45
		燃料(供电)	14.02	5.27	10.78	20920.84
	调节服务	风暴防护	25.08	9.42	19.29	37432.46
		气候调节(仅计算固碳部分)	2.60	0.98	2.00	3877.33
		气体调节(释氧)	22.19	8.34	17.07	33121.59
		水调节	34.98	13.14	26.90	52202.78
		净化水源和废物处理	10.78	4.05	8.30	16095.88
	支持服务	营养物质循环	2.82	1.06	2.17	4209.12
		提供生境	4.16	1.56	3.20	6206.30
	文化服务	文化遗产价值	1.44	0.54	1.11	2151.29
		娱乐与生态旅游	112.00	42.08	86.15	167164.18
		总计	266.19	100.00	204.75	397285.22
2021	供给服务	食物供给	34.01	13.29	27.73	50685.35
		燃料(供电)	6.75	2.64	5.51	10062.30
	调节服务	风暴防护	24.00	9.38	19.57	35767.15
		气候调节(仅计算固碳部分)	2.32	0.91	1.89	3459.72
		气体调节(释氧)	26.44	10.33	21.56	39407.62
		水调节	33.47	13.08	27.29	49880.37
		净化水源和废物处理	9.21	3.60	7.51	13728.32
	支持服务	营养物质循环	2.81	1.10	2.29	4187.84
		提供生境	3.98	1.56	3.24	5930.19
	文化服务	文化遗产价值	1.38	0.54	1.12	2055.58
		娱乐与生态旅游	111.50	43.58	90.91	166169.90
		总计	255.87	100.00	208.62	381334.34
2020	供给服务	食物供给	32.54	13.39	28.30	48646.86
		燃料(供电)	4.58	1.88	3.98	6839.46

续表

年份	服务类型	服务项目	生态系统服务价值/亿元	单项占总价值比例/%	与GDP比例/%	人均服务价值/(元/人)
2020	调节服务	风暴防护	22.97	9.45	19.97	34329.26
		气候调节(仅计算固碳部分)	1.82	0.75	1.58	2714.43
		气体调节(释氧)	13.20	5.43	11.48	19738.17
		水调节	32.03	13.18	27.85	47875.11
		净化水源和废物处理	6.85	2.82	5.96	10244.24
	支持服务	营养物质循环	1.86	0.77	1.62	2785.18
		提供生境	3.81	1.57	3.31	5691.79
	文化服务	文化遗产价值	1.32	0.54	1.15	1972.94
		娱乐与生态旅游	122.00	50.21	106.10	182361.73
		总计	242.98	100.00	211.30	363199.17
2017	供给服务	食物供给	27.58	13.58	28.23	36292.71
		燃料(供电)	0.44	0.21	0.45	572.68
	调节服务	风暴防护	20.13	9.91	20.60	26480.62
		气候调节(仅计算固碳部分)	1.43	0.70	1.46	1877.76
		气体调节(释氧)	17.58	8.66	18.00	23131.74
		水调节	28.07	13.82	28.73	36929.50
		净化水源和废物处理	4.72	2.33	4.84	6216.24
	支持服务	营养物质循环	1.63	0.80	1.67	2146.89
		提供生境	3.34	1.64	3.42	4390.49
	文化服务	文化遗产价值	1.16	0.57	1.18	1521.87
		娱乐与生态旅游	97.04	47.78	99.33	127684.21
		总计	203.12	100.00	207.91	267244.71
2012	供给服务	食物供给	17.26	16.32	30.13	22126.63
		燃料(供电)	0.02	0.02	0.04	28.62
	调节服务	风暴防护	16.15	15.27	28.19	20704.54
		气候调节(仅计算固碳部分)	0.78	0.74	1.36	977.39

续表

年份	服务类型	服务项目	生态系统服务价值/亿元	单项占总价值比例/%	与GDP比例/%	人均服务价值/(元/人)
2012	调节服务	气体调节(释氧)	10.85	10.26	18.94	13910.44
		水调节	22.52	21.30	39.32	28874.27
		净化水源和废物处理	2.06	1.95	3.60	2643.45
	支持服务	营养物质循环	2.14	2.03	3.74	2749.09
		提供生境	2.68	2.53	4.67	3432.81
	文化服务	文化遗产价值	0.93	0.88	1.62	1189.92
		娱乐与生态旅游	30.36	28.71	53.00	38923.08
		总计	105.75	100.00	184.61	135580.24
2007	供给服务	食物供给	9.80	9.82	22.22	12249.57
	调节服务	风暴防护	12.96	12.99	29.38	16199.02
		气候调节(仅计算固碳部分)	2.09	2.09	4.74	2611.85
		气体调节(释氧)	32.60	32.67	73.90	40744.72
		水调节	18.07	18.11	40.97	22590.93
		净化水源和废物处理	4.55	4.56	10.31	5685.33
	支持服务	营养物质循环	1.81	1.82	4.11	2266.16
		提供生境	2.15	2.15	4.87	2685.80
	文化服务	文化遗产价值	0.74	0.75	1.69	930.98
		娱乐与生态旅游	15.00	15.03	34.01	18750.00
		总计	99.77	100.00	226.20	124714.36
2002	供给服务	食物供给	9.26	24.04	48.65	11431.80
	调节服务	风暴防护	1.04	2.70	5.46	1283.84
		气候调节(仅计算固碳部分)	0.52	1.36	2.75	646.83
		气体调节(释氧)	3.34	8.68	17.56	4126.99
		水调节	14.50	37.65	76.19	17904.31
		净化水源和废物处理	0.91	2.37	4.80	1127.38

续表

年份	服务类型	服务项目	生态系统服务价值/亿元	单项占总价值比例/%	与GDP比例/%	人均服务价值/(元/人)
2002	支持服务	营养物质循环	1.61	4.18	8.47	1989.50
		提供生境	1.72	4.48	9.06	2128.61
	文化服务	文化遗产价值	0.60	1.55	3.14	737.84
		娱乐与生态旅游	5.00	12.98	26.27	6172.84
		总计	38.50	100.00	202.35	47549.94

注:因对数据进行了四舍五入,可能存在各项占比加总不等于100%的情况。

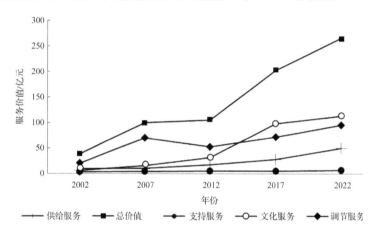

图 2-2　2002—2022 年嵊泗县生态系统各项服务价值变化趋势

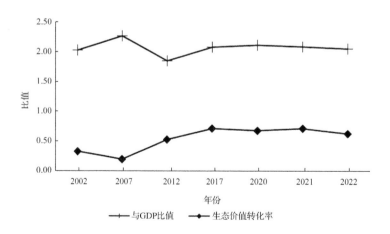

图 2-3　2002—2022 年嵊泗县生态系统服务价值与 GDP 比值及转化率变化趋势

1. 供给服务

嵊泗县有较好的海洋生物条件,其中几个重要渔场都位于舟山渔场的中心,无论是养殖条件还是捕捞条件,都较为优越。如图 2-4 所示,经评估,2002 年嵊泗县生态系统的供给服务价值为 9.2598 亿元,到 2022 年已经增长到 50.1323 亿元。评估年间,供给服务占总服务价值的 10%—24%。早期供给服务以食物、原材料供给为主,近几年,嵊泗县海上风电发展迅猛,因此将海上风电供给价值加入评估,到 2022 年,海上风电供给价值达到 14.02 亿元,占当年供给服务价值的 38.81%。2022 年人均供给服务价值为 74824.29 元。

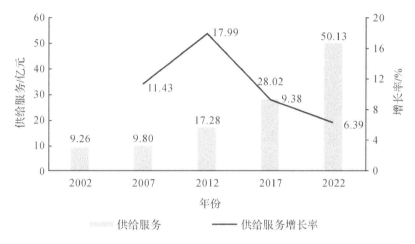

图 2-4 嵊泗县生态系统供给服务价值变化趋势

2. 调节服务

根据数据可获性原则和调研的实际情况,本章所评估的嵊泗县生态系统服务的调节服务主要有气候调节、气体调节、风暴防护、水调节、净化水源和废物处理五项。其中气候调节仅算固碳部分价值。由于对水包陆的海岛县来说,核算海洋的气温调节作用会显得尺度过大,而且还会与海洋吸收二氧化碳等温室气体带来的气温调节作用产生重复计算问题,因此在没有更合理的核算方法之前,这部分不予考量。如图 2-5 所示,评估年间,调节服务价值为 20.32 亿—95.63 亿元/年,占总价值的 32%—70%,由于部分调节服务与当年海岛自然气候条件变化相关性较大,自然变化的尺度又较为宏大,因此调节服务价值通常不是线性增长,而是呈波动状态。2022 年人均调节服务价值为 142730.04 元。

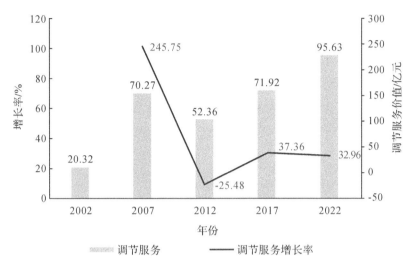

图 2-5　嵊泗县生态系统调节服务价值变化趋势

气候调节主要考量嵊泗县海域温室气体 CO_2 的固定数量,这部分主要测算海域浮游植物和贝类养殖的固碳数量。根据调查,嵊泗县海域叶绿素 a 的含量为舟山群岛海域中最高,浮游植物数量和密度也较高,浮游植物初级生产力在 100—900 毫克/(米^2·天)[①]。评估年间,嵊泗县海域浮游植物固碳最高值约为 152.3 万吨,每吨价格取 2022 年全国碳排放交易市场均价 45.61 元/吨,浮游植物潜在碳汇价值在 0.52 亿—2.55 亿元/年;贝类作为滤食性动物,以浮游植物为生,其碳汇价值在 0.01 亿—0.04 亿元/年。相对于海洋固碳来说,海岛森林面积有限,固碳的价值量相对较少,在 28.85 万—65.77 万元/年。

气体调节主要考量嵊泗县海域 O_2 释放量,浮游植物在吸收 CO_2 的同时,也放出相对数量的 O_2,因此浮游植物也对嵊泗县空气质量的调节起到了相对重要的作用。结合相应年份工业制氧的价格,嵊泗县海域释放氧气的调节价值在 3.33 亿—32.49 亿元/年,而海岛森林释放氧气的价值量相对较

① 《中国海岛志》编纂委员会. 中国海岛志:浙江卷第一册[M]. 北京:海洋出版社,2014:180.

低,为 0.02 亿—0.1 亿元/年。

风暴防护主要考量滨海湿地对风暴潮的防护作用,湿地通常是减缓风暴潮负面作用最好的自然卫士,如果湿地被破坏,人类需要花更多的钱去修筑堤坝来抵御这些自然灾害。本节主要用专家评估法来测算嵊泗县滨海湿地抵御自然灾害的价值。20 年间,随着湿地的重要性被日渐了解,对湿地的保护也随之提上日程,2005 年经省政府批准,马鞍列岛全域被列为滨海湿地范围。因此此项服务价值呈线性增长,从 2002 年的 1.03 亿元增长到 2022 年的 25.07 亿元。

水调节主要考量海岛森林的水源涵养服务价值,包含水调节和水供给两部分。无论是大陆还是海岛,森林的涵养水源服务是最重要的生态系统调节服务之一,如果森林被破坏,人类需要付出更大的代价来处理水资源的问题。对于嵊泗县这类相对缺乏淡水资源的海岛来说,此项服务更为重要。本书主要用专家评估法来测算嵊泗县森林涵养水源的服务价值,2020 年左右,随着嵊泗县退耕还林政策的推广,嵊泗县森林面积增加较快,此项服务价值增加速度也随之提升。评估年间,此项服务价值在 14.50 亿—34.98 亿元/年。

净化水源和废物处理主要考量海水对污染物的处理服务价值。海洋有非常强的净化能力,该净化能力与海洋的空气湿度、海水盐度、海水 pH 值、海水运动形式和海洋生物丰度等都有关,但由于价值核算方法和数据获取途径的限制,本章仅计算浮游植物固定主要营养盐(污染物)的数量。评估年间,嵊泗县净化水源和废物处理价值在 0.91 亿—10.78 亿元/年。而实际上,净化水源和废物处理的服务价值会远远高于这个数字。但无论海洋有多少强大的净化能力,都不是人类肆意排放污染物的理由。

3. 支持服务

常规生态系统生产总值并不包括支持服务的评估,但本章为了体系的完整性,仍保留支持服务中的营养物质循环和生态系统生物多样性指标的评估。如图 2-6 所示,评估年间,嵊泗县生态系统支持服务价值为 3.34 亿—6.98 亿元/年,占总价值的 0.02%—0.09%。其中,营养物质循环总价值在 1.61 亿—2.82 亿元/年,生物多样性价值评估在 1.72 亿—4.16 亿元/年。评估年间,嵊泗县支持服务无论是总值还是增长率,都大致呈增长趋势,说明嵊泗县多年注重海洋海岛生物栖息地保护,生物多样性维护得较好。

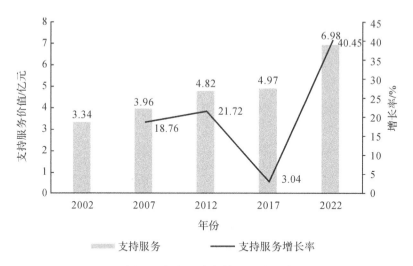

图 2-6 嵊泗县生态系统支持服务价值变化趋势

4.文化服务

大自然除了直接给人类提供服务,更多的是提供间接服务,比如文化服务。如图 2-7 所示,评估年间,嵊泗县生态系统文化服务价值为 5.6 亿—123.32 亿/年,约占总价值的 15%—48%。从文化服务价值与总值的变动趋势来看,文化服务价值的增长对总值的变化影响相对其他三类服务来说是比较大的。2022 年人均供给文化服务价值为 169315.47 元。

随着近几年海岛旅游的兴起,嵊泗县凭借别具一格的海岛风光,成为炙手可热的旅游胜地。海岛旅游带来最直接的生态收益。从 2016 年开始,干净又有情调的民宿、美味的海鲜、优美的海景与丰富的海上娱乐活动吸引了嵊泗县周边地区的大量游客。本节通过历年游客调查,整理统计相关数据,用旅行费用区间法估算嵊泗县生态旅游服务价值,评估年间,嵊泗县生态旅游价值在 5.00 亿—122.00 亿元/年,占文化服务价值的绝大部分,2016 年左右生态旅游价值转化速度加快。

嵊泗县有较高的海洋科学科研价值,每年有非常多的科研机构在此建立科研站点,关注海洋领域的热点难点问题。据不完全统计,评估年间,每年有 45 篇左右与嵊泗县相关的论文发表。海岛的文化服务价值还体现在

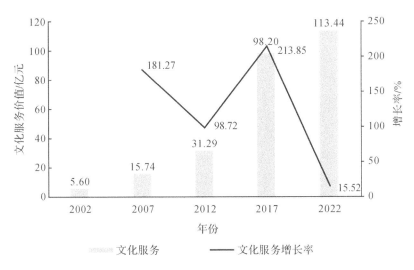

图 2-7 嵊泗县生态系统文化服务价值变化趋势

其他人文文化活动当中,包括但不限于审美、教育拓展等。本节采用专家评估法,整体估算嵊泗县文化遗产价值,评估年间,嵊泗县文化遗产价值为 0.60 亿—1.44 亿元/年。

(二)嵊泗县美丽海岛生态经济指数及分析

根据上一节所构建的美丽海岛生态经济指数模型,计算得出嵊泗县美丽海岛生态经济指数(见表 2-6),趋势如图 2-8 所示。

表 2-6 嵊泗县美丽海岛生态经济指数

年份	政府和市场总投入 /亿元	生态系统服务总价值 /亿元	指数值
2002	12.60	38.52	0.33
2007	19.69	99.77	0.20
2012	55.62	105.75	0.53
2017	144.35	203.11	0.71
2020	163.98	242.98	0.68
2021	181.93	255.88	0.71
2022	166.08	266.18	0.62

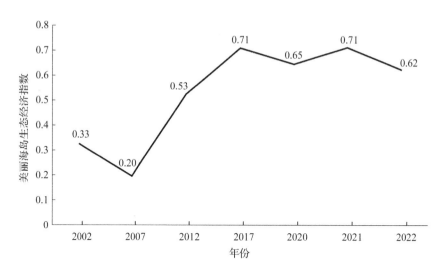

图 2-8　2002—2022 年嵊泗县美丽海岛生态经济指数趋势

本节仅统计数据可获取部分的政府或市场投入项目。政府投入诸如历年的资源税、环境税、一般或专项转移支付、政府为保护或提升生态系统所购买的服务等;市场投入诸如企业购买排污权、碳排放权的支出,发展生态农业、生态旅游业、生态加工业等。指数区间为 0—1,根据美丽海岛生态经济指数建设水平标准(见表 2-3),指数值越趋近 1,表示政府与市场行为与生态关联度越高,所呈现的生态产业化和产业生态化水平越高,社会经济发展可持续性越高。

从 2007 年开始,嵊泗县美丽海岛生态经济指数就呈波动上升趋势,由 2002 年的 0.33 上升至 2022 年的 0.62,增长率为 87.88%。

2002 年至 2007 年的第一个五年,嵊泗县美丽海岛生态经济指数处于发展阶段(Ⅳ),嵊泗县仍未摆脱海岛生态环境脆弱的困境,尽管当时全省"811"行动已完成第一阶段,但嵊泗县生态环境治理难度不小,生态建设的成效亦有滞后性。因此在 2007 年前后,指数有短暂的低谷期,也说明当时嵊泗县发展所面临的资源环境承载压力仍然较大。但随着嵊泗县获批第五批"国家级生态示范区",第一个五年的积淀初见成效,生态保护与开发走上新里程;从 2011 年开始,大量海洋生态文明行动方案与制度文件陆续出台,更是为指数的提升提供了政策依据和制度保障。

2016 年前后,指数进入稳定发展(Ⅱ)时期,说明嵊泗县经济发展方式转变取得实质性进展,民生改善与城乡统筹得到同步推进,生态环境较为优化,指数的稳定上涨可能得益于嵊泗县一段时间的海洋生态文明示范区集中建设。2016 年,嵊泗县成功获批国家海洋生态文明示范区。评估年间,指数分别在 2017 年和 2021 年两度超过 0.7,后受新冠疫情影响有所滑落,最终稳定在 2022 年的 0.62。在生态系统服务价值稳定增加的前提下,美丽海岛生态经济指数的提升意味着嵊泗县 20 年间生态文明建设稳步推进、成效颇佳。

(三)小结

第一,评估年间,嵊泗县生态系统服务总价值逐年上升,总增长率达591%,近三年增长率为 10%;美丽海岛生态经济指数呈波动上涨趋势,2022年指数值为 0.62。前十年的爆发式增长主要得益于调节服务价值的增速非常快,生态文明建设的成效迅速体现在生态系统的变化当中。除调节服务外,其他三类服务价值均呈现逐年上升趋势,说明嵊泗县 20 年间生态环保工作相对到位,经济社会发展的生态可持续性较强,生态文明建设取得阶段性成功,一定程度上改变了嵊泗县资源紧缺、环境容量较小、生态系统较为脆弱的境况。

第二,在已经评估的生态系统服务价值当中,供给服务、调节服务和支持服务的价值占总价值的比例逐年下降,文化服务价值占比逐年上升。说明嵊泗县逐渐从以保护为主导的海洋(海岛)生态系统转变为以开发利用为主导的海洋(海岛)生态系统。在实践"八八战略"之前,嵊泗县主要通过控制人类活动对自然生态系统的影响,仅依赖生态系统本身的自我调节和保护生态系统和生物多样性来维持其服务的可持续性,甚至可能存在控制不当的情况。"八八战略"实施之后,嵊泗县进入高速发展时期,与海洋(海岛)生态系统的关系随之发生变化,以高强度的人类活动来维持生态系统的平衡与稳定,并通过人类的密集活动从生态系统中获得更多的服务。由于深刻理解了"绿水青山就是金山银山"理念的精髓、打通了"绿水青山就是金山银山"理念转化通道,嵊泗县成功实现海洋(海岛)生态系统的可持续开发与利用,实现海洋生态经济、海洋城市的高质量发展。

第三,关于生态系统服务价值定量评估的反思。首先,必须承认的是,目前对于生态系统服务价值的评估理论和方法论还有一定的局限性。由于数据库尚未建立或完善,部分数据的获取难度较高,因此本章部分项目的估算只能借助现有文献成果中提供的系数,由此可能会造成嵊泗县生态系统服务价值被低估;而且也必须认识到,对于那些没有市场的产品或者服务,其货币化的评估方式是不够完善的,人们也常常低估了这些生物和生态服务过程所能提供的实际价值,这些都导致了结果计算精度不高。其次,生态系统服务价值的概念还不能衡量那些不能还原到个人福利的产品和服务的价值,如生态可持续性和分配公平等[1],诸如海洋的调节服务是否该全部归于附近海岛等具有争议的公平性问题,都还未有共识,因此尽管本章努力尝试用研究对象的生态系统服务部分总价值去表示社会效益,但实际效果并不理想。毕竟,评估不仅仅是经济学家的事情,金钱也绝不是评价的唯一标准。[2] 最后,必须清醒地明白,生态系统所提供的服务是动态的,生态系统所有服务之间的关系并非线性的,定量评估并不能完全反映这种动态的变化和服务之间的关系。对于定量评估的深刻反思,同样可以为后续工作提供一些帮助或提升方面的建议。

二、启示与政策建议

新形势、新需求对海岛保护、管理与开发提出了新要求,应推行基于生态系统及生态系统服务价值的海岛管理新模式,形成海洋生态文明建设的系统推动力,将生态文明要求全面融入海岛保护、管理与开发的全过程和各方面,提升海域海岛的治理能力。对嵊泗县来说,未来生态经济、生态发展之路如何走宽、走好,除了继续遵循和实践习近平生态文明思想,也要更关注嵊泗县自身的资源禀赋与特色。

(一)硕果累累的 20 年

总体来看,嵊泗"生态立县"的 20 年,是生态资源丰腴、保护治理系统和经济转化成效显著的 20 年。

---

① Howarth R B, Farber S. Accounting for the value of ecosystem services[J]. Ecological Economics,2002,41(3):421-429.

② Limburg K E, Folke C. The ecology of ecosystem services:Introduction to the special issue[J]. Ecological Economics,1999,29(2):179-182.

供给服务的线性增长在一定程度上体现了嵊泗县生态资源的丰富程度。当然,嵊泗县的生态资源也不是天生如此,相反,对于一个海岛来说,各类资源量的相对紧缺或资源能源的分布不均才是一种常态。因此,这20年间,嵊泗县坚持近岸海域增殖放流、重视各级保护区生物生境保护和生物多样性提升等有利于生态资源量增加的工作。目前嵊泗县海域已发现的游泳生物有302种,其中鱼类210种、甲壳类75种、头足类11种、水母类6种。嵊泗县森林植被也较为丰富,共有维管束植物105科、648种;花鸟岛上有不少树龄超过50年的树木,平均胸径达40厘米以上。马鞍列岛保护区内的珍稀与重点保护种群数量更是明显上升。

除文化服务之外,调节服务是占比第二高的服务。且调节服务从第二个五年开始,增长速度非常快,由此可见嵊泗县生态环境保护治理的系统性较强、成效颇丰。20年间,嵊泗县着眼系统视角,从嵊泗县的"山水林田草"各个生态系统整体治理出发,采取严控"两高"项目、渔贝加工清洁生产审核、固废无害化处理等措施,开展了"再造绿岛"、菜园镇垃圾填埋场、菜园马关供水管网改造、泗礁本岛城乡供水一体化等28项海岛生态保护工程。地表水水质、近海海域水质、空气质量等常规环境指标在全省名列前茅;另外,特殊指标,诸如赤潮次数与面积,在近几年也呈逐年下降趋势,也可从侧面印证嵊泗县对海域污染监控工作的重视程度。

嵊泗县的"生态立县",不仅体现在生态环境资源的优质转变上,更体现在其对生态资源的绿色高效利用和高价值转化上。嵊泗县海洋资源的经济转化程度较高,海洋经济增加值占全县生产总值的80%左右;生态旅游、生态农业产值更是显著增加,文化服务占总价值比例的线性增长就是最好的佐证。20年间,嵊泗县在做好"千万工程"等国家级、省级大行动的基础上,积极探索符合海洋特色的"绿水青山就是金山银山"理念转化路径。东海渔村成功实现风貌综合改造,生态廊道和城镇景观林建设提升了嵊泗县整体美观程度,这些都是嵊泗县成为海岛旅游胜地的基础性工作,海岛民宿旅游的兴起和规范化打造,打通了绿水青山转化为金山银山的最后一个环节。

(二)未来可以努力的方向

第一,关注海陆统筹。应协调海陆交错区域和海域、陆地的共同发展。初级生产力与海域固碳释氧、净化和增加海产品的物质量有着非常密切的关系。嵊泗县海域的初级生产力是整个舟山海域中最高的,其中浮游植物和底栖植物的贡献是最大的。因此关注海域浮游植物的数量非常重要。控制海岛农肥、污水处理,从而减少入海污染物数量,注重海域水质环境整体性保护,对控制浮游植物数量并提升初级生产力很有帮助。评估年间,浮游植物固碳能力虽不是稳定地线性增长——主要和当年的海水温度、光照、营养盐、海水流动情况都有关系,但可以确定的是,定期监测入海口废水排放、控制海洋污染浓度,从而控制或影响海域中营养盐的浓度,可以提升浮游植物的初级生产力,从而进一步提升生态系统的服务价值。另外,应关注沿岸的生态工程,包括生态堤坝的建设,生态堤坝是海岸带生态建设的重要内容,作为一种人工生境,其对提升沿岸生态系统的生物多样性非常有益。

第二,关注贝类养殖和沿岸上升流。研究表明,贝类养殖是一种高效的碳汇,其固碳效率高于盐沼、红树林、海草等常见的海洋碳汇系统,且贝类养殖可带来碳封存和食物生产减排的双赢效益。此外,贝类养殖还能起到净化水质、通过滤食过多浮游植物从而减少富营养化等稳定生态系统、提升初级生产力的作用。尝试跳出传统的贝类养殖模式,探索以海洋牧场为基础,结合海上风电场建立更大规模的综合贝类养殖体系。而用好沿岸海域上升流系统,则是进一步优化目前贝类养殖的新出路。其中可持续探索人工上升流,一般采取清洁能源驱动,把底层低温富营养水输入表层,增加营养盐上下层对流,近海高密度养殖区亦可望通过该举措变污染区(碳源)为增汇场(碳汇)。

第三,关注用循环经济理念全方位改造临港产业。建设沿岸生态工程和生态服务业园区对优化海岸带经济布局极其重要,提升临港产业生态质量可以重点依据循环经济理念推进产业生态化建设。循环经济是以可持续发展等理念为底层逻辑的,同时循环经济是生态建设的重要手段,需要考虑充分发挥市场机制的作用和逐步建立健全生态补偿机制。"渔港景"是嵊泗县的传统产业,如何绽放新光、更好地实现"绿水青山就是金山银山"理念转化、应用和普及循环经济理念是非常重要的问题,实践上要做好生态产业化和产业生态化的内化互通工作。比如,原有的临港产业能做到园区废弃物闭环处理及废弃物再生应用,甚至完全生态化运作;而渔、景等资源则能通过互联网和物联网等现代化手段深化产业化路径,提升生态系统的价值转化率。

第三章 "生态立县"先行实践： 绿色智慧港、海航联经济

嵊泗县位于南北海运和长江水运"T"型枢纽点,是国内港口深水岸线资源最丰富的地区之一,拥有在适应船舶大型化、发展临港工业以及建设国际航运中心基地等方面极为重要而独特的区位资源优势。嵊泗县以"生态立县"为根本,将"以港兴县"战略定位放在首要位置,深挖转化潜在优势,持续提升绿色智慧化、港航联通化的产业能效,做大做深海港经济,探索出一条得港独优、强港强县的实践创新之路。

第一节 深水海港资源禀赋与港航运产业发展历程

嵊泗县背靠上海、杭州、宁波等大中城市和长三角辽阔腹地,是长三角、长江流域乃至我国对外开放的重要海上门户,在深水岸线资源与江海航道资源方面具有天然优势。全县海岛也意味着海陆联通、港产联动、资源整合具有地缘、制度、技术等多方面挑战。深刻认识、高质量开发深水海港资源成为嵊泗县海港产业兴县的关键。

一、深水岸线与自然资源

嵊泗县海域航道条件优良。深水港口岸线资源达 60.7km(见图 3-1),岸线水深在 15m 以上。多个海域岸段适合建设深水港口码头,包括菜园北侧、李柱山南北两侧、马迹山南侧、大黄龙南北两侧、西绿华山南侧、嵊山西南侧、枸杞岛南侧、花鸟山东南侧、小洋山南侧、大洋山北侧等。

这些岸段属于亚热带季风湿润气候,港口作业易受天气条件影响。春季多海雾,夏秋多台风,冬季有寒流。洋山和嵊泗港区年均大雨日是 9—11 天,雷暴日是 20—22 天,雾日是 29—32 天,极大风速可达 54.2m/s。各岛海岸基本属于稳定型和侵蚀型海岸。迎风面由于受到外海较强风浪和潮流的

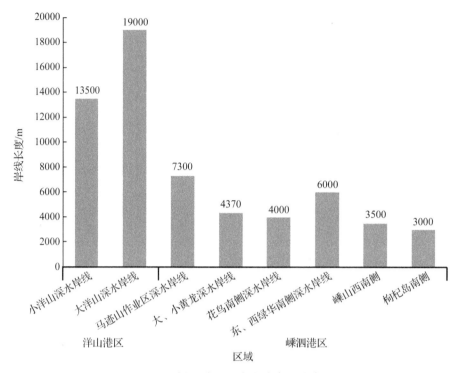

图 3-1　嵊泗港口深水岸线资源分布

资料来源:由嵊泗县课题组根据资料绘制。

作用,岸线曲折;而其他部位由于水流的作用,泥沙不易落淤,基本上是稳定的。由此,除台风影响外,嵊泗港区岸线与自然条件优良,适宜船舶专业化、大型化作业以及现代临港工业与航运业发展。

二、岸线资源使用情况

嵊泗岸线资源使用主要集中在洋山和嵊泗港区。港区项目主要是集装箱中转、油气收储运、矿砂转运以及减载平台,有极大的开发潜力。

(一)洋山港区

洋山港区已开发岸线约 13.5km,未开发岸线包括小洋山 8.19km 深水岸线和大洋山 19km 深水岸线。大洋山还可向东、西两翼发展,向东与马鞍山岛连接以及向西与唐脑山相连可形成 13km 深水岸线。

洋山已开发港区包括集装箱、液化天然气(LNG)接收站和成品油储运三大基地。集装箱港区从 2002 年开工建设至 2017 年共完成四期工程,已建成投产 23 个大型集装箱深水泊位,开发利用港口岸线 7.95km。LNG 接收站项目位于洋山深水港区中、西门堂岛之间,利用岸线约 0.8km。石油储运基地已利用岸线长度 0.8km。

(二)嵊泗港区

嵊泗港区已开发岸线 1.74km。未开发深水岸线 25.6km,包括马迹山西北侧 2km,马迹山东侧(东至泗礁岛关山,亦称马关深水岸线)3.6km,大、小黄龙南侧水域 3.5km,花鸟南侧 4km,东、西绿华南侧 6km,以及枸杞岛南侧 6.5km 深水岸线。

嵊泗港区已开发港区包括宝钢马迹山矿砂中转码头和绿华山减载平台项目。马迹山矿砂中转码头项目位于马迹山作业区,主要提供铁矿砂的中转、储运服务,已使用岸线 1.74km,已建有 3 个锚地,锚地的海底底质为淤泥质黏土,锚抓力较好,可锚泊 25 万—30 万吨级船舶。绿华岛南侧海域是绿华锚地,水深域阔,水深大都在 20—70m,已对外开放的区域面积为 25.74km²。

由于长江口航道水深的制约,大型及超大型船舶无法直接进入长江水道,嵊泗各个港区是大型油气、化工品、矿石及煤炭等大宗散货中转的绝佳海上基地。嵊泗可以通过江海联运贯通东海与长江黄金水道,发展成为国际货物集散枢纽。

三、港口经济与临港产业发展

嵊泗县依托海港发展,逐步形成港口经济以及临港产业体系。嵊泗县海港早期对外开放可以追溯到 20 世纪 70 年代,为疏解上海港大轮通航水深条件限制问题,开放绿华山南锚地作为进出上海港外轮减载锚地。绿华山港区的水域开阔,深水优势突出,黄泽洋绿华山锚地航道与长江口绿华山锚地航道通畅,由上海港务监督具体办理建造工程。1979 年,一艘 12 万吨级旧油矿两用船"双峰轮"被改装成海上装卸减载平台,供进入上海港的外轮减载过驳。这一阶段,现代化港口业态还未形成,主要以辅助形式进行港政船政管理,但独特的海港资源以及区位优势已经得到高度重视与关切。在"生态立县"战略下,嵊泗县将"以港兴县"作为第一位战略目标,足以反映港口优势的显著性及其经济带动作用的重要性。20 世纪 90 年代后,嵊泗县海港群开启现代化建设进程,始终伴随着区位、政策、生态等各类要素高效整合,确立并提升海港经济作为县域主导产业的地位。"以港兴县"围绕三大发展重点——如何充分开发港口资源、如何利用港口资源形成临港主导产业,以及如何提升临港产业发展能级,在不同阶段形成不同发展方式和积极成效。

(一)1996—2010年:现代化港口建设与港航运产业跨越式发展阶段

嵊泗县推进三大港区同步发展,离岛强港布局基本形成,港口物流业得到快速增长,临海开放型产业体系实现跨越式发展。2010年,全县海港经济增加值为56.17亿元,占GDP的比重达83.4%。现代化港口建设带动海港货物吞吐量跨越式增长。洋山国际深水港一期、二期、三期,马迹山矿石中转港一期、二期,上海液化天然气项目一期,洋山申港石油储运项目一期、二期,绿华海上散货减载平台等重大港口项目相继建成并投入运行。2010年,这些港区货物吞吐量达到8018万吨,年均增长18.4%,占全市的36.3%。现代化港口建设带动海运业迅猛发展,海运企业达到16家,运力达29.87万载重吨,比2005年增长5.4倍,净增24.33万载重吨。以下以港区分类,聚焦这一阶段港航运现代产业体系的形成与发展。

1. 绿华山港区带动港口服务与装卸业发展

1997年,上海浦远船舶有限公司成立,承担绿华山港区的过驳疏运业务。2000年,10万吨级的"新双峰海"轮代替"双峰海"号作为装卸减载平台。2006年,绿华山港区开建海上固定散货减载平台代替船—船过驳的减载方式,大幅度提高大型船舶靠泊需求以及作业抗风能力。该减载平台设计年吞吐量为1400万吨(装、卸各700万吨)。两侧泊位为20万吨级卸船泊位和35万吨级装船泊位,减载能力为每小时4200吨。2010年,减载平台通过验收并投入运营,从事矿石煤、炭、粮食等大宗散货减载作业,5年内进出口吞吐量提高了3.5倍(见图3-2)。

依托绿华山港区,港口服务与装卸业发展最早起步,直接拉动本地经济与相关产业发展。港口服务主要为船舶提供物料供应等服务,如水上船员接送服务、油污水接收服务、残油接收服务、洗舱水接收服务、生活污水接收服务、生活垃圾接收服务与围油栏供应服务,带动船舶生活生态服务业发展。港口服务企业基本配备交通自备船,还拉动县域内船舶业发展。装卸服务主要为船舶提供码头设施和货物装卸服务,如装卸、仓储和码头靠泊等。绿华港区的港口服务与装卸业也扩展到泗礁港区与洋山港区,体系化、规模化的港口服务与装卸产业链初步形成。

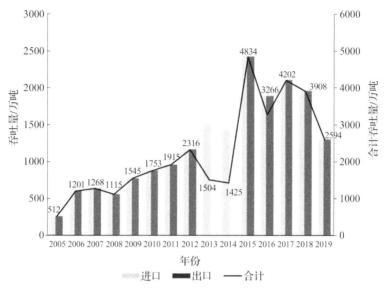

图 3-2　2005—2019 年绿华港区吞吐量

资料来源:由嵊泗县课题组根据资料绘制。

2.马迹山矿石中转港区带动海运与口岸服务业发展

马迹山矿石中转港是目前亚洲第一矿石中转深水港,由上海宝钢集团公司建设。该港位于浙江省嵊泗县泗礁岛西南约 1.5 千米的马迹山岛,距上海吴淞口约 60 海里,距南汇芦潮港约 31 海里,距舟山定海约 74 海里,同时居于中国南北海岸线的中部和长江出海口,位于中国南北运输必经的黄金水域,濒临国际航线,是距离长江口最近的大型矿石中转基地,具有独特的区位优势。

马迹山工程历经两期建设与持续改建。第一期在 1998 年 11 月至 2001年 12 月建设,年吞吐量 2000 万吨,配备一个 25 万吨级卸船泊位(兼靠 30 万吨级)、一个 3.5 万吨级装船泊位和容量为 108 万吨的矿石堆场。第二期在2005 年 12 月至 2007 年 10 月建设,年吞吐量 3000 万吨,配备一个 30 万吨级卸船泊位、一个 1 万吨级和一个 5 万吨级装船泊位,围海形成 0.32 平方公里矿石堆场以及配套和辅助设施。2002 年,港区可靠泊外轮 33 艘,累计进口铁矿砂 500 余万吨。2010 年,港区吞吐量达到 5640 万吨,2001—2010 年增长了 10 余倍。

马迹山港矿石中转港区的建设带动了海运与口岸服务业的发展。口岸服务主要围绕到港的船、货、船员而展开,包含七个方面。一是港区的配套服务,指港区建筑维修、拖轮船队、保卫清洁等,隶属于港区。二是国际船舶代理,指办理港外轮的进出港手续,联系安排引水、靠泊、装卸、报关以及代理船舶、船员的有关事项等。三是国内船舶代理,指办理货物运输以及船舶进出港口、联系安排引航、靠泊和装卸等相关业务活动。四是国际货物代理,指对进口到口岸的铁矿砂进行代理,负责核实铁矿砂的装、卸量,开展单证和代收付结算业务活动。五是外轮供应,指为到港的中外籍船舶提供补给服务业务。六是港口船舶服务,指港口及到港船舶服务,开展油污水接收。七是非法定检验检疫,指提供除法定检验检疫外的其他检验检疫。相比绿华山港区,马迹山港区的创建极大地推动了嵊泗县域国际船舶代理和国际货物代理业发展。大宗矿产运输加快县域经济国际化进程,提升参与国际产业分工的层次,显著加快内外资引入。比如浙江嵊泗宝捷国际船舶代理有限公司、中国舟山外轮代理有限公司、中国检验认证集团浙江有限公司等入驻嵊泗县域,设立分公司开展港航运业务。

3. 洋山深水港带动港航产业发展

洋山深水港位于杭州湾口外的崎岖列岛,由小洋山岛域、东海大桥、洋山保税港区组成,距上海南汇芦潮港 27.5km,距国际航线 68km,是离上海最近的具备 15m 以上水深的优良港址。洋山深水港建设是国家层面选择上海邻近海域构建自主性国际航运中心的战略需要,在国家海洋经济体系中具有较为重要的地位。正是这一契机成就了嵊泗县成为长三角、长江流域乃至我国对外开放的重要海上门户。

洋山深水港建设之初,共有三期工程,可以容纳第五代、第六代集装箱船,可以全天候满载进港作业,为提升上海港的枢纽地位、加快国际航运中心建设提供了非常好的硬件设施条件。一期工程在 2005 年 12 月建成,有 5 个 10 万吨级泊位,码头岸线全长 1600 米,年设计吞吐量 220 万 TEU。二期工程在 2006 年 10 月建成,有 4 个 10 万吨级泊位,码头岸线全长 1400 米,年设计吞吐量 210 万 TEU。三期工程在 2008 年 12 月建成,有 7 个 15 万吨级泊位,码头岸线全长 2600 米,年设计吞吐量 500 万 TEU。

洋山港区建成后,集装箱吞吐量不断创新高,2006 年达到 323 万 TEU,2008 年达到 823 万 TEU,2010 年达到 1011 万 TEU,仅经过 5 年的运营就超过最初设计年吞吐量。2010 年,上海港完成集装箱吞吐量 2907 万 TEU,超过了新加坡的 50 万 TEU,首次跃居世界第一大集装箱港口。洋山港为此贡献了 34.8% 的集装箱量。

洋山深水港的建成带动了嵊泗县港航产业的特色发展。港区长江支线主要承担长江沿线远洋、近洋集装箱运输的中转服务,航线主要为洋山深水港至南通、苏州、镇江、南京、芜湖、九江、武汉、重庆等地。港区沿海支线主要承担我国沿海港口远洋集装箱运输的中转服务,航线主要为洋山深水港至大连、天津、青岛、连云港、温州、台州等地。江海支线中转服务衍生出港区集装箱集疏运公路运输业务。2005 年起,嵊泗江海联运公司承担"穿梭巴士"业务,即集装箱江海直达运输业务,开创嵊泗县集装箱运输先河。"穿梭巴士"主要航线为上海外高桥至洋山港、太仓港至洋山港,初期业务量就达到 55 万 TEU。同期,嵊泗县与上海同盛集团还组建了一家合资企业——洋山同盛联合投资发展有限公司。至 2010 年,该公司已开展洋山深水港区内拖轮、客运服务、港区旅游、物业管理、宾馆餐饮等多项业务,进一步融合推进港航和港旅产业特色发展。洋山港区支线和"穿梭巴士"航线运量如图3-3所示。

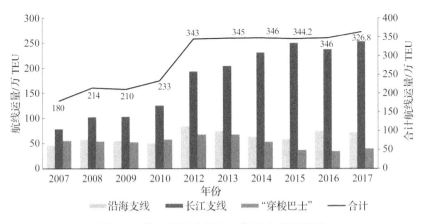

图 3-3 洋山港区支线和穿梭巴士航线运量

资料来源:由嵊泗县课题组根据资料绘制。

(二)2011—2020 年:国内外港航运中心创建与临港产业跃升阶段

1. 马迹山矿石港口扩建提速海运与口岸服务业发展

马迹山港口扩改建工程定位为舟山新区建设大宗商品储运中转加工交易中心、打造国际物流枢纽岛的一项重要基础工程。经过扩改建,港区年吞吐能力增至 5140 万吨(卸船 2560 万吨、装船 2580 万吨)、堆场堆存能力 460 万吨,泊位数增至 2 个 30 万吨级、2 个 10 万吨级和 2 个工作船泊位。年吞吐量历史性高位达到过 6330 万吨,超过原定设计能力,保持亚洲铁矿石中转第一大港地位(见图 3-4)。

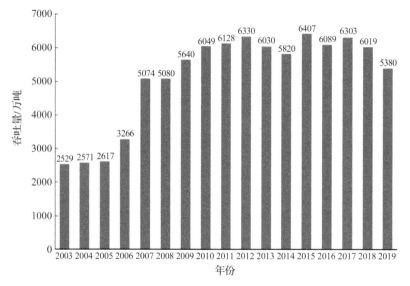

图 3-4　2003—2019 年马迹山港区吞吐量

资料来源:由嵊泗县课题组根据资料绘制。

2. 洋山深水港扩建引领国际航运中心建设以及国际港航运业发展

洋山深水港四期工程进一步提升港区国际航运中心头部地位,引领全球一流绿色智慧强港建设。第四期工程在 2017 年建成。港区增加 2 个 7 万吨级和 5 个 5 万吨级泊位,码头长度 2350 米,年设计吞吐量为 630 万 TEU。洋山深水港作业区一至四期集装箱码头,至 2017 年总面积达到10.09平方公里,到 2019 年管辖权属于浙江的小洋山岛已开发的一至四期洋山深水港区及北侧部分区块共 18.3 平方公里。港区面积进一步拓展,进一步拉动港航运产业发展。这一期间,集装箱吞吐量高速增长,对上海建设国际航运中心的贡献不断提升。2019年,洋山港区吞吐量达1981万TEU,吞吐量占上海港的比重升至45.74%,拉动"穿梭巴士"集装箱江海直达运输业务超过400万TEU(见图3-5)。

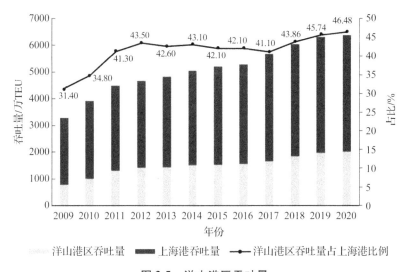

图3-5 洋山港区吞吐量

资料来源:由嵊泗县课题组根据资料绘制。

3. 洋山石油储运项目推动大宗货物储运交易业重大基地发展

洋山石油储运项目建设定位是为洋山深水港集装箱供油、国家成品油储备和能源安全等方面提供支撑作用,也为建设舟山群岛新区大宗商品国际储运中转加工交易中心发挥基础作用。项目一期工程在2008年5月建成,总容量42万立方米,建有10万吨级码头和2000吨级码头各一座。洋山石油储运项目二期工程在2010年6月建成,总容量59万立方米。项目二期工程预留区工程在2011年3月建成,总容量5.7万立方米。三期A阶段工程另增容量48万立方米以及15万吨级和5000吨级码头各1座。2018年,洋山石油港口年吞吐量达到505万吨,为能源安全以及储运业发展提供基础支撑(见图3-6)。

综合来看,这一阶段海港经济飞速发展,进一步巩固发展了县域经济支柱产业。海运运力规模扩大十分显著。2011年末,全县共有海运企业16家,拥有各种海运船只181艘,总吨位26.41万吨,净载重量38.97万吨,总

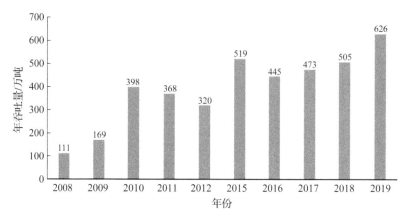

图 3-6　2008—2020 年洋山石油港口年吞吐量
资料来源：由嵊泗县课题组根据资料绘制。

功率 13.80 万千瓦，集装箱标准箱位 1242 TEU。全年海上货物运输量 1588.90 万吨，海上货物周转量 950435.8 万吨公里。2011 年，全县港口货物吞吐量 8810.1 万吨，比上年增长 9.9%，占舟山港货物吞吐量的 33.8%。其中，马迹山港货物吞吐量 6117.6 万吨，增长 8.5%；绿华港货物吞吐量 1915.38 万吨，增长 9.2%；洋山申港货物吞吐量 327.10 万吨，增长 101.9%。2011 年末，全县拥有港口码头泊位 51 个其中生产性泊位 48 个，万吨级以上深水泊位 9 个。2019 年，全县港口货物吞吐量达到 11800 万吨。其中，申港石油和洋山港集装箱贡献的增量最大，10 年增量分别达到 3 倍和翻番，进一步拉动全县海港经济发展。

4. 渔港建设拉动"一条鱼"东海经济开发区发展

嵊泗县拥有各类等级渔港共计 10 座（一级渔港 2 座、二级渔港 4 座、三级渔港 4 座）及历史形成的天然吞口 11 处。嵊泗中心渔港处在嵊泗渔场的中心，是浙江省及邻近省（市）来附近海域捕捞的渔船避风补给的重要场所。嵊泗县渔港设施标准和服务能力不断提高，为更好地建设渔港经济区提供了条件和保障。以渔港为重点的渔业基础设施建设是历次五年规划的建设重点，而现代渔港经济区发展是在"十一五"规划中提出的，主要依托国家一级渔港（嵊山渔港），加快构建现代渔港经济重镇，成为带动整个东部海洋经济开发区的引擎。

渔港建设拉动"一条鱼"船舶产业。嵊泗中心渔港老港区在全县渔港中属于龙头港区,港区整体避风条件良好、配套设施好,沿线驻有石油公司、交通装卸站以及 2 家船舶修造厂,可以满足渔船靠泊、避风、卸货、加冰、加油、修理等主要作业活动。嵊山渔港是国家一级渔港,由箱子岙和泗洲塘这两个优良港湾组成,可停泊渔船约 1000 艘。二级渔港中,五龙渔港可停泊渔船约 60 艘,黄龙渔港共可泊船 500 余艘且配有小型船舶修理厂,花鸟渔港共可泊船 300 余艘。三级渔港中,枸杞渔港可停泊渔船约 100 艘,壁下渔港可停泊渔船 80 艘,绿华渔港可停泊渔船 200 艘,滩浒渔港可停泊渔船 150 艘。各类渔港均可提供靠泊、避风、卸货、加冰、加油等主要作业活动。2020 年,全县共拥有各种机动渔船 2040 艘。其中,有捕捞渔船 1078 艘,养殖渔船 800 艘。渔船总功率 18.92 万千瓦,总吨位 12.40 万吨。

渔港建设拉动"一条鱼"加工贸易产业。嵊泗中心渔港配有水产加工企业 8 家,嵊山渔港后方配有水产品交易市场。渔港建设还拉动休闲渔业稳步发展。截至 2020 年,共有新型材质休闲渔船 52 艘,占全县休闲渔船总量的 46.8%。依托渔港群,嵊泗县第三产业渔业经济总产出 36.14 亿元,结构多元化程度显著改善。其中,渔业产出 24.43 亿元,涉渔流通和服务业产出 5.32 亿元,涉渔工业和建筑业产出 6.39 亿元。

(三)2020 年以来:国际化、现代化美丽港区建设与港产城高质量发展

1. 洋山特殊综合保税区创建与港产城高质量发展

嵊泗县港口经济对外开放创新继续引领临港经济发展。2019 年 7 月,国务院国函〔2019〕68 号批复同意设立中国(上海)自由贸易试验区临港新片区。其中包括行政管辖权小洋山岛已开发的一至四期洋山深水港区及北侧部分区块共 18.3 平方公里。2020 年 1 月,国务院批复同意设立洋山特殊综合保税区。随后在 2020 年 5 月,洋山特殊综合保税区(一期)通过国务院联合验收组验收,区域包括原洋山保税港区陆域和洋山深水港区一至四期,面积为 14.27 平方公里。自由贸易试验区临港新片区和特殊综合保税区创建是深化大、小洋山开发重大的机遇窗口。小洋山区块重点加快薄刀咀片区三大产业规划和项目落地。重点引进布局涉港类、涉海类相关产业,引育落地海工装备测试、海洋创研,包括海洋水生态、海洋生物、海洋大气、海洋能源等产业以及现代服务业等海洋型创新经济产业。重点推进港景融合发展,重点推动露营基地建设,定位为旅游发展野奢薄刀咀,通过布置帐篷营地区、露天活动区、景区商业服务区、餐饮区、野奢酒店区、健康疗养区等区块,结合海洋环境资源和嵊泗海洋旅游业的发展,打造小洋山沈家湾地区浙沪"入海"旅游新业态。重点引入并已落地光储充一体化智慧能源应用项目,综合利用水面光伏和储能以及配套充电桩等用能消纳,推动多能互补、供需互动、实时感知和智能管理等"三生"融合的多业态产业发展。

2. 矿石港口智慧化建设与混矿加工产业高质量发展

嵊泗县推动建设矿石港口"储—混—转"亚洲中心,领航大宗散货智慧化港航运与精加工贸易产业。马迹山矿石国际港作为国家建设七大超大泊位港之一,三期工程以及改造将于2024年12月全部建成,从单纯的"储—转"功能向"储—混—转"功能转变,提升"智数字引擎"助推力,由智能化港口向智慧化港口转变,实现单纯转运港向现代化加工贸易港的转型升级。矿石码头还将全面覆盖岸电设施与新能源装备,全面推进低碳化国际中心港建设。由此,马迹山矿石国际港建设将同步推进国际航运与贸易行业智慧化发展。

3. 美丽智慧渔港建设与高质量发展

嵊泗县渔港经济区建设重点推进智慧渔港建设,综合推动"一条鱼"一、二、三产业高质量发展。推进渔港建设和设施完善,带动渔区水产品交易流通、冷藏加工、冷链物流、生产补给、休闲渔业等二、三产业发展,为渔民从事水产品加工、流通和餐饮服务业创造条件和就业机会,通过渔港的建设为渔港陆域产业聚集创造平台,调动社会投资热情和渔民创业积极性。规划到2027年,实现渔业经济总产值年均增速6%以上;渔业工业和建筑业总产值年均增速不低于5%;渔业流通和服务业总产值年均增速不低于10%。

第二节　海岛绿色智慧港群的建设示范

基于区位战略要点,嵊泗县确立"以港兴县"战略定位。但在发展历程中,"以港兴县"战略实施面临区位优势如何转化为制度优势、制度优势如何内生化为县域发展强大动力等重大问题。嵊泗县坚持深化改革开放、港产联动发展以及生态要素高效配置,走出一条从"强港兴县"到"强港强县"的创新之路。

一、区域协调先行先试的综合示范区探索

"以港兴县"首先要解决的问题就是港口资源的跨省管理制度。嵊泗县行政区划上隶属浙江省,但在空间区域上紧邻缺乏深水港资源的上海都市圈,也是上海撬动国际航运业中心头部地位的最佳海港支点。由此,如何实施跨域协调管理是海岛渔村向现代化海港飞跃的关键。嵊泗县海港崛起见证了跨省(市)深化改革开放的制度创举。

(一)绿华锚地探索跨省(市)离岛锚地建造管理制度创新

2005年,绿华山锚地由浙江省舟山港务管理局正式实施港政航政管理职能,其中舟山港务管理局嵊泗分局负责该辖区具体的港政管理。2007年,嵊泗浦远散货减载有限公司由舟山港浦投资有限公司、香港昕泰投资有限公司、上海浦远船舶有限公司三方共同投资组建,作为经营主体从事大宗散货减载作业。由此,实现跨省(市)港政航政属地管理以及经营权市场化管理体系。

(二)大小洋山探索跨省(市)离岛示范港区管理制度先行先试

审批监管权与建投运经营权分工的两地管理体系转向两地协调发展、共同开发,在基础设施、生态环境、公共服务、对外开放、统一市场等重点领域共同推进的管理机制。从长三角地区一体化发展演进来看,关键节点与战略推进如下:

2005年,长三角地区主要领导的定期会晤机制设立。

2010年,国务院正式批准实施《长江三角洲地区区域规划》(规划期为2009—2015年),对长三角地区的战略定位、发展目标、城乡统筹、产业发展与布局、自主创新、基础设施建设、资源利用和环保、公共服务、自主创新、开放合作等均做出具体规划。

2013年以来,国家先后提出了"一带一路"倡议和"长江经济带"战略。长三角地区作为"一带一路"和"长江经济带"的重要交汇地带,在国家现代化建设大局和全方位开放格局中具有举足轻重的战略地位。

2016年6月,国家发展改革委发布《长江三角洲城市群发展规划》(规划期为2016—2020年),将长三角地区扩容到"三省一市"——上海市、江苏

省、浙江省和安徽省,对其战略定位和发展目标、空间布局、创新网络、产业链融合、基础设施网络、环境共治、开放平台、人才集聚、要素市场一体化、公共服务一体化、成本共担利益共享机制、组织实施等方面进行了规划。2018年2月,长三角区域合作办公室成立。同年6月,《长三角地区一体化发展三年行动计划(2018—2020年)》发布。

2018年11月,长江三角洲区域一体化发展上升为国家战略。2019年5月30日,中共中央、国务院正式公布《长江三角洲区域一体化发展规划纲要》,旨在推动长三角地区三省一市间产业融合和创新发展,是长三角一体化上升为国家战略后正式公开的发展规划。

同期与以上节点发展相衔接,浙江省以及舟山市、嵊泗县出台文件主要如下:

2011年,《浙江海洋经济发展示范区规划》出台,将浙江海洋经济发展示范区建设成为综合实力较强、核心竞争力突出、空间配置合理、生态环境良好、体制机制灵活的全国海洋经济科学发展示范区。2011年,国务院批复设立浙江舟山新区,其为首个由国务院批准设立的以海洋经济为主题的国家级新区。

2020年1月,浙江省发布《浙江省推进长江三角洲区域一体化发展行动方案》,提出深化推进全面接轨上海、共同参与长三角一体化发展,以交通廊道、科创廊道、生态文化廊道等为纽带,加强地区间、都市圈间和省域间的协调联动,形成全省域全方位推进一体化发展整体格局。2021年10月,嵊泗县出台"十四五"发展规划纲要,明确提出打造长三角一体化海上合作示范区,携手共建洋山自由贸易港,全县域全方位融入长三角一体化发展,增强对嵊泗未来发展的带动力。

在以上文件中,与大小洋山开发相关的内容有:

第一,建立区域协调机制,打造信息共享平台。建立长三角区域政府间、政府与企业间协调机制,打造长三角区域航运产业信息、政策、机制交流平台,共享最新航运产业招商引资项目及政策资讯。

第二,推动省际毗邻地区协同发展。加强浙沪洋山区域合作开发,共同提升国际航运"服务功能"。

第三,完善江海直达、江海联运配套港口设施。加快推进小洋山北侧支线码头开发进程,上海、浙江共同加快形成具体规划、开发方案并签署合作协议,同步开展规划编制及项目前期工作,完善锚地布局。

第四,打造优质营商环境,促进市场有序竞争。联合各成员单位共同营造长三角港航产业优质营商环境,提高政府服务能力,优化相关政策制定,合力促进市场有序竞争,推动港航产业持续健康发展。

综上可见,嵊泗县依托大小洋山区位优势,紧抓长三角区域发展契机,主动对接沪浙战略目标需求,主动赢得离岛港口在保税区、自贸区、特殊保税区等方面的制度探索与创新,开拓自身在国际港航运中心、国际枢纽港的重要发展。

(三)马迹山探索海关矿砂监管模式"首次首批"创新

从海关业务改革的不断深化到口岸营商环境的持续优化,马迹山海关矿砂监管"首次首批"实践创新走在前列。马迹山出入境边防检查站是浙江省唯一不与陆地相连接的海岛边检站。为守牢离岛铁矿监管主业,将新政策、新理念融入监管实践,助力老港区焕发新活力,马迹山海关办事处做出很多创新实践。

2005年6月8日,舟山海关驻嵊泗办事处正式开办业务。海关机构增设标志着舟山口岸开放进入县域海岛对外开放新阶段。海关关员克服时间、交通、环境等各种困难,往返海岛执行监管业务。

2007年,海关办事处与宝钢共建"联席会议"制度,首推国内离岛模式的"预约通关"和"提前报关"两项服务举措。仅7名海关关员的嵊泗办事处累计监管进出境货物1200多万吨。2015年,在全国海关中首推将无人机应用于商品鉴定业务。2016年,在全国海关中首创进口铁矿"水水中转"监管模式。

2017年,作为浙江自贸试验区重点港区建设,马迹山港是全国首批实现"无纸化通关"的口岸。2018年,编制完成全国海关首本铁矿价格管理类实务汇编。2019年,参加全国海关首批进口货物"两步申报"改革试点。

2020年,深入推进"放管服"改革,全面推行"进口铁矿品质检测依企业申请实施"政策。2021年,完成关区首票"两段准入"模式进口铁矿通关。

综上可见,马迹山港作为国内外最有代表性的矿石中转港之一,依托浙江、上海以及长三角一体化发展战略大发展,以海关高效监管与治理为助力,持续探索矿砂监管模式"首次首批"创新,在"量质并举"的赛道上跑出了属于自己的加速度。

2016—2020 年小洋山港区收益与税收收入以及嵊泗港区税收收入如图 3-7 和图 3-8 所示。

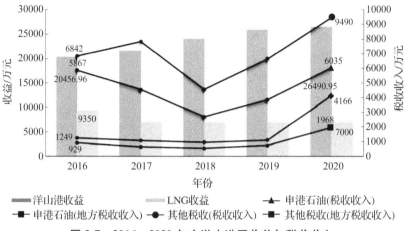

图 3-7　2016—2020 年小洋山港区收益与税收收入

资料来源:由嵊泗县课题组根据资料绘制。

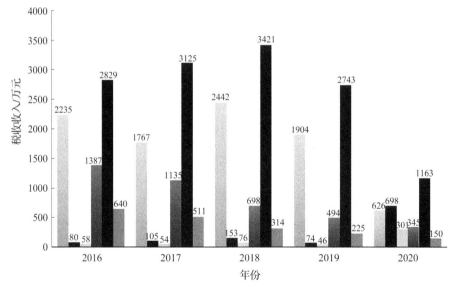

图 3-8　2016—2020 年嵊泗港区税收收入

资料来源:由嵊泗县课题组根据资料绘制。

二、一流智慧生态港群建设的先行示范

"以港兴县"战略核心关系着建设什么样的港可以更好地形成临港经济，可以全面拉动县域经济发展。港口建设无疑是服务国家战略的要求，是对接浙江和上海经济的需要，但同样重要的是充分发挥港口定位的辐射和带动能力。嵊泗以"绿水青山就是金山银山"理念，坚定做强港口资源，尤其是创新引领，不断探索一流智慧生态港群建设的先行先试。

(一)洋山港打造全国首个智慧化单体港口基地

从小渔村到世界一流的智能码头，洋山港见证了"离岛"深水良港的崛起，成为全球码头革命的前锋。洋山港建设之初就在创造世界第一，历经128次技术项目论证，力破五大世界级技术难题——上海国际航运中心洋山深水港区细粉砂高填土地基处理研究及其应用、密排钢管桩挡土墙结构负摩擦研究及应用、早期推定混凝土抗氧化物侵蚀能力研究、深海筑堤技术研究及其在洋山港区工程中的应用和高填土斜顶板桩墙承台驳岸结构技术研究与应用，建成当时全球唯一建在外海岛屿上的离岸式集装箱码头及后续世界最大吞吐量的集装箱港口。2013年，洋山港四期瞄准一流自动化码头建设。在无法获得国外自动化码头经验的情况下，会聚全国水运行业专家80余人展开了各类咨询、评议和审查，历经三年，通过自主研发，打破技术封锁，建成拥有自主知识产权的世界一流自动化码头。

洋山港四期自动化码头的建设具有极其重要的战略意义。经济强国的发展也是海洋强国、航运强国的发展。洋山港的建成和运营，为加快国际航运中心和自由贸易试验区建设、扩大对外开放创造了更好的条件。洋山港人秉承勇创世界一流的志气和勇气，要做就做最好的，努力创造更多世界第一。由此，洋山港自动化码头迭代优化，不断超越、持续突破。2021年，"中国芯"用于洋山港四期建设提升。2022年，洋山港四期建成并应用全自动化码头智能生产管理控制系统(ITOS)及设备控制系统，成为全球最大的单体全自动化码头，也是全球综合自动化程度最高的码头之一。开发运营大数据分析与智能决策平台，智慧模拟压力测试和系统优化迭代。洋山港全域智能化管控系统建成，实现安全监督更精准、设备维保更智能、生产作业更高效、港口生产更环保，真正推进自动化码头向智慧化码头落实落地。

(二)渔港群探索现代港船数字化体系创新

鉴于渔港建设的历史传统,嵊泗县存在渔港综合服务能力不强、局部地区避风能力不足以及全产业链带动不足等问题,迫切需要提升渔港基建水平,提高渔业产业链集聚水平和信息整合能力,推进渔业经济做深做精。现代渔港群建设目标定位在构建"布局一体、管理标准、信息共享、全域覆盖"的渔港管理新模式,提高渔业安全监管智能化水平,支撑特色渔港经济区发展。

嵊泗县现代化渔港建设融合五大系统动态信息,建设港、船、人、渔四大综合管理系统,推进现有 12 处渔港数字化改造与智慧化管理新模式。五大系统动态信息包括各类渔船、船员、船位动态、渔港视频、渔港进出港报告等。四大综合管理系统包括渔船、渔港、渔民、渔获物综合管理,为渔港综合管理、渔业执法监管、统计分析和公共服务提供支撑。

嵊泗县渔港群分为三类渔港,从 2017 年开始全面推进数字化建设,将经历两个五年建设规划,到 2027 年建成现代化美丽渔港群。2017 年,全面启动渔船船载示位仪项目,已完成 365 艘渔船二代智能避碰(AIS)设备安装以及 1494 艘渔船固定式北斗示位仪安装。开展近岸渔船公网对讲项目,已完成 715 艘近岸作业渔船安全救助终端公网对讲设备安装。2017 年,还开展渔港指挥调度融合平台项目三大工程规划,包括信息指挥平台、视频监控平台和多元感知系统。视频监控方面,共建设 19 个前端监控探头,分别为菜园镇中心渔港 1 个、绿华岛 1 个、黄龙岛 4 个、花鸟岛 1 个、嵊山岛 2 个、枸杞岛 2 个、大洋山 8 个;多元感知系统方面,完成 3 个岸基及渔政船上的基站建设,岸基分别位于花鸟岛、大洋山及嵊泗中心渔港青沙山顶。目前已形成海域全时段、全海域、全天候的智能化管控,综合利用渔港、海域及渔政船多元联合感知系统工程,融合小目标雷达扫描、光学跟踪、船载北斗终端及 AIS 数据,初步建成智慧化管控平台。2023 年,枸杞乡渔港智慧化建设与数字化管理助力贻贝产业高质量发展,入选首批国家农业产业强镇名单。

(三)马迹山矿石港口探索数字作业与监管创新

马迹山矿石港口筹建与发展始终聚焦两大问题:如何实现港口建设与航运中心经济相匹配,如何实现港口土地资源利用与生态环境保护相符合。

落实"绿水青山就是金山银山"理念,有效推进经济高质量发展与生态环境高水平保护,马迹山矿石港口由建设之初亚洲第一矿石中转中心加快提升为东北亚国际配矿中心定位,从单纯的"储—转"功能向"储—混—转"功能转变,由智能化港口向智慧化港口转变,实现由单纯转运港向现代化加工贸易港的转型升级。

马迹山矿石港口始终引领着智能化、智慧化港口创建。2005—2007 年,马迹山港二期码头建成,成为我国自主创新的首座信息化、数字化和智能化港区。年吞吐能力一举跃升至 5000 万吨,并成为亚洲重要的矿石中转枢纽之一。2020 年,马迹山港三期码头项目启动"智数字引擎"建设。2023 年 5月,马迹山港口成为国内首个利用"无人机 + AI + 北斗"实现堆场数据获取与料场无人化精准估料的智慧港口,堆取料作业效率、卸船效率、装船效率等分别提升约 35%、20%、15%,港口作业效率和经营效益实现"双提升"。其中,马迹山港矿石加工中心是全球首家采用强力混匀技术的矿石精混加工基地,将多种铁矿石原料在海港进行集中精混。混匀矿生产过程实现在线自动取样、实时检测、全程精确控制,各项指标均优于传统混匀工艺,凸显绿色、智慧、精品管理体系。

马迹山矿石港口还努力探索海关监管数字化、智慧化创新。2007 年,海关驻地在全国率先建成覆盖整个港区的远程监控系统,对港区实现数据联网和实时远程视频监控,显著提高海关监管效率。2015 年,海关驻地在全国率先将无人机应用于商品鉴定业务。2017 年,马迹山港成为全国首批实现"无纸化通关"的口岸。

三、港产岛链联动发展创新

"以港兴县"的落脚点就是以港口发展带动县域经济发展,持续提升产业发展质量。嵊泗县借助强港建设,做大做深县域经济,积极谋划在水陆基建、临港产业、港产城联动等多领域落地大项目、提升全链路发展,探索港产岛链联动发展的内生动力与长效机制。

(一)枢纽港建设带动水陆基建行业大发展

嵊泗县各大港口枢纽功能提质升级极大地带动了基建和交通设施建设发展。在"以港兴县"战略目标下,全县积极探索构建海港岛现代化综合交通体系,着力推动交通强县建设。

鉴于洋山港、马迹山港和绿华山锚地的港口建设与多期扩建,县域积极推进配套交通设施和江海联运设施建设。洋山港四期建设已投入超过509亿元,马迹山三期建设已投入超过80亿元,绿华山锚地减载平台建设已投入超过7亿元。

"十四五"期间,嵊泗县规划港口重大工程6个,计划投资约408.5亿元。主要融入长三角世界级港口群,优化港口布局,配套服务功能突出、特色鲜明的港口产业岛链建设。重点开展小洋山北作业区集装箱码头及配套工程、宁波舟山大宗商品储运基地项目、洋山深水港区二期扩建工程、裕程国际物流园区、港口码头升级改造等工程、洋山申港石油5万吨油品码头建设工程建设。加快完善水水中转、水陆中转、江海直达等多式联运的现代集疏运体系,争取保税和非保税物流产业联动发展。规范江海联运船只标准、扩大船队规模,积极创新发展"洋山级"集装箱江海直达船型,做大港口流量经济份额。

(二)港群发展领航临港产业链创新发展

嵊泗县围绕港口建设需求,积极推进本地产业对接港口发展,探索"港产联动、港企联动"创新发展。围绕洋山自贸港发展提升,嵊泗县着眼能源产业链、海工产业链、海事产业链等临港和新型产业联动发展。2017年,为适应小洋山港口新发展,启动北侧陆域产业规划,"港产城联动"推进薄刀咀区域产业建设。2020年,为适应渔港新发展,启动渔港经济区规划,做大做精"一条鱼"深加工产业。2021年,为配合马迹山国际配矿中心建设,启动"港企联动"以及多部门联动推进,加快项目投资建设和管理运营。

薄刀咀临港产业链创新发展最为显著。2020年,薄刀咀新能源海上制造基地创新建设是在综合考虑已建天然气中转项目、海上风电大基地项目等清洁示范标杆体系的基础上,进一步谋划和引进一批上下游产业项目,全面建设新型能源产业体系与蓝碳经济体系。光储充一体化智慧能源项目充分考虑水面资源高效利用以及多场景消纳,安装光伏120MW,储能12MW/12MWh,实现多岛岸线发储用一体化运营。储能项目充分考虑海岛已有能源项目以及多能综合利用,推动全自动电化学储能大型电力储能系统集成项目、储能四象限功率调节系统项目、DTRO膜(碟管式反渗透膜)组件及特种分离膜组件产业化项目、LNG 冷能综合利用产业园项目以及滩浒岛绿电制氢产业化项目落地投产。2020 年,薄刀咀启动工业混凝土定制基地创新建设综合考虑已有绿色工业工程、绿色建材项目,中期进一步建成集生产翼型块、扭王块、路桥箱梁板、混凝土连锁片的工业混凝土定制产业,服务海岛群高质量产业建设。同步启动的还有海岛旅游项目开发,定位为野奢产业链发展,探索露营与康养、商贸、酒店等多业态服务相结合,满足多年龄段、多群体、多景观化文旅需求,充分拉动海岛港产城特色全产业链发展。

(三)全方位要素保障,全力推进港航运产业发展长效机制

嵊泗县为有效保障"以港兴县"战略目标推进,在基础要素保障、体制机制保障等各方面主动先行探索。

嵊泗县高度重视基础要素保障。积极推进支撑港航物流产业发展的围垦工程建设,提高土地供给保障。积极配合企业向上争取申港石油储运基地的外供油资质,加强能源、供水、供油、用地、用海等要素配套,为江海联运服务中心先导区建设提供基础保障。积极向交通运输部等国家有关部委及省、市争取资金,加大对嵊泗的投入力度,支持航道、防波堤等港口公共基础设施建设,支持港口系统和安全保障设施设备建设、集疏运通道、公共信息平台建设、港口节能减排等。

嵊泗县高度重视体制机制保障。前期充分研究建立港口与后方土地、产业等一体化开发、运作和滚动发展的体制、机制。研究完善沿海航道、防波堤等港口公用基础配套设施的建设、维护、管理机制。成立建设舟山江海联运服务中心先导区嵊泗协调小组,争取省、市有关部门和上海、江苏等地的有关单位参加,共同研究制定舟山江海联运服务中心先导区的发展战略、规划、政策以及港口物流信息平台建设、水水中转等多式联运、大通关、区港联动等重大问题。以省海洋港口发展委员会和省海港集团统筹全省港口资源开发建设为契机,探索建立嵊泗县与上海和长江流域港口之间的长效合作机制。

马迹山矿石港口三期建设就充分体现了嵊泗县集全县力量,充分发挥工作组机制作用保障港口建设。2021 年底,宝钢资源与重庆钢铁股份有限公司共同组建的项目合资公司——宝武精成(舟山)矿业科技有限公司在嵊泗县注册成立,对马迹山港矿石加工中心进行投资建设和管理运营。为使

项目早开工、早建成、早投产、早见效,嵊泗县全力支持配合,交通港航、海关、边检和海事等部门深入企业,帮助企业解难题、促建设。为保障马迹山建设用电,2017 年国网嵊泗县供电公司专项安排港口岸电电能替代示范项目,推进沿码头 5 个岸电泊位低压岸电工程。2022 年,为进一步解决船舶靠港后的绿电使用问题,国网嵊泗县供电公司专项推进首套码头高压智能变频岸电设施建设,完成散货船高压岸电送电,高效确保低碳用能提升。

第三节　马迹山铁矿石大港案例与启示

铁矿石是重要的工业基础资源。浙江、上海以及长江沿线经济的高速发展始终伴随着铁矿石运输、贸易和加工业大发展。嵊泗县是东海矿砂航运的门户,港口现代化水平以及制度效率对县域做大做深海洋经济至关重要。作为国家创建的超大型矿石码头基地,马迹山铁矿石港口建设代表着传统型、自动化、智慧低碳三代港口创建进程,嵊泗县铁矿石港群绿色智慧化建设将充分展示"以港兴县、生态立县"战略定位和创新成就。

一、马迹山铁矿石港绿色转型之困

马迹山铁矿石港 1998 年开工建设,是名副其实的国内外铁矿石大港与枢纽中心。其创建以及多期扩建改建有其独特的区位条件优势与历史发展原因。

铁矿石航运方式集中度高,其海上运输一直占据干散货海上运输 1/3 的席位,占比高于煤炭和粮食海运。铁矿石是我国进口量仅次于油气的第二大进口大宗商品,2022 年我国铁矿石进口量超过 11 亿吨。2003 年以来,我国一直是世界第一大铁矿石进口国,对外依存度超过 70%。长江流域的铁矿石生产对外依存度更是高达 85% 以上。巴西和澳大利亚是世界上重要的铁矿石出口国。2022 年,全球铁矿石发运量为 15.07 亿吨(不包括中国转口),澳大利亚和巴西分别发运 9 亿吨和 3.2 亿吨,合计占比高达 81%。中国高度依赖这两个国家的铁矿石出口,其中澳大利亚发往中国的铁矿石占其铁矿出口总量的 84%,巴西达到 70%。中国进口铁矿石主要有三条国际航线,上海—舟山—北仑港群是长江口铁矿石进口门户之地以及北方区域铁矿石运输枢纽。第一条航线是远东—澳新航线,由中国北部城市至澳大利亚。中国北部城市经所罗门海,而南部城市经南海,至澳大利亚东部和新西兰。其他两条线是远东—加勒比/南美东线,南美东线仍途经马六甲海峡。由此,长江口岸成为贯通南北、横联东西的重要铁矿石进口枢纽航道。然而,受长江沿岸河道条件限制,大吨位远洋船舶无法驶入长江沿岸港口,进口矿砂需要通过小吨位船只进行转运,长三角必须匹配大型矿石中转港,以避免压船压港现象。由于北仑港岸线紧张,长江口铁矿石接卸/中转港运扩建主要在舟山。

嵊泗享有矿石通航与地理优势以及矿企物流链区位优势。嵊泗县毗邻上海,南通北仑,直通长江,具有天然的江海联运、水水中转的区位优势。有钢铁企业、矿石贸易商,就有矿石物流链。铁矿物的体积是以钢铁企业的铁矿物需求为基础的。在长江流域,如上海的中国宝武钢铁集团、江苏的永钢集团和沙钢集团、安徽的马钢集团、湖南的湘钢集团、湖北的大冶特钢、四川的攀钢集团,都是国内钢铁公司的骨干。大部分钢铁公司都是依水而建,他们需要的铁矿物运输基本取决于长江航运。嵊泗县海岛成为建设矿石中转码头的最佳选择。

马迹山岛是嵊泗最早被选定建设铁矿石大港之地。马迹山得名于北部小山至泗礁山岛插旗岗山脚,中间有大小两座中柱山,形成天然屏障。马迹山海湾深水优势显著,有"龙窟"的美誉。但直至20世纪90年代初,海岛仍以捕鱼为生计,深水良港的资源优势仍在历史长河里沉寂着。在东海口以及长三角改革发展大潮下,建设千万吨级矿砂运输中转港变得极其迫切。马迹山矿石中转港由上海宝钢集团公司牵头建设,全力推进建设国际铁矿石大港。2001年12月,马迹山铁矿石国际港一期码头工程建设完成,年吞吐量达到2000万吨,一跃成为当时亚洲第一矿石中转深水港。2007年10月,二期建设完成,年吞吐量达到3000万吨,拥有1个30万吨级卸船泊位,成为规模和泊位双项亚洲第一。2011年,年吞吐量首次超6000万吨,超过设计产能20%。2015年,交通运输部布局5个港口7个泊位接靠40万吨矿石船,适应船舶大型化趋势。嵊泗县独占一个港口,即马迹山铁矿石国际港二期码头工程扩建新建接靠40万吨矿石船泊位。2022年8月21日,马迹山码头完成武汉籍"长天海"轮装载任务,迎来开港投产以来重要的历史节点——累计吞吐量突破10亿吨。

马迹山港发展得益于制度创新,对外开放持续做大做深。2002 年 12 月 21 日,国务院批准浙江舟山港口岸马迹山港区对外国籍船舶开放。2017 年 3 月 31 日,国务院正式批复设立浙江等 7 个自贸试验区,舟山正式跨入了自贸区时代。同期,马迹山港作为自贸区重要组成部分,开启发展的新征程。

马迹山港在发展过程中也遇到重要的绿色提质困难。如何有效改善海港区季风影响? 寒潮大风、台风往往容易引起矿砂飘散。如何有效避免海水、雨水给作业以及环境带来影响? 大风大浪容易使作业区环境监测、保护难度大大加大。如何有效确保作业人员职业健康? 码头作业技术难度大,户外条件变化大,必须以人员安全健康为第一要务。由此,在马迹山港过去 20 年的发展进程中,在实现规模化突破的同时,有效提升散货港口运营技术前沿性与绿色发展的现代化成为马迹山人持之以恒追求的目标。

二、马迹山铁矿石港绿色智慧转型之路

马迹山铁矿石港从建设之初,秉承着绿色大港的建设要求。时代更迭,要求港口绿色发展向更绿更蓝的生态质量提升。马迹山铁矿石港绿色转型走过了从"清洁生产、水源保护"到"防风降尘、防污治理"再到新时代"数字智慧、减污降碳"多措并举的高质量发展提升之路。

早在 2005 年马迹山铁矿石港扩建阶段,项目建设实施了"三同时"制度,主推清洁生产工艺、水土保持、降噪等措施,减少水源污染、山体破坏与对生物生存环境的影响。一是配备接收运输船舶的污水、压舱水与港区生活污水、含油污水一并进行污水处理装置处理,达标后排放。二是外轮船舶严格遵守国际公约,执行港区内严禁排放污水的规定。三是合理选择取石料场和弃渣场,避免产生景观损害和视觉污染。四是对料场、弃渣场等实施生态恢复工作。五是工程开山采取生态影响小、避开附近鱼类繁殖期等作业方式,减少对鱼类繁殖生存的影响。六是实施减少卸船机鸣号声与车辆鸣号声等降噪措施,防止噪声、振动等扰民。马迹山铁矿石港在工程验收时以上方面均达到国家环保标准,成为当时其他港口建设对标的重要示范港。

党的十八大以来,马迹山人坚定"绿水青山就是金山银山"理念,进一步升级环保措施,汇聚资源积极突破难题,走出高度安全保障、绿色环保、自动化和智慧化,先行示范散货老港绿色智慧转型的新路。2020 年,马迹山铁矿石国际港邀请技术专家、环保专家会聚马迹山港区,针对散货港运行业环保

通病以及高标准达标措施行动,共研共讨马迹山铁矿石港口绿色提升。一是建造防尘绿化工程。在港区料场周围设置防尘网,建构防尘墙。科学勘定风况、风力影响,建成高达15—19米、长达3000米的防尘网,全域围绕所有物料场区。二是全面推进废水零排放工程建设。充分利用原有廊道雨污水收集系统,新增污水调蓄池,扩建改造污水处理设施,提高用水达标水平。三是进行排海口数据系统监测。在排海口架设在线监测仪表,并接入中央数控中心,对出水色度、悬浮物(SS)以及pH酸碱度进行实时监测。四是建设大环保数字平台。充分采用数字化技术赋能港区绿色升级改造,设立港区环保监控中心。中控调度室操作台增加大气粉尘监测、雨水排海口、污水监测指标的可视化数据画面,并将数据接入嵊泗生态环境管理平台。五是推进"储—转"向"储—转—混"生态模式转变。混矿作业采取全封闭生产设施,严控环境污染。六是推广利用人工智能及大数据应用。采用强力混匀技术实现在线自动取样、实时检测和全程精确控制,打造智慧混矿生产港区,开发铁矿石散货码头"无人机系统＋AI＋北斗集成应用"智慧化系统,通过无人机和北斗导航获取精准、高质量的基础数据,采用AI管理提供自学习、自我演进的决策支撑,实现料场智能化、少人化场景应用创新。

马迹山人勇于担当、干在实处,老港绿色智慧转变也赢得生态、经济双赢。2022年12月,马迹山智慧化料场建成运行,成为全国首个矿砂堆场数据与料场无人化精准估料的智慧港口,作业效率提升10%,实现港口作业效率和生态效益"双提升"。2023年5月,马迹山港矿石加工中心正式建成投产,标志着其由亚洲矿砂中转大港成功转型为全球精混矿枢纽大港,而且还是采用强力混匀技术的智慧混矿生产的先进港区,凸显大宗散货老港区高效率、智能化、低污染的现代化新格局。

三、马迹山铁矿石港绿色发展示范效应与启示

马迹山铁矿大港20年发展历程以及绿色蜕变实实在在地体现了"生态优先、绿色发展"理念以及指引全域海岛县走出高质量特色发展之路的重要性。以下总结三方面经验,作为海岛县生态建设及其高水平现代化建设启示。

一是生态优先统筹确保海岛海港生态体系安全。没有生态优先的经济发展,没有全面统筹的生态保护,海岛生态体系安全就无法得到充分保障,

也就无法提供长期有效的资源生态支撑。海岛生态体系关联着海洋、岸线以及陆上生态。马迹山岸线保护、水源保护、防尘治理、降污减碳等各种生态保护措施无不体现了,不管是缺失海上还是陆上生态体系,都无法保障海岛生态安全。在"以港兴县"战略目标下,嵊泗始终坚持生态优先、规划先行,全力做好重大用海项目生态保障与基础服务工作,不仅有效避免了重大生态风险,而且保持着较好的生态平衡,创造了宜居的环境。

二是绿色导向推动海岛海港经济可持续发展。绿色导向不仅没有限制海港经济发展,反而更好地推动海港经济始终走绿色发展之路,不断提升绿色发展标准。马迹山港从建设之初就定位国际枢纽大港,对标绿色发展,在20年发展历程中,其不仅保持着东亚散货港吞吐量优势,也保持着绿色高质量发展优势。可见,只有坚持绿色导向才可能有效实现海岛海港经济可持续发展。

三是技术创新引领海港资源高效集约利用。嵊泗县土地资源不足,岸线资源相对丰腴。嵊泗人不断探索并积极践行着高效集约的理念利用宝贵的海岸线资源。围绕"以港兴县"战略目标,嵊泗县全面做好强港、强县工作。尤其是在技术创新方面,不仅充分调动企业积极性,助力创建大港发展,而且协同环保、科技、交通、海事等各部门推动港口现代化建设。以数字智慧引领港航技术现代化,以绿色低碳确保港航运营生态现代化,以枢纽港口定位引领国际航运中心发展,以强港水准带动海洋经济产业链做大做精。

第四章 "生态立县"先行探索：
绵亘碧海岸、海岛绿经济

　　良好的生态环境是嵊泗县践行"生态立县"战略的根本目标,更是实现绿水青山向金山银山转化的重要基础。基于丰富的海岛生态资源和坚实的海洋经济发展基础,嵊泗县走出了一条从"向海图强"到"使海变美"再到"以海致富"的海洋生态产业特色发展之路。围绕海岛资源与环境的生态保护、修复与价值实现,嵊泗县进行了包括创建海洋生态建设示范区、"再造绿岛"工程和"海上环卫"工作机制等在内的海岛全域生态修复治理的创新实践。在一系列实践积累的基础上,以花鸟岛作为"试验田",嵊泗县又实现了花鸟岛从贫穷落后的"边缘海岛"到热闹非凡的"艺术海岛"的成功嬗变,为海岛生态产品价值实现提供了可供借鉴的样本。

第一节　海岛生态资源禀赋
与生态产业发展历程

　　作为一种新兴产业范式,海洋生态产业融合了生态学和经济学的理念,旨在实现海洋资源的可持续开发与生态环境的保护。其理论基础源远流长,涵盖了产业生态学、生态经济学等。作为浙江省最东部的海岛县,嵊泗县拥有广袤的海域和丰富多样的海岛生态资源。嵊泗县海岛的独特地理位置以及丰富的自然资源,使其成为探索海洋生态产业发展的典型区。

一、嵊泗县海岛生态资源独特性

　　嵊泗县位于杭州湾以东、长江口东南,是浙江省最东部、舟山群岛最北部的一个海岛县,全县有大小岛屿 630 个,组成嵊泗列岛,其中百人以上常住人岛屿 16 个。全县陆域面积 86 平方公里,海域面积 8738 平方公里,是一个典型的海洋大县、陆域小县。嵊泗县持续开展海岛生态资源核查,2022 年基本情况如表4-1所示。

表4-1 嵊泗县海岛生态资源情况

类别	具体类型	资源概况
生态系统供给产品	直接利用供给产品	农作物:播种面积249公顷,比上年增长5.1%。粮食播种面积61公顷,产量263吨,分别增长25.9%和30.0%;蔬菜播种面积188公顷,产量2801吨,分别增长1.7%和1.3%;水果及果用瓜产量14吨,下降83.1%;家禽出栏1.23万只;肉类产量36吨,其中禽肉产量27吨。 渔业:水产品总产量43.00万吨,比上年增长4.7%。其中,海洋捕捞产量由于减船转产工作推进,实现20.28万吨,小幅增长0.9%;海水养殖产量22.73万吨,增长8.3%。分品种看,捕捞渔获以小黄鱼、虾、带鱼、蟹为主;增幅以梅鱼、海蜇、马鲛鱼最高;养殖产量中贻贝产量22.38万吨,增长8.4%,比重达98.5%。全年渔业总产值增长6.8%。
	转化利用供给产品	风能:泗礁和嵊山的风能密度均为0.327kW/m²,年有效风时频率分别为88%和90%。年有效风能泗礁为2522.3kW·h/m²,嵊山达3379.4kW·h/m²。 潮汐能:海域潮汐能分布区域广,可供选择建设潮汐电站的坝址有14处,可开发装机容量为0.95万kW,年可发电量达0.19亿kW·h。 波浪能:我国沿海波浪较大的区域之一。绿华、嵊山等一带海区都是著名的大浪区,嵊山区段波浪能理论功率45.61万kW,占浙江省理论功率的21.7%,年平均能流密度2.76kW·h/m²。 潮流能:据对舟山市39处水道的潮流能资源统计,嵊泗县海域潮流能为28.66万kw,占舟山全市的6%。 太阳能:泗礁本岛年最多日照时数为2361.4小时,最少为1761.5小时。一年中4月到10月获太阳能量最多,这7个月的太阳辐射总量是全年辐射总量的70%。
调节服务	自然气候	属亚热带海洋性季风气候,四季分明,冬无严寒,夏无酷暑,光照充足,温差较小。年平均气温15.8℃。年平均日照时数为2118.2小时,年平均降水量1038毫米,年平均蒸发量1364.9毫米。嵊泗县列岛多大风,多海雾,全年大风日在114.7天左右,年平均雾日49.4天。
	生态环境	全年环境空气质量优良以上天数为342天,空气质量优良率达97.2%;PM$_{2.5}$优良率连续三年保持100%。完成饮用水水源保护区规范化建设,水环境功能区水质达标率达到100%,城镇生活污水集中处理率为95.6%,比上年提高2.8个百分点。

续表

类别	具体类型	资源概况
调节服务	环境保护	城镇生活垃圾无害化处理率达到100%,整洁村庄和生活垃圾分类处理实现渔农村全覆盖。城镇污水集中处理率达到92.1%,渔农村30吨以上污水处理设施标准化建设实现全覆盖。生态保护红线控制面积为3367.37平方公里,海洋特别保护区面积为549平方公里,海岛自然岸线保有率为78%,近岸海域一、二类海水水质比例为15%。
	陆域动植物资源	海岛植被总面积61726.5亩(4115.1公顷),植被覆盖率为60.5%。共有维管束植物125科、359属、521种。栽培植物144种,有经济林植被、果园植被和作物植被。陆上动物主要为禽类和昆虫类,兽类有鼠类、黄鼬、蝙蝠、水獭等。
	海洋渔业资源	海域已发现游泳生物302种,其中有小黄鱼、海鳗等鱼类210种,中国毛虾、三疣梭子蟹、厚壳贻贝等甲壳类75种,头足类11种,水母类6种,海藻类118种。
	珍稀濒危动物	包括中华白鳍豚、中华鲟等国家一级保护动物,水獭、穿山甲、玳瑁等国家二级保护动物。
文化服务	旅游资源	嵊泗列岛风景名胜区由泗礁山、花鸟山、洋山、嵊山等4个景区78个岛礁组成。区内有特级景点1处,一级景点9处,二级景点31处,三级景点61处。全县A级景区村覆盖率达75.8%,其中3A级以上景区村占34.5%;A级景区城镇覆盖率达到42.8%。
	海洋文化	拥有丰富的海洋文化,如渔文化、船饰文化、石刻文化、渔民画等,是嵊泗县百姓凝聚力的载体。"十三五"期间,嵊泗县共创建了7个省级历史文化村,成功将石艺茶制作技艺申报为市级非遗项目,培育非遗体验基地2个。成功打造菜园渔农民文化节、枸杞贻贝文化节等"一乡一品"文化节庆品牌。

嵊泗县海洋生态资源的独特性在于以下四个方面:一是优质的生态环境。嵊泗县荣膺国家生态文明建设示范县、国家海洋生态文明建设示范区、省美丽乡村建设示范县、省"无违建县(市、区)"、省森林城市、省小城镇环境综合整治优秀县等称号。2023年8月18日,浙江大学、浙江生态文明研究院共同发布了2022年"两山"发展指数及"两山"发展百强县,嵊泗县荣登"两山"发展百强县,位居第三。近年来,嵊泗县立足海洋海岛实际,凸显"生态首位"理念,针对受损生态系统,对重点区域开展实施"蓝湾"整治修复项目。二是丰富的贻贝资源。2021年,嵊泗县全县养殖产量209800吨,其中

贻贝 206458 吨,占比高达 98.41%。嵊泗县贻贝海水养殖总面积已突破 1400 公顷,是全国最大的贻贝生产基地、加工基地。根据估算,每年碳汇量超过 60000 吨。三是多元化的海洋清洁能源开发潜力。嵊泗列岛拥有充沛的潮汐能、潮流能、波浪能、风能、太阳能等能源。以海上风能为例,嵊泗县现阶段海上风电年碳减排量达到 150 万吨以上,根据"十四五"规划的风力发电装机容量估算,"十四五"末预计每年可减少碳排放 400 万吨以上。四是丰富的海洋文化传承。嵊泗县不仅以其自然资源著称,还拥有丰富的海洋文化传统,包括渔文化、船饰文化、石刻文化和渔民画等文化元素。这些文化元素不仅丰富了当地的文化底蕴,也成为吸引游客的亮点。在过去的几年中,嵊泗县创建了多个省级历史文化村,保护和传承了非物质文化遗产,成功打造了一系列具有地方特色的文化节庆品牌。

二、嵊泗县海洋生态产业发展基础

(一)海洋生态产业的理论基础

海洋生态产业的概念源于生态产业,因此,要想理解何为海洋生态产业,首先需要厘清生态产业的概念。"生态产业"这一概念并非先天就有,而是人类生态意识觉醒到一定程度的产物,梳理其理论基础的形成脉络可知,其源自"产业生态"思想的萌芽。20 世纪 50 年代,各国环境污染形势越发严峻,1962 年,环保科普读物《寂静的春天》出版,使得全球各国都开始关注人类活动给环境带来的影响,尤其是对生态环境的污染及破坏。学者们在研究生态产业的过程中对其概念进行了专门的抽象和提炼处理,而这些工作起始于产业学的诞生和发展。1969 年,Ayres 和 Kneese 在观察和分析物质材料流动问题的过程中,第一次正式对外抛出了"产业代谢"这一概念。[①]三年后,艾尔斯(Ayres)在借鉴该概念的基础上提出了一个更具影响力的概念,即"产业生态"。美国国家科学院对产业生态这一概念表示肯定,并和贝尔实验室联手在 1991 年合力组织了人类历史上第一次"产业生态学"论坛,围绕产业生态学的一系列概念、基础内涵、应用价值和发展前景等诸多方面做了相对全面和深刻的报告。曾在贝尔实验室供职的帕特尔(Patel)指出,

---

① Ayres R U, Kneese A V. Production, consumption, and externalities[J]. The American Economic Review,1969,59(3):282-297.

所谓产业生态学,其实质是围绕产业活动、所处环境这两者维系有何种相互关系而实施的一类跨学科研究。[1] 上述思想的萌生意味着人类社会在资源耗竭等现实问题的困扰和冲击下开启了相应的哲学思辨之路,如此背景下,以循环再生为核心内容的产业生态思想自然问世并发挥出了相当关键的作用。在产业实践及发展中,有机引入生态化的组织方式,以此循序渐进地变革、替代传统线性生产方式,逐渐架构起生态化的产业构成体系。

直至 20 世纪 90 年代,我国才慢慢有了"生态产业"的概念和说法。邓英淘认为,在工业革命衰退之后,紧随其后的新一轮革命极可能是生态产业革命。[2] 作为较早关注和研究生态产业并围绕该概念予以界定的学者,李周指出,所谓生态产业可被理解为依托特定的生态技术,利用能级转换原理推动能源实际利用效率的进一步提升,同时实现能耗和污染进一步减少的产业。其包含多种细分业态,除了生态农业和生态工业,还包括生态旅游业等,进一步提出资源耗竭和环境恶化是生态产业萌发的外在压力,而技术升级和产业升级则是生态产业崛起的内在动力。[3] 王如松和杨建新从产业生态学的角度出发对生态产业进行了界定,认为它是遵循生态经济基本原理及知识经济内在规律有机组织形成的,以生态系统承载力为依托的,包含有高效经济运作及其发展过程等内容的一种具有网络型、进化型特点的产业。[4] 虽然早期业界学者围绕生态产业展开了一系列研究和探讨,然而无论是在概念上还是在内涵上依旧没有形成高度共识,在实践层面,多以生态农业、生态工业和生态服务业的形式来划分生态产业,推进生态产业建设。

进入 21 世纪以来,特别是党的十七大把"建设生态文明"列入全面建设小康社会奋斗目标的新要求之后,国内学者对生态产业的探讨越发深入。陈效兰指出,生态产业是基于五律协同原理等理论架构起来的,立足自然生态系统拥有的实际承载能力的,呈现出较高五律协同水平的一种产业,并将

---

① Patel C K N. Industrial ecology[J]. Proceedings of the National Academy of Sciences, 1992,89(3):798-799.

② 邓英淘. 新发展方式与中国的未来[M]. 北京:中信出版社,1992.

③ 李周. 生态产业初探[J]. 中国农村经济,1998(7):4-9.

④ 王如松,杨建新. 产业生态学和生态产业转型[J]. 世界科技研究与发展,2000(5):24-32.

该产业细分成了四个子类,除了生态农业和生态工业,还包括生态信息业和生态服务业。① 李周从宏观、中观和微观等不同维度对生态产业进行了界定,提出生态产业于宏观层面上不仅能规划配套发展战略,还能制定有关法规、方针和政策,为企业运营行为提供规范化指导;从中观层面看,可打造各式规模的生态产业园区,聚拢企业形成特定的产业化集群,建构生态化平台等;从微观层面看,能推动生态技术创新及其普及工作,细化任务将之转化成切实可行的具体行动。② 刘建波等在其研究中指出,所谓生态产业指的是引入生态学并发挥其基本原理作用,将生态系统内部物质、能量的转换规律当作依据,将维系复合生态系统(自然子系统、社会子系统、经济子系统)和谐、平衡运转当作目标,将各种生物视作具体劳动对象,将一系列农业自然资源用作作业资料,将各门生物科学用作作业工具,推动特定生产活动的一种产业经济部门。③ 这一定义与其他学者相比更加狭义。罗胤晨等则结合低碳经济理论和循环经济理论,指出生态产业的实质是将生态经济原理用作基本理论指导,立足资源环境真实承载水平的,包含一系列循环经济过程的复合型产业。④ 梁蕊娇立足于理论构建对生态产业进行了界定,认为它是一种参考、借鉴自然生态原理而打造得到的产业系统,搭建了资源从产生到分解的一整套循环过程,在支持社会产出的同时还能服务于经济效益的实现。⑤ 以上学者在对生态产业这一概念进行界定时,主要是以产业学、经济学为切入点展开的。任洪涛另辟蹊径,基于法学视角进行了界定,认为它是一定的社会成员遵循当代的生态学原理,遵循永续发展之原则实施的与生态环境和谐共处的、兼顾社会效益的一种较高层次的经济活动模式。⑥

① 陈效兰.生态产业发展探析[J].宏观经济管理,2008(6):60-62.

② 李周.生态产业发展的理论透视与鄱阳湖生态经济区建设的基本思路[J].鄱阳湖学刊,2009(1):18-24.

③ 刘建波,温春生,陈秋波,等.海南生态产业发展现状分析[J].热带农业科学,2009(1):39-43.

④ 罗胤晨,李颖丽,文传浩.构建现代生态产业体系:内涵厘定、逻辑框架与推进理路[J].南通大学学报(社会科学版),2021(3):130-140.

⑤ 梁蕊娇.数字经济背景下生态产业高质量发展路径探析[J].时代经贸,2022(11):142-145.

⑥ 任洪涛.论我国生态产业的理论诠释与制度构建[J].理论月刊,2014(11):121-126.

　　王金南等将生态产业的概念进一步细化,提出了"生态产品第四产业",并将其定义为将生态资源用作核心要素,和生态产品价值转化有关的产业形态,以生态产品为对象展开的加工、开发及市场销售等一系列经济活动的集合。基于狭义视角观之,所谓生态产品第四产业一般指的是依托一应生态建设活动丰富生态资源价值的一系列有关产业,以及依托市场交易等一应方式发掘和利用生态产品的内蕴价值并将之转换成对等经济价值的各种产业的集合,产业形态多种多样,如生态保护及修复等。基于广义视角观之,该产业还涵盖基于产业生态化的各种产业集群。①

　　在梳理"生态产业"概念内涵的基础上,再把目光聚焦于"海洋生态产业"。目前国内对"海洋生态产业"这一概念内涵的研究仍处于探索阶段,仅有邵文慧基于生态产业的概念完成了对海洋生态产业这一概念的界定,即依托产业生态学理论、生态经济学原理架构形成的,立足海洋生态系统实际承载力、具备一定经济效益、拥有一定综合协调作用的生态型、效率型海洋产业。所谓发展海洋生态产业可被理解成,以海洋生态产业为对象引入并运用生态经济理论,对两个及其更多个生产环节(也允许是生产体系)予以耦合处理,收获多级产出的效果,在此基础上打造出完整的、效率运行的海洋生态产业链。②

　　纵观既有相关研究可知,尽管很少见到和"海洋生态产业"有关的理论成果,但近年来以"海洋生态产品价值实现""海洋产业生态化""海洋生态产业化"为代表的,与海洋生态产业密切相关的理论研究成果仍然丰硕。如李京梅和王娜将海洋生态产品这一概念界定为,形成和产出于海洋生态系统的,在自然力和人力的综合影响下,以直接方式或间接方式向人类社会输送的全体物质产品及相关服务的总称。参考价值所对应的具体表现形式,可以将海洋生态产品价值细分成两种:一种是经济价值,另一种是生态价值。③ 秦曼等在研究海洋产业生态化时指出,其实质是将海洋产业、环境关

---

① 王金南,王志凯,刘桂环,等.生态产品第四产业理论与发展框架研究[J].中国环境管理,2021(4):5-13.

② 邵文慧.海洋生态产业链构建研究[J].中国渔业经济,2016(5):10-17.

③ 李京梅,王娜.海洋生态产品价值内涵解析及其实现途径研究[J].太平洋学报,2022(5):94-104.

系这两个方面列为研究核心,通过行为主体采取生态化行为方式向行为客体施加相应影响而达成行为目标的一系列活动过程。① 王琰等在探讨海洋生态产品价值的市场转化问题时,指出所谓海洋生态产业指的是建构在海洋生态资源之上的、具备一定经济价值的、能和生态环境保护互为增益的绿色产业,而所谓的海洋生态产业化指的是在不超出生态实际承载能力的基础上,立足特色海洋生态资源架构形成一整套海洋生态产业的操作过程,基于集约视角善加利用,能将生态效益转换成相应的经济效益,如此也便发掘和收获了海洋生态资源所具有的经济价值。②

通过搜集和整理与海洋生态产业有关的一系列既有研究成果,辅以王金南关于生态产品第四产业这一概念做出的专门界定,可以对海洋生态产业做如下界定:海洋生态产业是指将海洋生态资源当作核心要素,将海洋生态产品价值的充分表达列为核心目标,从事此类产品的包括加工、开发以及市场销售在内的一系列经济活动的集合。

(二)嵊泗县海洋生态产业发展的现实基础

依托得天独厚的海洋生态资源,嵊泗县确定"生态立县"的根本,瞄准海洋生态产业高质量发展之路,践行"绿水青山就是金山银山"理念。嵊泗县海洋生态产业发展的现实基础包括以下五个方面。

一是地理区位优势。嵊泗县地理条件优越,背靠杭州、上海、宁波等大都市,是上海国际航运中心的核心港区,更是舟山群岛新区、浙江海洋经济示范区、长江经济带、长三角一体化等国家战略相关区域的重叠地,对长三角地区经济社会发展具有重要作用。

二是经济发展优势。嵊泗县全力推进海洋经济发展和特色美丽海岛建设,充分发挥港口、旅游和海洋渔业三大支柱产业优势,产业基础和经济实力显著增强,全县经济社会健康平稳发展。港口、旅游和海洋渔业的高速发展,为产业生态化建设提供了基础条件。

---

① 秦曼,刘阳,程传周.中国海洋产业生态化水平综合评价[J].中国人口·资源与环境,2018(9):102-111.

② 王琰,杨帆,曹艳,等.以生态产业化模式实现海洋生态产品价值的探索与研究[J].海洋开发与管理,2020(6):20-24.

三是自然资源优势。嵊泗列岛拥有充沛的潮汐能、潮流能、波浪能、风能、太阳能等能源。空气质量全省领先,海域水产资源繁多,嵊泗列岛是我国唯一的国家级列岛风景名胜区,自然风光独特。海洋文化丰富,有海洋文化馆、渔民俗馆、海洋科普教育基地等多个涉海公共文化设施。

四是生态文明优势。"十三五"期间,嵊泗县累计投入建设资金 10 亿余元,深入实施生态文明建设,完善了海岛基础设施,生态环境不断优化,美丽海岛建设取得良好成效。2020 年,近岸海域一、二类水质面积比例为 15% ,近岸海域三类水质面积比例为 30% ;县以上城市集中式饮用水水源地水质达标率达 100% ;环境空气质量优良率为 97.40% ,全县城镇生活垃圾无害化处理率达到 100% ;"蓝色海湾"整治项目进入自然资源部项目库。

五是社会稳定优势。"精准扶贫"工作成效显著,县域内实现全面高水平脱贫。平安浙江指数 17 次名列全省榜首,扫黑除恶保持全省唯一"零报告",连续 15 年蝉联省"平安县"称号,夺得全省首批"一星平安金鼎"。"全域夜不闭户""全域无毒""文明交通"三大治安品牌全面打响,刑事发案和传统侵财案件分别比"十二五"末减少 60.9% 、56.8% ,"两抢"等恶性案件保持"零发生"。"七五"普法圆满收官,建成 8 个省级善治示范村、10 个民主法治村。

与此同时,嵊泗县海洋生态产业发展也存在诸多不足之处。

一是产业发展动力不足。嵊泗县经济总量规模小,缺乏重大产业项目支撑,持续增长动力不足;传统发展模式和路径的惯性依然存在,经济产业结构总体质量和效益不高;传统产业优势弱化,自主创新能力不强,新兴产业培育不足。

二是岛内空间资源紧张。嵊泗县主要岛屿缺乏腾挪置换空间和建设用地,同时围海造地政策更加严格,导致城镇扩张难度大,开发空间零散,城乡建设用地增量不足,城镇发展空间有限。

三是岛内交通不便。岛际交通仍然依赖传统航运,存在供给缺口,受气候条件限制,受台风等恶劣天气影响较大,交通瓶颈问题突出,交通运力供需矛盾明显。

三、嵊泗县海洋生态产业发展历程

嵊泗县的海洋生态产业发展充满活力。从"向海图强"到"使海变美"

再到“以海致富”，这一发展进程不仅展示了嵊泗县在海洋经济领域的成就，也体现了嵊泗县不断探索将其独特的生态环境转化为经济价值的路径。本书通过深入剖析这一发展历程，展现嵊泗县的成功经验，以及如何将海洋资源和生态环境保护相结合，推动高质量的海洋经济发展。

（一）向海图强（2003—2012年）：确立走海洋发展道路

“向海图强”就是要从事关全局和长远的战略高度，充分认识加快海洋经济发展的重要性，要进一步明确目标，理清思路，抢抓机遇，营造优势。“向海图强”反映了嵊泗县兴县、强县的资源环境依赖以及发展出路必然依托海洋资源生态体系。海洋经济的领域应该是广泛的，还要注重把握好开发与环境的关系，以及系统性、高质量协调好海域经济与陆域经济的关系。

在“向海图强”的初创期，嵊泗县颁布了《嵊泗县域总体规划（2006—2020）》（嵊规划办〔2007〕3号），明确提出嵊泗县发展的总体定位是“东海明珠·中国第一岛城”，以“港”为主，形成“港、景、渔、居”的职能格局，未来以“景”为主，形成“景、港、居、渔”的职能格局，总体上全县形成“西港、中居、东渔、全境游”的功能分工格局。《嵊泗县土地利用总体规划（2006—2020）》旗帜鲜明地指出，嵊泗县的土地利用要坚持海陆统筹原则，高效整合陆海资源，广泛联系周边区域，构建陆海统筹的集港口疏运、能源供给、水资源保障、信息通信、防灾减灾等网络，努力实现陆、海、港、产业联动发展、基础设施联动建设、资源要素联动配置、生态环境联动保护。

2011年2月，国务院批复《浙江海洋经济发展示范区规划》，示范区建设上升为国家战略，浙江海洋经济发展掀开新篇章，也为嵊泗县“向海图强”带来了新的发展机遇。

总的来看，嵊泗县“向海图强”之路体现了以下三个方面的特色。

一是“向海图强”依托国际强港发展。嵊泗县充分利用浙江舟山群岛新区建设、中国（上海）自由贸易试验区建设机遇，围绕“把嵊泗打造成浙江舟山群岛新区接轨上海的桥头堡、海洋经济提升转型的示范区、生态高效的现代化港口旅游城市”奋斗目标，扶持发展海洋新兴产业，择优发展临港先进制造业。

二是“向海图强”依托现代化旅游发展。嵊泗县相继出台了《舟山市嵊泗县列岛型旅游产业发展规划（2006—2020）》《嵊泗列岛风景名胜区总体规

划(2010—2025)》《浙江省重要海岛开发利用与保护规划嵊泗县实施方案》
等规划和方案,为嵊泗县打造"列岛型国际综合休闲度假基地"不断注入新
的活力。

三是"向海图强"依托现代化渔业发展。嵊泗县颁布了《舟山市嵊泗县
标准渔港建设规划(2007—2020)》,围绕"先行先试,创新发展"的原则,着
力打造"一流现代渔业示范基地"。

(二)使海变美(2013—2021年):注重海洋生态环境治理

2012年,党的十八大正式提出了构建"美丽中国"的重要目标,强调了
生态文明建设在各领域和全过程中的关键作用。嵊泗县早在2003年就提
出了"生态立县"战略。2012年3月,嵊泗县发布了《嵊泗县美丽海岛建设
实施纲要》,并以此为主导,建立了包括美丽海岛建设规划、列岛总体色彩规
划、村庄布点及建设规划、中心村规划在内的"1+4"规划体系。这一规划体
系以"四美"价值观(生态秀美、人居优美、生活和美和人文淳美)为指导。[①]
嵊泗县每五年发布一个美丽海岛建设行动计划,并每年发布一系列与美丽
海岛建设相关的政策文件,不断推动美丽海岛建设行动。2018年,嵊泗县又
出台了《嵊泗县美丽海岛提升三年行动计划(2018—2020年)》,提出了十七
项工作任务,坚持建设高品质嵊泗。[②] 开展美丽海岛提升三年行动是努力打
造乡村振兴海岛样板的重要举措,是加速实现美丽海岛建设从"盆景"向"风
景"转变、从建设美丽海岛向经营美丽海岛和共享美丽海岛转变的重要抓
手,是提高渔农户获得感和幸福感的重要体现。

在各种政策的支持下,嵊泗县"美丽海岛"建设成效显著。2015年12
月,"一核、两带、诸岛"的全域建设格局和"一岛一韵、一村一品"的发展定
位基本形成。在生态秀美和人居优美上,遵循着"一岛一韵、逐岛推进"的全
域景区化和"一村一品、连线成片"的美丽渔村建设原则,嵊泗县成功建立了
一系列宜居、开放、共享的新景区,将这些美丽海岛如珠串珠,形成了壮观的
海岛链条。自2015年以来,嵊泗县先后获得了国家级生态县、国家海洋公

---

① 胡园园.两美嵊泗擘画乡村振兴新画卷[N].舟山日报,2023-06-29(3).

② 浙江省财政厅.嵊泗县做实三篇文章高水平推进美丽海岛建设[EB/OL].(2020-06-29)[2023-08-29].http://czt.zj.gov.cn/art/2020/6/29/art_1164173_58921624.html.

园、国家生态文明建设示范县、国家海洋生态文明示范区等多个国家级荣誉,这些可谓是县域建设的"国字号"金名片。在生活和美与人文淳美上,2016 年 11 月,嵊泗县主办了全省美丽乡村和农村精神文明建设现场会,将嵊泗县美丽海岛建设的成就集中展示,成为全省关注的焦点。同时,嵊泗县还被评为首批全国自然资源节约集约示范县、全国村庄清洁行动先进县、全省新时代美丽乡村示范县等,实现了省级美丽乡村示范乡镇、新时代美丽乡村达标村的全覆盖。此外,嵊泗县还三次获得全省深化"千万工程"建设新时代美丽乡村(农村人居环境提升)工作考核优胜县的荣誉,并四次获评全省农村生活垃圾分类处理工作考核优胜县,共建成了 18 个美丽乡村特色精品村。

(三)以海致富(2022 年至今):探索海洋生态产品的价值实现

伴随着生态环境的不断改善,嵊泗县也在不断思考如何将这些优美的生态环境转化为经济价值。早在 2016 年,嵊泗县率先提出了"东海五渔村"联合式发展计划,打破了以往海岛村庄采用的分散发展、各自为政的模式。通过村庄环境的整治、节点景观的提升、休闲街区的建设、美丽庭院的创建、文化礼堂的兴建以及慢生活环境的塑造等一系列举措,将嵊泗县本岛的五龙乡田岙村、黄沙村、边礁村、会城村,以及黄龙乡的峙岙村等五个渔村联合起来。这一发展理念秉持了"一岛一韵、一村一品"的美丽海岛经济发展原则,培育和打造了一系列具有独特村落特色的品牌,如"渔画田岙""黄沙绿洲""色彩边礁""原乡会城""石村峙岙"等,这些特色村落联袂形成了著名的"东海五渔村",在产业、文化、旅游、社区等方面取得了协同效应,成功升级为国家级 4A 级旅游景区。多年来的合作与共同发展,使"东海五渔村"联合式"区域联合"乡村振兴模式成为嵊泗县"绿水青山就是金山银山"理念转型的典型案例,为实践探索和亮点成果做出了杰出贡献。

2022 年 9 月,浙江省人民政府办公厅印发《支持嵊泗县走海岛县高质量发展共同富裕特色之路实施方案》。嵊泗县政府紧随其后出台了《嵊泗县全力打造高质量发展建设共同富裕示范区海岛样板县实施方案(2022—2024年)》,明确提出要围绕服务海洋强国、长三角一体化发展等国家战略和国家经略海洋实践先行区建设,聚焦"美丽海岛、美好嵊泗"定位,坚持生态优先、向海图强、依海富民,着力推动海岛空间优聚优化、海洋产业延链强链、公共服务普及普惠、陆海设施提质提效、海岛生活安心安逸,努力探索出一条小海岛服务大战略、小列岛发展大产业、小旅岛承载大花园、小陆域保障大民生、小切口牵引大改革的"一岛一功能"海岛县高质量发展共同富裕新路子,不断提升海岛人民群众获得感、幸福感、安全感和认同感,助力浙江省全面推进高质量发展建设共同富裕示范区和社会主义现代化先行省建设。

2022年10月,嵊泗县迎来了浙江省发展改革委举办的嵊泗县高质量发展共同富裕特色之路动员大会。在此次大会上,嵊泗县认真贯彻省委、省政府的决策部署,积极承接了省、市支持项目清单,制定并发布了县级实施方案。为了确保这一工作的有序推进,嵊泗县建立了完善的"领导小组+五大专班"的工作机制,并优化了"每周会商+半月研究+月度例会"的工作调度体系。同时,嵊泗县启动了首批四个示范岛建设项目,全面推动关键工作任务取得阶段性成果。此外,嵊泗县还完成了《嵊泗县生态产业发展研究报告》和《嵊泗县生态产业高质量发展三年行动计划(2022—2024年)》的编制工作,明确了生态产业的发展方向、路径规划以及产业的整体格局;制定了《嵊泗县"绿水青山就是金山银山"实践创新基地建设实施方案》,为生态产业的推进提供了更为清晰的指导。值得一提的是,2022年8月,浙江大学和浙江生态文明研究院发布了2022年全国"两山"发展百强县榜单,嵊泗县以出色的表现获得第三名的好成绩。嵊泗县在该榜单中连续五年取得进步,从最初的第42位逐步攀升,2021年进入前六,最终成功跻身前三名。

据统计,从2003年至2022年,嵊泗县农村居民人均可支配收入经历了显著的增长,从5462元提高到44249元,而城乡居民收入差距也显著缩小,从最初的1.45∶1逐渐趋向平衡。具体来看,2022年,嵊泗县的地区生产总值达到了130.0亿元,增速位列全市第二、全省第五。在这一年里,城镇居民的人均可支配收入为64154元,农村居民的人均可支配收入为44249元,分别相较前一年增长了4.4%和6.8%。这些数据反映了嵊泗县在经济发展和收入水平方面取得的显著进展。

第二节 海岛全域生态修复治理的建设示范

嵊泗县虽然以其美丽的海岛景观和独特的海洋文化而闻名,但是这片宝贵的海洋生态环境在过去曾受到包括近海污染、森林病虫害、海洋垃圾等问题的威胁。为了保护和修复这一珍贵的生态宝藏,嵊泗县采取了一系列积极而富有创新的措施,建立了典型的生态修复和环保工作机制。深入探讨嵊泗县的三个先行探索,分别是创建海洋生态建设示范区、"再造绿岛"工程和"海上环卫"工作机制。这些举措不仅展示了嵊泗县在生态保护和可持续发展方面的坚定决心,也为其他地区提供了宝贵的经验和启示,以实现人与自然和谐共生的目标。通过这些努力,嵊泗县正积极迈向更加繁荣和美丽的未来,为其他地区提供了一个海岛高质量发展的范例。

一、创建海洋生态建设示范区

进入 21 世纪以来,我国沿海地区面临着海洋生态环境持续恶化的严峻形势。海域生态系统退化、赤潮频发、渔业资源枯竭、滨海湿地消失等问题日益凸显。与此同时,我国正加快推进"海洋强国"建设,亟须调整经济社会发展方式,实现海洋资源的保护与可持续利用。在此背景下,海洋生态示范区建设成为我国海洋发展的重要内容。

早在 2005 年,马鞍列岛就挂牌成立海洋特别保护区,2014 年 12 月经国家海洋局批准,加挂国家级海洋公园。保护区总面积 549 平方公里,其中陆域面积 19 平方公里,海域面积 530 平方公里,包括 136 个岛屿,其中有居民岛 10 个,无居民岛 126 个,是一个以海洋珍稀生物、海洋经济鱼类及其生态环境为主要保护区对象的海洋特别保护区。2014 年,马鞍列岛海域共鉴定到浮游植物 164 种、浮游动物 27 种、底栖生物 18 种,区域内的海洋环境及生物资源均得到了较好的保护。

创建海洋生态建设示范区是嵊泗县在 2017 年开始提出的一项重要举措,是对国家保护海洋,浙江省委建设"美丽浙江、美好生活"、实现浙江省海洋生态环境保护目标,舟山市委、市政府推进生态文明建设等需求的积极响应。2007 年 1 月,嵊泗县被国家环保总局命名为第五批"国家级生态示范区";2008 年 4 月,被浙江省人民政府命名为首批省级生态县。2015 年 12 月,嵊泗县获批国家级海洋生态文明示范区。这些都为嵊泗县创建海洋生态建设示范区奠定了良好的基础。

根据方案要求,海洋生态建设示范区的创建期限是 2017—2020 年,创建范围包括嵊泗县行政区域陆域及海域共 8824 平方公里。其中,陆域面积

80.76 平方公里,海域面积 8743.24 平方公里。下设 3 个镇、4 个乡。遵循的基本原则包括"保护优先,绿色发展""科学规划,统筹协调""因岛制宜,注重保护""政府主导,公众参与""创新机制,科技引领"。总体目标是通过海洋生态示范区的建设,力争使全县海洋经济社会实现持续快速健康发展。到 2020 年,把嵊泗县建设成为海洋经济发达、产业结构优化、生态环境优良、海洋文化繁荣、人海和谐相处、可持续发展的浙江省海洋生态传承与创新引领区和国家海洋生态建设示范区。

创建海洋生态建设示范区的重点任务包括以下四个方面。

第一,加快海洋经济发展,优化海洋产业布局。一是优化海洋经济空间布局,包括强化"一中"(以菜园镇为核心,以五龙和黄龙两乡为辅的中心区域)驱动、助力"两翼"("西翼"包括大洋山和小洋山,"东翼"包括嵊山、枸杞和花鸟一镇二乡)齐飞、推进"三区"(洋山港经济开发区、泗礁海洋产业集聚区和嵊泗东部渔业经济产业区)集聚和特色开发"诸岛";二是建设特色海洋产业体系,包括聚力发展滨海旅游业、做优现代渔业、做强临港工业、加强现代海洋产业扶持等;三是构建港航物流服务体系,包括完善港口产业设施建设、大力发展海洋运输业、拓展港航物流配套服务、加大港航物流服务支持等;四是完善海岛基础设施网络,包括构建多式联运蓝色高速交通网、构建高效环保海岛能源保障网、构建清洁可靠水资源保障网、构建先进适用高速信息与防灾减灾网等。

第二,加强岸线海域海岛管理,促进资源节约集约利用。在这一方面,嵊泗县全面贯彻执行了海岛和海域的有偿使用制度,以及海域使用权的挂牌招标出让制度,同时,也对海域使用费用的征收标准进行了严格监督。此外,该县逐步推动了海域资源的市场化配置,建立了资源的开发和利用管理体系,并根据经营用途的不同等级、类型和方式进行了价值评估。同时,嵊泗县也强化了执法和管理,以杜绝非法的海岛使用;实施自然岸线保有率目标管控,加强了围填海管理。为了推动绿色港口的建设,加强了码头污染源治理、船舶污染控制、船舶修造污染防治以及危险化学品安全操作的监管。此外,嵊泗县还积极落实海洋主体功能区制度,尝试建立用海准入制度,并强化了海洋生态红线制度,实施了严格的开发和利用管控措施,同时也执行了海洋环境标准,并进行监测和预警工作。这些措施有助于确保海岛和海域的可持续管理和保护。

第三,强化海洋生态保护与建设,维护海洋生态安全。县政府的主要目标是促进人海和谐发展,为实现国际性旅游休闲岛的建设提供有力支持。嵊泗县坚持开发与保护相结合的原则,通过合理开发和有效保护海洋资源来实现这一目标。具体措施包括加强对渔业资源的保护和修复,深入推进海洋特别保护区、重要生态功能保护区和海洋公园的建设。此外,嵊泗县还实施了一系列海洋生态修复工程,如海洋牧场和人工鱼礁建设工程、人工藻场建设和移植增殖项目等,旨在建立海洋生态系统的屏障,创造完整的海洋生态环境,以恢复海洋渔业资源的可持续性。这些举措有助于实现生态与经济的和谐共生。

第四,弘扬海洋生态文化,树立海洋生态文明理念。海洋生态文化是嵊泗县海洋生态文明建设的核心,它将现代生态文化理念与嵊泗县传统海洋文化相融合,不仅丰富了嵊泗县的文化底蕴,还提高了全县居民的海洋生态文明意识。这一目标的实现依靠传承和复兴传统海洋文化、创新现代海洋文化、普及海洋生态文明教育等多重手段。同时,还深化了海洋生态文明示范模式,推行了生态优先的决策管理,倡导了绿色消费文化和健康生活方式。这一全面的生态文明创新机制逐渐引导人们的价值观朝着社会的富足与文明发展,树立科学发展和海洋经济与生态环境保护协调统一的新海洋文化观念,最终建设和谐美丽的新嵊泗。

为了确保海洋生态建设示范区的顺利创建,嵊泗县还制定了一系列独具特色的保障措施。

第一,创新责任机制。成立海洋生态文明示范区建设工作领导小组及办公室,建立和完善海洋生态建设的工作责任制,进一步落实部门信息反馈制度、进展督查制度、情况通报制度。将海洋生态建设任务纳入领导干部实绩评价中,把海洋生态建设的成效作为考核的重要内容。为确保项目建设的严格控制,建立了安全管理机构,并进行定期的督查,以便及时总结和报告工作情况。

第二,创新宣传机制。充分利用文化阵地、广播电视、新闻出版、报纸网络以及教育机构等媒体的宣传教育能力,以便将海洋生态文明建设的理念深植于人们的心中,提高民众对此的关注度和了解程度。在推动海洋生态文明建设过程中,致力于加强体制机制的创新,改善生态环境,培育新兴产业,从而构建起嵊泗县海洋经济发展所需的科技、教育和人才支撑体系,有效提升了海洋生态区建设的水平。

第三,创新融资机制。为了支持海洋生态示范区建设,嵊泗县加大财政投入,充分利用中央财政加大转移支付力度和增加生态建设与环境保护投入等政策机遇,积极争取国家和省级专项资金的支持。同时,积极采用PPP(政府和社会资本合作模式)、BOT(建设—经营—转让模式)、TOT(移交—经营—移交模式)等项目融资和经营模式,鼓励社会资本、民间资本、外来资本以及金融信贷等各种渠道参与示范区的建设。此外,还加强了与金融机构的合作,不断创新思路和方法,以克服资金难题等挑战。

创建海洋生态建设示范区集中体现了海洋生态产业所具备的正外部性特点。对于海洋生态产业而言,其正外部性取决于该产业对外输出的海洋生态产品(或服务)所具有的公共物品属性。外部性,即社会主体能够在它原本对应的权利义务之外,向社会施加的一定作用,可被细分成两类:一类是正外部性,另一类是负外部性。前者指的是,一项经济活动付诸实施之后能让社会中除己之外的成员从中受益,然而己方却无法从中取得补偿。典型案例如海洋自然保护区,它的设立能在很大程度上优化附近区域的生活环境,然而其无法从附近地区获取相应的经济补偿。负外部性,即行为主体即将发起或已经发起的行为会损及有关人员的利益,又或是使其生活或经营成本变大。比如涉海企业通过沿海排污口排入海洋的污水会损害周边环境,也会侵害当地民众的身体健康,然而受害方却面临求偿无门的窘境。海洋生态产业所提供的产品可被划归到准公共物品的范畴,在消费层面上,其表现出非竞争性,在受益层面上,其表现出非排他性,换言之,社会成员无须为海洋生态产品的生产支付成本,便能自然而然地享受其形成的正外部效应。

由于存在正外部性,海洋生态产业与其他产业有明显差异。该产业的核心目标是产生一定的海洋环境效益,而其他产业则将核心目标放在了最大化海洋经济效益上,至于海洋社会效益,则属于附带产物。海洋环境效益能带来何种规模的经济价值不直观,很难被准确估算,唯有将两处及更多处的海洋环境放到一起做对比才能有所感知。受此影响,不少人会自然而然地认为,海洋生态环境源于自然形成,任其受到不断的污染和破坏,也基本不在意海洋环保这一现实问题,随着时间的推移终究会酿成一定的海洋环境灾难。该产业所具有的正外部属性竟然成了一种"拖累",使海洋生态环境身陷"公地悲剧"困境而无法自拔。在市场经济环境中,消费者均具备理性经济人这一身份,"搭便车"是他们的一种先天倾向,且他们在享受海洋生态环境提供的种种好处的过程中通常无须为之付出对等代价(金钱或其他成本)。除此之外,涉海企业出于对自身利益考量,大多对海洋生态产业有着天然的抵触心理,认为该产业的存在会在很大程度上提高涉海企业的运营成本,无论是海洋资源的循环化、绿色化利用,还是海洋环境污染的治理,无不需要为之付出大量金钱,而享受这方面益处的社会成员却往往会无视涉海企业的努力,更不用说提供相应的经济补偿了。由于此种正外部性的存在,无论是消费者抑或是涉海企业,普遍对海洋生态产业持有不关心的态度,缺乏推动该产业发展的动力和热情。

一系列举措给嵊泗县带来的显著成效正是这种正外部性的体现。2023年7月,浙江省公布2023年县城承载能力提升和深化"千村示范、万村整治"工程试点名单,全省共25个县(市、区)入选。其中,嵊泗县成功入选深化"千万工程"方向试点,这也是此次舟山唯一上榜的县(区)。

二、"再造绿岛"工程

20世纪末爆发的松材线虫病曾对嵊泗县的森林资源,尤其是对黑松林造成了严重破坏,导致全县的森林覆盖率急剧下降,一度降至35%以下。1999年,嵊泗县采取了一系列综合治理海岛森林病虫害的措施,着力推进海岛绿化和水土保持工作,经过科学论证,制定了坚持"治标"与"治本"双管齐下的策略。这一策略将扑灭松材线虫病媒介"松褐天牛"的行动与因地制宜的多种营林措施有机结合,快速封锁和控制了病虫害的传播,使"天牛"的密度不断降低,重点的黑松林区得到有效保护。同时,加快了树木的迹地更新速度,进行了树种比例的调整,逐渐将纯黑松林转变为针阔叶混交林。这一系列措施的实施,为嵊泗县的森林资源恢复和可持续发展奠定了坚实的基础。

2002年,嵊泗县启动了"再造绿岛"工程,每年从县财政拨款1000万元用于绿化和造林项目资金。同时,各部门,包括农林、交通、住建、国土、民政、旅游等,都积极争取适用于绿化和造林的资金,充分利用各自的优势。从2002年开始启动"再造绿岛"工程到2017年末,县级财政投入超过1亿元,争取到来自中央、省、市级项目资金超过2000万元,总金额超过了新中国成立以来至2002年全县绿化投入的总和。

2016年,嵊泗县还制定了《嵊泗县森林城市建设总体规划(2016—2020年)》,并在2016—2017年的"创森"关键时期,专注于改建和提升了2个特色公园,创建了4个森林村庄,新建了475亩(31.67公顷)的海岛防护林、3800亩(253.33公顷)的彩色健康林,以及30公里的海岛慢行系统绿化等"创森"重点工程项目。这些工程项目的有序展开推动了森林系列创建工作。嵊泗县坚持根据实际情况选择适宜的树种,大力推广适应性强、成活率高、容易管理且性价比优的乡土树种,如香樟、普陀樟和乌桕等。自从"创森"工作启动以来,乡土树种在新增绿化造林中的使用率已达到90%以上,有效提高了工程的效益。

2018年至今,嵊泗县"再造绿岛"进入2.0时代,植树造林工作重点开始从原先的注重水土涵养逐步转向县容县貌的改善上。以提升森林质量和景观水平为目标,加快重点区域山体林相改造和彩色树种造林补植,改变森林林相不美、景观单一的状况。

"再造绿岛"工程体现了海洋生态产业的可持续性特征,即海洋生态产业运营活动遵循一种保护理念。

首先,海洋生态产业是出于改善、保护海洋生态的目的而形成和成长起来的一种社会经济形态。基于人类社会的整个发展历程观之,近代社会迎来了空前的经济繁荣,而这发端于工业文明时代,但该阶段发展的一个重要特征是,不惜通过污染环境、破坏自然生态、大肆攫取的方式换取经济发展。在过去200多年的时间里,工业文明在带来经济的快速增长的同时也造成了环境的破坏。海洋生态产业给人们提出了一定要求,即在发掘和利用海洋资源的过程中也要重视和做好环保工作,将产生的海洋环境污染及生态破坏管控在一定范围内,即不能超出海洋本身的自净能力,从而打造海洋生态环境保护和海洋经济发展同步、和谐进行的理想局面。海洋生态产业给参与者提出的要求是,在生产相关产品的过程中,应尽可能地选择无污染或污染小的原料,例如水能、风能及潮汐能等,这些均属于无污染的、支持循环再用的绿色资源,而对以煤为代表的这类非再生能源则提出了节制使用的要求。该产业还肯定了引入绿色生产工具的必要性和重要性,即应尽量选用那些自然条件下不会释放污染物的且具有良好使用效率的工具,从而为人们的相关生产提供有力支撑。

其次,对于可持续发展理论体系而言,海洋生态产业是一项不容回避的重要实践内容。海洋经济应保持在适度增长的水平上,应走"开发 + 保护"模式,这是一种能让当代人需求得到有效满足,同时又不会给后代人需求的满足带来妨碍的持续型、循环型发展方式。该产业将"可持续"设定为发展核心,高度关注发展的健康性、可持续性及协调性,展现了人和海洋之间应当保持的和谐共处关系。该产业主张要尽可能地提升人们对海洋资源的实际利用效率,即要收到物尽其用的效果,推动海洋资源的利用踏上一条循环再生之路,最终让特定区域更具生机和潜力。该产业将如何可持续利用资源当成待解决的重点问题,这也是推动人类社会可持续发展的关键一环。

经过16年坚持不懈的努力,嵊泗县"再造绿岛"工程已累计完成人工造林和补植造林、封山育林和封育改造4.96万亩(3306.67公顷)、森林抚育4.9万亩(3266.67公顷),全县森林覆盖率达到45.4%,林木绿化率达到58.1%,基本实现了"打造海岛特色森林城市"的创建目标。2017年12月底,嵊泗县被授予"浙江省森林城市"的称号。通过"再造绿岛"工程的不断实施,嵊泗县初步形成了以中心城区绿地为核心、生态公益林为依托、沿海防护林为屏障、通道绿化为框架、村庄绿化为基础、庭院绿化为点缀的区域森林生态系统。2023年,嵊泗县持续16年的"再造绿岛"工程被评为"八八战略"海岛实践的十大重大标志性成就之一。

三、"海上环卫"工作机制

海洋垃圾的清理问题一直是海洋生态环境治理中的"顽疾"所在。2022年,根据嵊泗县的实际情况,舟山市生态环境局嵊泗分局制定了《嵊泗县建立海上环卫工作机制实施方案》。① 该方案侧重于湾滩问题的巡查、垃圾的

---

① 舟山市人民政府.嵊泗县落实"海上环卫"工作机制 打开共同富裕新视角[EB/OL]. (2023-05-23)［2023-08-23］. http://xxgk. zhoushan. gov. cn/art/2023/5/23/art_1229007402_59108910. html.

收集和清运处置,建立并完善了部门间的协作机制,包括日常监管和长期保洁。同时,成立了海漂垃圾打捞队、湾滩问题巡查队以及垃圾清运处置队,以确保源头管控与湾滩保洁、闭环整改与长效保洁相互配合。通过这一海上环卫工作机制的建设,嵊泗县实现了全域湾滩的洁净和美化。

八个责任单位协同合作,七个乡镇地区积极参与,形成了涵盖海漂垃圾打捞、垃圾分类与清运、湾滩问题巡查等三大类工作的共计21支队伍。这些队伍实行跨部门合作,执行日常监管,以及开展长期保洁,三项工作机制并行不悖。嵊泗县的这一"海上环卫"系统全面覆盖了包括岛屿岸线在内的近岸海域,确保了没有遗漏、死角和疏忽,并且统筹进行海上垃圾清运和船舶垃圾分类处置等工作。

一是界定海上环卫工作职责。嵊泗县生态环境部门负责解决陆源污染问题,县海洋与渔业局负责进行海漂垃圾的打捞和清运工作。县交通运输局则负责管理所有水上交通场站、客运船只、港口和货运码头的垃圾分类收集工作。综合行政执法局全面负责垃圾的终端处置,而海事、文旅、水利等多个部门以及各乡镇在港区水域、商船、海岸景区和入海沟渠等范围内明确了各自的主体责任。治水办起到了统筹协调的作用,各个部门和乡镇齐心协力,紧密协作,确保责任链条严密有序。作用范围清晰,责任分工明确。

二是明晰海上垃圾处理流程。无论是陆源垃圾进入海洋、船舶倾倒垃圾,还是海水养殖浮具被废弃在海面上,职能部门都采取了有力措施来解决这些"垃圾入海"的问题。嵊泗县采取了一系列行动,包括开展近岸海域"两面一线"污染整治行动、实施"五水共治""找短板、寻盲区、查漏洞、挖死角"专项行动,以及全面推进海水养殖泡沫浮球整治替换工作。海上垃圾已经被纳入了严格的分类处置流程,与陆上的环卫机制实现了紧密衔接,确保了垃圾的专线收运、统一分拣和外运处理。

三是实施严密监管整改措施。嵊泗县采取了多种巡查方式,包括定期、不定期和日常巡查,并利用高科技手段如48处远程监控视频和无人机巡视等,对全县的海湾海滩和428个入海排污口进行了监测和巡查。建立了巡查日志,以提升清海净滩保洁效率。一旦问题被发现,由各乡镇负责协调处置,以季度督查、不定期抽查和点位销号等的结果作为主要依据,实施年终考核,以确保整改工作得到切实贯彻执行。

四是鼓励社会各界共同参与。自从实施这一机制以来,嵊泗县积极组建了三支保洁队伍,分别负责海漂垃圾打捞、湾滩问题巡查以及湾滩垃圾清运工作,总人数达到了 370 人。截至 2023 年 5 月,累计出动了近 5500 人次的巡护保洁人员,共清理处置了 600 余吨海漂垃圾。充分利用媒体的宣传引导作用,通过采访、调查问卷等方式与社会各界进行互动,增强了公众在美丽海湾建设过程中的参与度。县内志愿者协会、党员干部以及网格员都积极自发组织了净滩志愿行动,树立了人人有责、人人有为的主人翁意识。大家齐心协力,打赢了全民参与的环境整治攻坚战,共同构建了共富共美的新局面。

上述在"海上环卫"工作机制中所提出的四大举措,重点反映了海洋生态产业所具备的系统性特点。海洋产业在产出一定经济效益的过程中更强调对生态效益的提供,不会在某个或某几个涉海企业、地区的促使下放弃对生态效益的追求。在该产业的维系和保护下,海洋生态环境会进入一种绿色的、循环的、健康的生态状态,人和海洋的联系愈加紧密,成为一种利益共同体。该产业对海洋生态环境进行了重新定位,使其脱离了被征服的身份,成为和人类社会密切关联、休戚与共的伙伴。海洋生态生产力彰显了人类和环境和谐共处、持续发展的先进理念。该产业很好地平衡了社会、经济、环境之间的利益关系,在推动海洋经济发展的同时,还强调对海洋生态环境的保护,另外还密切关注如何不断提高人类生活质量的问题。

海洋生态产业的系统性还反映在,它是共同经济社会及自然生态环境高效运行和健康发展的物质基础及技术保障。分析除该产业之外的其他涉海生产单位所推动的海洋产品生产活动可知,其实质是取得一定的海洋生态资源并予以加工,最终将之打造成生活或生产资料。该类模式将难以计数的海洋生态资源转化成人类用品,却对随之产生的资源浪费、能耗过度及环境污染等很少在意甚至完全忽视。随着时间的推移,海洋生态产业愈加受到认可,其发展是海洋产业结构的后续优化方向,会促成人类消费观念及其方式的合理转变,还是海洋生态环境循环、绿色运行和发展的技术基础。一方面,该产业通过营造出更为理想的海洋环境改善人类生活质量,通过保护生物多样性免遭过度破坏提升海洋社会效益,通过协调好代内、代际利用的关系,保证这类资源的实际利用效能;另一方面,该产业的运作和成长离不开海洋生产技术的支撑,后者的持续性优化能让相关产品的质量得到进一步提高,赋予整个产业更为可观的市场竞争力,进而会给相关企业的运营和成长带来巨大影响。①

这种系统性的整治工作为嵊泗县海洋垃圾治理提供了支持,推动了嵊泗县海洋生态环境的改善。数据显示,嵊泗县海上垃圾打捞处置量从 2019年的 7000 立方米逐年减少至 2022 年的 4000 立方米。县域内 250 万只泡沫养殖浮球被全部淘汰,环保材料替换率实现 100% ,这意味着嵊泗县海面每年会减少 1.7 万立方米的废弃白色泡沫塑料。

第三节 花鸟岛旅游艺术岛案例与启示

嵊泗县花鸟岛,地处舟山群岛北部,拥有仅 3.28 平方公里的有限陆地,下辖两个行政村。虽然户籍人口为 1892 人,但常住居民不足 700 人,其中约有 60% 的居民年满 60 岁,是典型的偏远海岛小乡镇。长久以来,当地居民以渔业为主要生计来源,捕鱼和贻贝养殖一直是他们的重要经济支柱,农业产值占 GDP 的 90% 以上。然而,自 2013 年 10 月以来,嵊泗县开启了花鸟岛整岛定制旅游的发展计划,由传统的"卖海产品"转型为"卖风景、卖环境",实现了由"绿水青山"向"金山银山"的升级转变。

一、花鸟岛的发展之困

花鸟岛陆域面积小,只有 3.28 平方公里,是嵊泗七个主要海岛中面积最小的岛屿,下辖花鸟村、灯塔村两个行政村。花鸟乡位于嵊泗列岛最北端,也是舟山群岛的最北端,由花鸟岛及周围 11 个岛屿组成,除花鸟岛外,其余均为无人岛屿。主岛花鸟岛,从空中俯瞰,形态似一只飞鸟,加上岛上植被众多、花草繁盛,因而得名花鸟岛,也被称为"鸟屿花乡"。岛上终年云雾缭绕,便有了"海上仙山"的美誉,又名"雾岛"。花鸟岛主峰前坑顶,海拔236.9 米,是嵊泗的最高点。花鸟岛地处国际航道,四面环海,东邻公海。花鸟岛上有一座建造于 1870 年的花鸟灯塔,因地理位置重要、规模巨大、功能齐全、历史悠久且具有国际影响力,被称为"远东第一灯塔",是全国重点文

---

① 任洪涛. 论我国生态产业的理论诠释与制度构建[J]. 理论月刊,2014(11):121-126.

物保护单位。

20 世纪 90 年代以来,由于交通闭塞、基础设施简陋、岛上产业衰退等诸多因素,岛上青壮年不断外流,老龄化严重,在本地常住人口中,有近 80% 是老年人,花鸟岛逐渐成了"空心岛""老人岛"。

二、花鸟岛的共同富裕之路

2013 年,花鸟岛的开发开始提上日程,以花鸟岛为样本,嵊泗县开始了海岛共同富裕之路的探索。经过多年发展,嵊泗已经成为众人眼中的"诗和远方",万千游客从全国各地纷至沓来,大量年轻人涌入,迸发出了新的生机。

(一)"花鸟模式"之定制旅游岛

传统的大众化和规模化旅游模式常伴随着环境污染、秩序混乱以及高昂的管理成本等问题。花鸟岛在考虑到岛屿的有限资源,如有限的空间、水电和交通容量等情况下,勇敢地探索出了一种创新的旅游方式——海岛公园的"定制旅游"。

通过发展岛上的公共设施和多样化业态,花鸟岛有针对性地限制每日进岛游客的数量,将其控制在不超过 600 人,从而大幅降低了超负荷运营可能带来的风险。基于提前预约的"定制旅游"模式,花鸟岛还实施了民宿预订游客的分组和分流管理,有效地引导游客在进岛和离岛时分流,为游客提供了更私密化的体验。2015—2020 年,花鸟岛成功接待了 2.45 万名游客,旅游收入达到了 3.6 亿元。这一创新的旅游模式不仅提供了更高质量的旅游体验,还有助于减轻岛上的环境负担,降低管理成本,助力花鸟岛的可持续旅游发展。

近年来,为实现海岛的区域连片发展,嵊泗县又在定制游的基础上,开始推出"跳岛游"玩法。在农业农村部举办的 2023 中国美丽乡村休闲旅游行(夏季)推介活动中,嵊泗县的"百年灯塔蓝海牧场"岛村记忆之旅被隆重推荐,该线路就包含了泗礁岛、花鸟岛、嵊山岛和枸杞岛的跳岛游玩。

(二)"花鸟模式"之低碳旅游岛

自 2013 年启动开发建设以来,花鸟岛一直秉承着低碳环保的理念,将这一理念贯穿于其海岛发展的每一个环节。为了应对海岛地理上的独特挑战,花鸟岛毫不畏惧,积极采取行动,将海岛的生态文化旅游与全域"无废城市"建设相融合,采取了一系列绿色举措。

首先,花鸟岛着力打造了绿色的公共交通体系,旨在改善海岛交通状况,减少对环境的负担。此外,实行全岛居民生活垃圾的干湿分类处理,通过推广风光互补景观路灯,鼓励使用绿色环保建筑材料,提倡废物的改造与资源的循环利用,以及倡导健康饮食和步行等简约的生活方式。这些努力不仅有助于推动旅游资源的开发,还有助于实现海岛的自然生态与人文和谐共存,最终创造了一个充满鸟语花香的宜居生活环境。同时,花鸟岛率先在全国探索并实施了一种海岛生活垃圾的综合处理模式。花鸟岛通过挖掘固体废弃物的资源化利用途径,积极开展海洋固废治理工作,以及宣传绿色低碳生活方式等措施,成功创造出一种独特的海岛固废处理模式。这一模式的成功应用使得花鸟岛于2022年成为全省首批低(零)碳乡镇试点创建单位,为低碳发展树立了榜样。

(三)"花鸟模式"之艺术旅游岛

以花鸟灯塔这座始建于1870年的"远东第一灯塔"为象征,花鸟岛重新定义整个岛屿的使命,将其塑造成一个独具艺术特色的旅游胜地。花鸟岛的艺术旅游岛建设之路也经历了三个不同的时期。

艺术旅游岛1.0时代:艺术品、艺术家进小岛。花鸟岛积极探索一种新兴模式,将当代艺术与传统渔村文化融合在一起,创造出全新的文化体验。全省的五星级文化礼堂——花鸟岛"家"文化礼堂——成为全岛文化的中心,它不仅服务于当地居民,还联结了民宿业主和岛上不同业态的经营者,构建了一个覆盖花鸟岛全域的文化服务网络。在该文化背景下,艺术家们积极参与了花鸟岛的文化创作,他们将创作的灵感来源、材料选择、创作过程以及最终呈现的作品紧密联系到了花鸟岛的独特氛围和特点之中。这种方式使艺术活动成为花鸟岛"家"文化不可或缺的一部分。例如,发起了"花鸟照相馆全家福"项目,关注并记录岛上老年居民的生活和情感状态,通过摄影,以一种可视化的方式向公众展示花鸟岛的历史和社会故事。2020年以来,已吸引超过80位艺术家来岛,举办了25次艺术文化活动,使每一位来到花鸟岛的人都有机会成为一位艺术家。

艺术旅游岛2.0时代:开展主题艺术活动。岛上全面展开了旅游项目的开发,以满足各类游客的需求。这一计划将南北湾文化商业带、艺术海岸带和休闲度假带有机串联起来,打造了艺术中心、北爻渔港、会所酒店区域以及小石弄渔村的原汁原味复古风貌。在这一进程中,各种住宿方式应运而生,包括精品民宿、主题民宿和高端酒店,同时,渔人码头和文化商业区等示范区也纷纷涌现,共同构筑出一个离岛天堂的面貌。自 2020 年开始,花鸟岛每年举办"花鸟岛灯塔国际艺术节",并积极与国内外多所院校合作,如西班牙巴塞罗那自治大学 EINA 设计与艺术学院、上海理工大学等,共同创建驻地研学基地,这一举措吸引了众多国内外电视剧和综艺节目,如《欢乐颂 2》和《看我的生活》前来岛上取景拍摄。

艺术旅游岛 3.0 时代:艺术产业化。花鸟岛以婚姻登记基地为契机,积极突破政策障碍,拓展微型旅行目的地选择。针对长三角地区的情侣旅行、新婚蜜月和银发旅行等市场需求,花鸟岛致力于构建多元化的婚庆旅游产业链,其中以特色旅拍、婚礼庆典和蜜月旅行等项目为主要内容。花鸟岛在短期内引入了旅拍机构、独立摄影师、婚纱品牌等业态,打造成长三角地区的婚纱摄影胜地;中期计划引入高品质的婚恋业态产品和高端主题酒店,将花鸟岛打造成国内一流的海岛婚礼庆典目的地;长期目标是在灯塔村片区建设高质量的度假产品,努力将其打造成国际级蜜月旅行胜地。目前,花鸟岛已经委托微度假公司、执惠公司等多家单位完成了花鸟爱情艺术岛的建设策划方案,并与梁祝婚庆集团、游侠客等定制产品运营方合作,以推动相关业态的落地实施。以"520"花鸟浙江最美户外结婚登记颁证示范基地启动仪式为契机,策划并成功举办了花鸟灯塔国际艺术节,每月都有不同的爱情主题活动。围绕爱情产品,花鸟岛还策划并主持了花鸟岛海浪音乐节、"Love in Huaniao"爱情主题市集、中秋汉服游园会等艺术活动,这些活动有力地吸引了中高端游客群体。

三、花鸟岛的经验之谈

(一)主要成效

花鸟岛积极探索海岛共同富裕之路,取得了引人注目的成就,荣获了多项殊荣,包括全国乡村旅游重点村、中国美丽休闲乡村、国家 4A 级旅游景区、国家级卫生乡镇、省级旅游风情小镇,以及省级 5A 级景区镇等。花鸟岛首创了"定制旅游"发展模式,塑造了独具特色的海岛乡村旅游范例,于2019年入选全国乡村旅游发展典型案例,并于2022年成为"全省历史文化(传统)村落保护利用十大模式之艺术赋能海岛旅游"的一部分,成为"艺术花鸟"县域风貌样板区,为城乡融合和共同富裕树立了榜样。

2021年,花鸟岛全岛迎来了5.32万名游客,实现了7987.8万元的旅游收入,与2016年相比,分别增长了4.36倍和5.04倍。全岛目前拥有68家民宿,其中包括28家民宿综合体(其中一家荣获省级"白金宿",一家获得"金宿",四家获得"银宿",还有九家获得市级"最美民宿"),这形成了全市首个三星级海岛民宿聚落。这些民宿综合体的总收入达到了2589万元,平均每家民宿创收40万元,民宿的成功经营率接近100%。村集体经济收入也在这一时间段内从2014年的12万元增加到了2021年的78.28万元,村民人均年收入达到了3万元。这一成绩激发了村民对发展旅游产业的热情,也实现了村富民强的目标。

花鸟岛积极实施"八八战略",以建设国际高端定制微度假旅游目的地为目标。利用丰富的生态资源,逐步构建了可持续发展的"花鸟模式",实现了从贫穷落后的"边缘海岛"到热闹非凡的"艺术海岛"的嬗变。

(二)经验启示

花鸟岛的成功也为边缘海岛开发、走向共富之路提供了诸多经验启示。

一是实行"一岛一景区一公司"的专业化管理模式。花鸟岛一直以来都将其开发和建设交由经验丰富的专业人士负责,并形成了高度专业化的开发模式。花鸟岛积极探索并成功建立了一种独特的管理模式,即"一岛一景区一公司"的专业化管理模式。为此,花鸟岛联合成立了嵊泗县花鸟微度假旅游发展有限公司,构建了一个由政府部门主导、旅游产业企业负责运营、投资主体严格控制的坚实合作关系,形成了一个高效的管理体系。在整个开发过程中,花鸟岛编制了翔实的《花鸟旅游岛总体规划》等重要方案,并颁布了《花鸟岛定制旅游民宿纳管标准》等管理准则①。花鸟岛始终坚决把保

① 国家发展和改革委员会社会司."花鸟模式"谱写现代版的诗与远方——浙江省舟山市花鸟岛[EB/OL].(2020-11-25)[2023-08-23]. https://www.ndrc.gov.cn/xwdt/ztzl/qgxcly/202011/t20201125_1301958.html? state=123.

护村庄原有的文化和纹理不被破坏作为所有建设的前提条件。此外,花鸟岛还通过对民宿纳管实施分类准入,积极引导并支持高端民宿产业的发展,以保持花鸟岛独特而具有韵味的原始面貌。

二是充分利用岛上原有闲置资源。在切实保障农民宅基地权益的基础上,花鸟岛积极鼓励农户自愿并且有偿地将闲置的农房通过特定平台签订租赁协议。这一举措不仅为农民提供了额外的收入来源,也促进了农房资源的合理利用。为了确保各方的权益,花鸟岛制定了一系列全面的保障机制,涵盖了租赁方、出租方以及宅基地的所有者,以确保每个参与方的利益都得到妥善保护。通过这一方案,花鸟岛成功地激活了宅基地和农房的有偿使用,实现了资源的最大化利用。同时,花鸟岛还积极开发闲置的碎片化集体土地,为民宿业的发展提供了更大的发展空间,也为当地的村集体经济带来了显著增收。值得一提的是,花鸟岛率先推出了统一的闲置农房租赁平台,并在全岛范围内推行。

三是构建可持续盈利和兼顾效率公平的分配模式。花鸟岛以美丽海岛建设为契机,成功地实现了闲置农房的盘活,同时也充分利用了周边闲置的村集体土地,发展壮大了民宿产业。在收益分配方面,花鸟村按照"足额提留保发展,酌情分红展成果,适当倾斜老年人"的原则,制定了合理公正的收益分配方案。这种模式既保障了村级事务的可持续发展,又满足了老年人的特殊需求,实现了全村居民共享集体经济发展的红利。除了经济方面的成果,花鸟村还通过适量发放老年人福利和旅游旺季物价补贴,让村民们在集体经济发展中共享近年来的成果。这不仅增加了老年人的福祉,也激发了普通村民参与村级事务管理监督的积极性。村民们纷纷为村级集体经济发展献计献策,积极参与到村庄的建设和管理中,形成了一种良性的发展循环。这种发展模式不仅在经济上带动了村庄的繁荣,也在社会层面培养了村民的社会责任感和参与感。

第五章 "生态立县"先行探索：
辽阔海牧场、蓝碳大经济

"'碳'路海洋牧场,拥抱蓝碳经济"是嵊泗县"生态立县,以渔稳县"发展战略的重要组成部分,是渔业资源可持续利用与生态价值效益保障的风向标,更是贯彻"绿水青山就是金山银山"理念和延伸产业链条的孵化器。丰厚的海洋渔业资源蕴藏量及以贻贝为代表的丰富的生态养殖经验赋予嵊泗县巨大的蓝碳储备潜力和经济转化价值,围绕海洋牧场建设与蓝碳经济发展,嵊泗县高度重视"创汇之冠"的渔业生态养殖,探索出一条"生态养殖"丰厚"蓝碳基底",赋能"蓝碳经济"的发展之路。枸杞岛海洋大牧场作为贻贝养殖与蓝碳资源培育的主基地,先行先试搭建"生态养殖"与"蓝碳经济"的制度架构,发展了一条具有海洋多层次碳库结构的产业延伸链条,提高了蓝碳资源的生态价值与经济价值。嵊泗县以"蓝碳"为契机,以贻贝生态养殖与蓝碳价值转化为切口,实现了生态保护、产业发展、渔民致富的多重效益,踏上了一条海岛生态产业经济高质量发展的新道路。

第一节 蓝色碳汇资源储备与渔碳产业发展历程

海洋"碳汇"是贯彻落实碳达峰、碳中和"双碳"目标的重要抓手,是深化"绿水青山就是金山银山"理念、推进生态文明建设的重要内容。嵊泗县丰厚的海洋渔业资源成为巨大的海洋碳库,为提升海洋固碳能力、提高碳汇资源储备量、推进蓝碳产业发展奠定重要基础。

一、海洋碳汇与"蓝碳"产业

海洋拥有强大的固碳、储碳潜力,作为全球最大的碳储存区,其在碳循环中扮演重要角色。增强生态系统碳汇能力,强化国土空间规划用途管控,有效发挥海洋、湿地、森林、草原、土壤、冻土在固碳方面的作用是提高生态系统碳汇增量的重要途径。我国已明确提出 2030 年实现碳达峰,2060 年实现碳中和的目标,努力推动自然资源碳汇建设并将其转化为碳排放抵消量,纳入碳交易体系,充分发挥以海洋渔业为代表的碳汇资源优势,着力推进"蓝碳"产业发展是落实碳汇生态储备与经济价值转化的关键。

(一)嵊泗县蓝碳资源储备

蓝碳又称海洋碳汇,是指红树林、盐沼、海草床、大型藻类以及贝类等生态元素通过吸收并贮存大气中的二氧化碳所进行的一系列过程、活动和机制。[①] 根据碳汇来源的不同,可以将由大型藻类、贝类产生的碳汇归纳为海水养殖碳汇,由红树林、盐沼、海草床产生的碳汇归纳为滨海湿地碳汇。海洋覆盖了地球表面的 71%,平均每年吸收的二氧化碳量约占每年人工排放二氧化碳量的 29.5%[②],其碳储备量是大气碳储备量的 50 倍,是陆地碳储备的 20 倍[③],已然成为碳固定与储存的重要场所,更是地球系统中二氧化碳的主要吸收库之一。相对陆域碳汇,蓝碳储碳能力稳定[④],这意味着丰富的蓝碳资源不仅有利于缓解气候变化给当地带来的多重环境压力,其巨大的增汇潜力和负排放前景更有助于国家"双碳"目标的实现。

嵊泗县海域面积广阔,沿岸线资源分布广阔,同时拥有丰富的湿地资源,海域面积占全县面积的 99%,是一个典型的陆域小县、人口小县、海洋大县,有"一分岛礁九九海"之说;其不仅拥有丰富的海岸湿地和人工湿地,还拥有丰富的海洋生物资源以及全国最大的贻贝产地和加工基地,享有"东海鱼仓""海上牧场"和"贻贝之乡"的美誉,其丰富的海水养殖碳汇资源对于实现"双碳"目标,推动"蓝碳"经济发展,促进地区经济社会与海洋生态环境的协调发展,具有重要的意义。这也意味着嵊泗县拥有丰厚的蓝碳资源

① 中华人民共和国自然资源部.海洋碳汇核算方法[M].北京:中国标准出版社,2022.

② Stocker T F, Qin D, Plattner G K, et al. Contribution of working group I to the fifth assessment report of the intergovernmental panel on climate change[J]. Climate Change,2013,5: 1539-1552.

③ Friedlingstein P, O'sullivan M, Jones M W, et al. Global carbon budget 2020[J]. Earth System Science Data,2020,12(4):3269-3340;焦念志,梁彦韬,张永雨,等.中国海及邻近区域碳库与通量综合分析[J].中国科学:地球科学,2018(11):1393-1421.

④ 陈武.中国海洋碳汇渔业发展对碳效益的影响研究[D].长春:吉林大学,2022.

储备量,同时为发展蓝碳经济提供了先天优势与发展机遇。

落实碳汇资源储备的科学评估与存量核查是推进"蓝碳"资源生态价值挖掘、经济价值转化的关键一步,摸底排查嵊泗县蓝碳资源层次分类,更是做好资源储备与碳汇能力评估的前提。为此,嵊泗县结合本岛海域特色与蓝碳资源管理已开展了持续的环境评估与监测,进行了一系列蓝碳资源的科学统计分析,这不仅对保护蓝碳生态环境和生物多样性起到保障作用,而且为指导蓝碳产业可持续发展奠定了基础。

(二)嵊泗县蓝碳资源分类

嵊泗县既具有传统蓝碳资源的分类属性,又具有本地海岛所拥有的海洋碳汇能力的其他资源属性。就传统蓝碳资源的分类而言,其常常涉及以贝藻类养殖固碳为代表的海水养殖碳汇,以及以红树林、盐沼、海草床固碳为代表的滨海湿地碳汇两种,而嵊泗县丰富的海域资源分布特点创造了滨海滩涂碳汇和人工鱼礁投放产生的海洋牧场碳汇,由此形成了海水养殖碳汇,包括滨海滩涂在内的湿地碳汇以及海洋牧场碳汇这三大功能,极大地提高了嵊泗县蓝碳潜力。

无植被的泥滩与沙洲、拥有人工鱼礁的海洋牧场在嵊泗县蓝碳资源分布中占有举足轻重的地位。一方面,滩涂沙洲通过耦合初级生产和次级生产的方式,实现碳储存和埋藏。科学论证指出,荒芜的滩涂沙洲具备有机碳储存的潜力,其在蓝碳循环体系中发挥着重要作用。[1] 另一方面,拥有人工鱼礁的海洋牧场通过投放人工鱼礁创造复杂的空间结构,重塑礁体周围的流场分布,进一步通过提升水体的垂直交换效率,促使海床有机物和养分进入水体[2],促进了浮游植物的生长和繁殖,进而使得人工鱼礁表面逐渐附着藻类、贝类等生物,加速大气中的二氧化碳进入海水,并以矿酸盐形式存储的过程[3],从而达到了海洋碳汇的效果。由此,海水养殖碳汇、滨海湿地碳汇

[1] Phang V X H, Chou L M, Friess D A. Ecosystem carbon stocks across a tropical intertidal habitat mosaic of mangrove forest, seagrass meadow, mudflat and sandbar[J]. Earth Surface Processes and Landforms,2015,40(10):1387-1400.

[2] 张紫轩.人工鱼礁生态效应评价及增殖放流物种生态容量评估[D].上海:上海海洋大学,2022.

[3] 许冬兰.蓝色碳汇:海洋低碳经济新思路[J].中国渔业经济,2011(6):44-49.

以及海洋牧场碳汇是嵊泗县发挥碳汇潜力的最典型的三类蓝碳资源。

（三）嵊泗县蓝碳产业分类

蓝碳产业是发展蓝碳经济的关键所在,是以海洋碳汇为核心发展起来的海洋生态产业,旨在协调海洋资源开发利用与海洋生态系统相适应,加快海洋生态产品价值实现,实现"双碳"目标。目前,嵊泗县具有代表性的蓝碳产业主要依托海洋渔业资源的开发与利用,形成了全国最大的贻贝养殖基地以及开发了一系列极具海洋生态特色的休闲渔业。贝藻类海水养殖在嵊泗县蓬勃发展,养殖产量逐年递升,贝藻养殖面积达 1500 多公顷,特别是嵊泗县贻贝海水养殖总面积已超过 1400 公顷,成为全国最大的贻贝产地和加工基地,也成为嵊泗县最主要的碳汇源头。

如何充分发挥嵊泗县蓝碳资源储备潜力,完善蓝碳产业链条?扎实做好全县资源储备的摸底排查并理清碳汇资源潜力是做好蓝碳产业发展规划、挖掘蓝碳经济价值的重要一步。

二、嵊泗县蓝碳资源储备

嵊泗县蓝碳资源具有怎样的发展潜力,其在蓝碳产业发展中又充当着什么样的角色?摸清各类蓝碳资源现状与分布,理清嵊泗县海水养殖碳汇、滨海湿地碳汇以及海洋牧场碳汇潜力是做好嵊泗县蓝碳产业因地制宜发展规划的前提,这为蓝碳经济产业发展规划与产业布局提供了重要的基础条件。

（一）蓝碳资源分布

嵊泗县拥有海水养殖碳汇、滨海湿地碳汇以及海洋牧场碳汇这三大类型,蓝碳资源总量呈现鲜明的"养殖重,湿地轻"特点。

以贝藻类为代表的海水养殖碳汇是嵊泗县蓝碳发展的主体。嵊泗县是海水养殖大县,贝类养殖更是其王牌产业之一。嵊泗县的海水养殖行业在浙江省内有着重要的地位,2021 年,嵊泗的水产品养殖面积为 1520 公顷,养殖总量为 209800 吨,占当年浙江省水产品养殖总量的 15.06%（见表 5-1）。嵊泗的贝类养殖行业更是海水养殖业中的翘楚。嵊泗县七个乡镇中,有四个乡镇参与贝类养殖,2021 年贝类养殖总量更是占当年嵊泗县海水养殖总量的 98.46%（见表 5-2）。可见,嵊泗县海水养殖碳汇以贝类养殖碳汇为主,虽然藻类的养殖区域相对较为分散,碳汇核算具有一定的技术性困难,但蓝碳资源的数量及规模相当可观。

表 5-1 2020 年和 2021 年嵊泗县与浙江省水产品总量对比　　　单位:吨

养殖或捕捞方式	2021 年		2020 年	
	嵊泗县	浙江省	嵊泗县	浙江省
海水捕捞	201002	2568600	194962	3395500
海水养殖	209800	1393200	201000	1372400
淡水捕捞	—	156300	—	169800
淡水养殖	—	1264000	—	1216300
远洋渔业	—	877400	—	826900
合计	410802	6259500	404962	6154100

资料来源:2021 年嵊泗统计年鉴[EB/OL]. (2023-05-15)[2023-08-06]. https://www.shengsi. gov.cn/art/2023/5/15/art_1229324959_3805920.html;浙江省统计局.统计年鉴[EB/OL]. (2021-10-28)[2023-08-06]. tjj.zj.gov.cn/col/col1525563/index.html.

表 5-2 2021 年嵊泗县各乡镇海水养殖总量统计　　　单位:吨

水产品数量	鱼类	甲壳类	贝类	藻类	海水养殖量
菜园镇	235	—	18365	3000	21600
嵊山镇	—	—	47500	—	47500
洋山镇	—	—	—	—	—
五龙乡	—	—	—	—	—
黄龙乡	—	—	—	—	—
枸杞乡	—	—	135500	—	135500
花鸟乡	—	—	5200	—	5200
合计	235		206565		209800

资料来源:2022 年嵊泗统计手册[EB/OL]. (2023-02-17)[2023-08-17]. https://www.shengsi. gov.cn/art/2023/2/17/art_1229324959_3768244.html.

以人工鱼礁为主要方式形成的海洋牧场碳汇是嵊泗县的一大特色。嵊泗县分别在"十三五"时期和"十四五"时期设立了马鞍列岛与东库黄礁两大国家级海洋牧场示范区,投放鱼礁总计达 7.755 万空方,海域面积总计达 1509 公顷(见表 5-3)。在滨海湿地碳汇方面,嵊泗县由于气候、地理环境的原因,并没有盐沼地、红树林、海草床分布,但拥有广阔的淤泥质海滩,总量达 817.5 公顷。

表 5-3 嵊泗县"十三五"和"十四五"期间人工鱼礁数目统计

时期	分布
"十三五"时期	嵊泗县马鞍列岛示范区
	鱼贝藻礁 4.875 万空方 海域面积 1038 公顷 累计投资 5618 万元
"十四五"时期	东库黄礁
	拟投放鱼礁 2.88 万空方 海域面积 471 公顷 暂无投资数据
合计	鱼礁 7.755 万空方 海域面积 1509 公顷

资料来源:嵊泗县蓝碳经济课题组.嵊泗县蓝碳经济调研报告[R].嵊泗:嵊泗县政策研究中心,嵊泗县发展和改革局,中国能源建设集团浙江省电力设计院有限公司,2022.

(二)蓝碳资源潜力

海水养殖、滨海湿地、海洋牧场作为嵊泗县重要的蓝碳资源,形成了以海水养殖为主、湿地与牧场为辅的海洋碳汇特征。

海水养殖碳汇潜力。海水养殖中的大型藻类能通过光合作用将海水中溶解的无机碳转化为有机碳,储存在植物体内,从而实现海水中碳的移除。与此同时,在藻类生长的过程中,它们会吸收海水中的无机盐,提高海水的 pH 值,促使大气中的二氧化碳向海水扩散。基于张麋鸣等对贝藻类移出碳汇量的研究[①],可以得到大型藻类碳汇估算的公式:

$$A_{CO_2} = 3.67 \sum (M \times W_D \times W_{CW}) \tag{5-1}$$

式(5-1)中,A_{CO_2} 为藻类的二氧化碳吸收量;M 为藻类养殖品种产量(湿重);W_D 为不同品种藻类干湿比系数(%);W_{CW} 为不同品种藻类的含碳系数(%);3.67 为转换系数,取 44(二氧化碳分子量)/12(碳分子量)。

---

① 张麋鸣,颜金培,叶旺旺,等.福建省贝藻类养殖碳汇及其潜力评估[J].应用海洋学学报,2022(1):53-59.

贝类主要通过滤食和同化浮游植物固定的碳转化为贝类自身贝壳和软组织的碳,根据称重法的计算原则,贝类固定海水中的碳汇量应为不同贝类的软组织和贝壳含碳量的总和。

$$C_B = \sum_{i=1}^{n}(C_S + C_K) \tag{5-2}$$

式(5-2)中,C_B为贝类固定的总碳汇(单位:g);C_S为第i种贝类软组织固定的碳汇(单位:g);C_K为第i种贝类贝壳固定的碳汇(单位:g)。其中,C_S和C_K的计算公式为:

$$C_S = M_B \times W_D \times R_S \times W_S \tag{5-3}$$

$$C_K = M_B \times W_D \times R_K \times W_K \tag{5-4}$$

式(5-3)和(5-4)中,M_B为每年嵊泗县第i种贝类的产量(湿重,单位:g);W_D为第i种贝类的干湿比系数(%);R_S和R_K分别为第i种贝类的软组织和贝壳干质量占比(%);W_S和W_K为第i种贝类的软组织和贝壳含碳系数(%)。不同贝藻类的干湿比系数、软组织和贝壳干质量占比以及含碳系数见表5-4。

表5-4 不同贝藻类干湿比系数和含碳系数

种类	干湿比系数/%	贝壳干质量占比/%	软组织干质量占比/%	贝壳含碳系数/%	软组织含碳系数/%
贝类					
牡蛎	65.10	98.36	6.14	12.68	45.98
贻贝	75.28	91.53	8.74	11.76	44.4
扇贝	63.89	85.65	14.35	11.40	43.90
蛤	52.55	98.02	1.98	11.52	44.90
蛏子	70.48	96.74	3.26	13.24	44.99
其他贝类	64.21	88.59	11.41	11.44	43.87
大型藻类			藻类含碳/%		
海带	20.00		26.55		
紫菜	20.00		27.35		
江蓠	20.00		27.3		
羊栖菜	20.00		28.39		

资料来源:嵊泗县蓝碳经济课题组.嵊泗县蓝碳经济调研报告[R].嵊泗:嵊泗县政策研究中心,嵊泗县发展和改革局,中国能源建设集团浙江省电力设计院有限公司,2022.

滨海湿地碳汇潜力。滨海滩涂的碳汇功能同样依赖于实地调查测算,根据现有的嵊泗县滨海滩涂面积数据和估算所得的滨海滩涂碳埋藏速率数据,得到嵊泗县滨海滩涂生态系统年均碳埋藏量(见表5-5)。碳埋藏速率参考 Wang 等[1]和 Wu 等[2]的研究,采用其中较为保守的数据。

表5-5 嵊泗县滨海滩涂的分布及其碳埋藏速率估算

类型	面积/公顷	碳埋藏速率/(吨/公顷·年)	碳埋藏量/(吨/年)
滨海滩涂	817.5	1.68	1373

海洋牧场碳汇潜力。海洋牧场以投放人工鱼礁为主要手段,实现海域局部流场的改变,改善环境质量,优化生物栖息地,增加生物资源的种类和数量,进而促进海域碳循环的加速,加强碳溶解作用,提升生物固碳量,实现有效的碳汇功能。[3] 目前,研究中尚缺乏系统的海洋牧场碳汇容量计算方法,主要依赖于实地调查测算。参考李纯厚等根据人工鱼礁投放前后大亚湾海洋牧场碳汇变化的实地调查[4]与公丕海等根据莱州湾鱼礁附着牡蛎的含碳量调查[5],结合嵊泗县两个海洋牧场中人工鱼礁的面积对嵊泗县海洋牧场碳汇进行估算。

(三)蓝碳资源特征

嵊泗县年均蓝碳碳汇数额达 67212 吨,贝类养殖碳汇是其中的"主力军",占比达92.2%,其次为海洋牧场碳汇与滨海滩涂碳汇,而藻类养殖碳汇最少,平均每年碳汇数额仅为 32 吨(见表5-6)。通过不同的蓝碳计算方法,对嵊泗县贝藻类养殖碳汇、海洋牧场碳汇、滨海滩涂碳汇进行统计。根据

① Wang F, Sanders C J, Santos I R, et al. Global blue carbon accumulation in tidal wetlands increases with climate change[J]. National Science Review,2021,8(9):296.

② Wu J, Zhang H, Pan Y, et al. Opportunities for blue carbon strategies in China[J]. Ocean & Coastal Management,2020,194:105241.

③ 郭莉娜,赵娇娟,程前,等.海洋牧场碳汇容量计算方法理论探讨[J].中国渔业经济,2023(1):57-63.

④ 李纯厚,贾晓平,齐占会,等.大亚湾海洋牧场低碳渔业生产效果评价[J].农业环境科学学报,2011(11):2346-2352.

⑤ 公丕海,李娇,关长涛,等.莱州湾增殖礁附着牡蛎的固碳量试验与估算[J].应用生态学报,2014(10):3032-3038.

2020 年浙江统计年鉴海水养殖贝类产量数据进行估算可得,2020 年浙江省贝类养殖碳汇额为 104125 吨,而嵊泗县的贝类养殖碳汇约占其中的59.52%,可见贝类养殖产业对于嵊泗县增汇减碳具有重要意义。从蓝碳资源在嵊泗县内的地理分布来看,枸杞乡凭借其优越的贻贝养殖地理环境与马鞍列岛海洋牧场中海域面积第二大的枸杞岛海洋牧场一枝独秀,嵊山镇也拥有一定数量的贻贝养殖基地与马鞍列岛海洋牧场中海域面积最大的壁下海洋牧场,位居第二。

表 5-6 嵊泗县各类型蓝碳总量统计

蓝碳类型	细分类型	计算方法	现存容量	碳汇数额/(吨/年)
海水养殖碳汇	贝类养殖碳汇	称重法	年产贝类 206565 吨	61975
	藻类养殖碳汇	称重法	羊栖菜 33 吨	32
	海洋牧场碳汇	估算	人工鱼礁面积共计 7.755 万空方	3832
滨海湿地碳汇	滨海滩涂碳汇	估算	滨海滩涂面积共 817.5 公顷	1373
碳汇合计				67212

资料来源:嵊泗县蓝碳经济课题组.嵊泗县蓝碳经济调研报告[R].嵊泗:嵊泗县政策研究中心,嵊泗县发展和改革局,中国能源建设集团浙江省电力设计院有限公司,2022.

需要注意的是,以上测算方法未对养殖方式、养殖海域环境等影响固碳效果的因素进行分析,不能最大限度地把控数据的准确性和可靠性,无法形成系统的计量体系,尤其是海洋牧场与滨海滩涂碳汇数额,仅仅是根据国内其他地区的测算结果估算所得。由于自然环境的区域性特征差异明显,不同海域环境所形成的碳汇也不尽相同,因此,要结合嵊泗县蓝碳资源的特点,建立科学完善的计量、监测和核算体系,进一步加强对于海洋牧场与滨海滩涂碳汇的日常监测,以科技赋能生态。

三、嵊泗县蓝碳产业发展历程及特征

嵊泗县蓝碳产业依托依海而生的蓝碳渔业资源发展起来,从"靠海吃海"的资源枯竭型向注重生态效益的环境友好型渔业发展模式的转变为蓝碳资源提供了丰裕的储备优势,产业生态化转型推进蓝碳资源的"绿水青

山"转化为蓝碳渔业的"金山银山",产业融合发展进一步通过"金山银山"的经济模式促进增汇降碳的"绿水青山"的可持续发展。

(一)传统渔业维持蓝碳资源储备基础

自改革开放以来,嵊泗县依托丰富的渔业资源,积极发展养殖渔业、捕捞渔业以及相关的水产品加工业。到2010年前后,嵊泗县渔业经济形态以追求经济利益为导向,养殖渔业和水产品加工业在发展中未考虑资源与环境的长远效益而呈现一种粗放式的传统渔业发展模式,而这种兼具先天丰厚家底的渔业资源为海岛蓝碳提供了庞大的资源储备空间。

嵊泗县传统渔业发展阶段的资源供给形成了以海洋捕捞为主,海水养殖为辅的渔业产量规模,其中海水养殖产量以极具蓝碳开发潜力的浅海贻贝养殖产量为主(见图5-1),且整体海洋渔业产量逐年上升。在这种看产量、重效益的传统渔业发展过程中,对蓝碳产业发展的认识尚不清晰,传统模式下由于缺乏可持续发展的规划布局,嵊泗县在2000年至2010年养殖效益的发展意识较弱,浅海区养殖种类、养殖方式、养殖面积和养殖密度等尚未形成明确的发展体系。

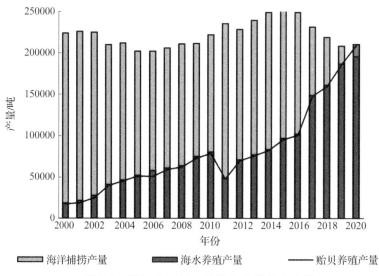

图 5-1　嵊泗县 2000—2020 年各类渔业产量

资料来源:由嵊泗县课题组根据资料绘制。

发展初期,嵊泗县以传统捕捞渔业为主体的股份合作制经营成为一种主要的经济形式,蓝碳发展仍处在萌芽阶段。2000年以来,嵊泗县保留了底拖、拖虾、蟹笼、帆布网、小型张网等五大主要作业方式,还先后引进深水流网、深水围网、外海灯光抄网、灯光诱缯、沙鳗笼捕等对资源破坏小、经济效益高的作业方式,捕捞作业形式开始向现代化资源友好型产业发展,这进一步催生了渔业资源友好型开发的意识,为蓝碳产业发展的萌芽奠定基础。随着渔业经营体制改革的深化,嵊泗县先后设立股份合作生产单位的法人治理制度、渔业专业合作社、渔业管理服务中心,在绿华合作社试点建立"产销连接、统一运销、集中补给、全程服务、财务规范、有序分配"经营管理模式等,不断规范渔业股份合作制的管理与分配制度,使得渔业股份合作制进一步完善,经营模式的制度构建也为后期蓝碳市场发展营造了良好的股份合作制环境。在水产品加工方面,嵊泗县以初级加工为主,依托渔业生产合作社成立的小型鱼粉加工企业发展经营,水产供销部门和各个乡镇先后兴建了18家冷冻厂、6家水产品罐头厂以及大量个体冷冻厂与合资水产加工企业,加工技术也由土法烘干改为蒸干鱼粉,渔业加工技术得到进一步提升。总体而言,嵊泗县在海洋捕捞、海水养殖以及水产品加工业上得到一定发展,但受限于发展初期可持续发展观念的薄弱、对海洋渔业资源的强依赖性以及科学技术瓶颈等难题,蓝碳资源开发利用效率不高,且蓝碳意识不足。

(二)生态渔业激发蓝碳市场活力

自党的十八大将生态文明建设纳入"五位一体"总体布局以来,嵊泗县积极响应国家战略,将生态文明建设思想深度融入海洋渔业发展,为蓝碳资源挖掘与蓝碳市场探索注入新的活力。

嵊泗县浅海养殖面积自2000年以来持续扩大,2010年全县海水养殖面积达2.68万亩(约1786.67公顷),此后海水养殖面积略有下降但仍保持在2.25万亩(1500公顷)的平均水平。优越的自然地理条件使其海水养殖逐渐形成了以贻贝为主、大黄鱼为辅的养殖结构,逐年递增的海水养殖产量大大提升了蓝碳储备潜力。随着海洋渔业资源的开发与利用、科技工具的更新迭代,发展绿色渔业与低碳渔业成为新时期海洋渔业发展主题,这为蓝碳产业发展开拓了新的市场。嵊泗县在不断探索中逐渐形成了以多元融合、绿色加工为特征的生态渔业养殖模式,全县蓝碳资源家底逐渐殷实,但在应用层面尚未实现转化。

生态渔业养殖为蓝碳市场机制的构建提供了经营基础。嵊泗县大力推进生态渔业发展,采用"养—捕—加"综合融合发展模式,将生态思想融入养殖品种、技术以及渔业管理等各个方面,大大提升了大黄鱼、厚壳贻贝、南美白对虾等优势品种的养殖规模和效益。同时,通过开展贻贝内圈多元混养研究,有计划开展牡蛎、羊栖菜等浅海贝藻类养殖推广工作,提高育苗成功品种的可养性,丰富养殖品种。嵊泗县海洋渔业养捕结构在这一时期发生变化,结合图 5-1 以及海洋渔业产量增速变化情况(见图 5-2)可以看出,海洋渔业形成了"养为主,捕为辅"的产业结构形态,2012—2020 年,海水养殖产量呈波动式上升发展趋势。生态养殖品种的多元化为蓝碳资源的开发与利用提供了基础保障,同时有力提升了渔业经济效益,为蓝碳市场运行机制的构建及碳汇交易机制的设计营造了良好的市场环境。

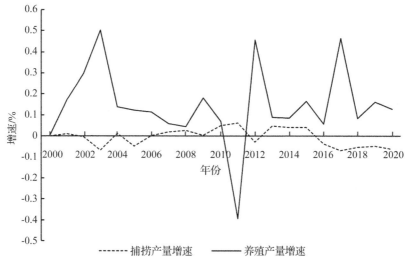

图 5-2　2000—2020 年嵊泗县各类渔业产量增速变化

资料来源:由嵊泗县课题组根据资料绘制。

水产品全产业链生态化建设拓宽蓝碳市场开发渠道。嵊泗县通过生态化、循环化发展模式提升海洋捕捞、水产品加工业附加值。一方面,加强水产品冷链设施建设,减少运输过程中的能源损耗与水产品损耗。依托无人机、活体仓运输快艇等技术手段,打造鲜活品"海—陆—空"三位一体的快递出岛离村模式。建立起水产品鲜活保鲜仓储、智能化高效冷链物流设施,设立嵊山枸杞—泗礁—沈家湾客滚轮专线航班,用于冷冻水产品运输,实现海鲜24小时内直达长三角地区。另一方面,嵊泗县引进低碳排放水产品精深加工技术,通过集中建设嵊泗中心渔港、嵊山一级渔港两大渔港经济区,推进水产品"养殖—加工—运输"的全产业链低碳排放。产业链的延伸以及冷链基础设施的建设不仅保障了蓝碳资源生态价值的体现,更为蓝碳经济价值转化开拓了新路径。

（三）渔业融合开拓蓝碳产业发展潜力

"十四五"时期,嵊泗县积极开展生态产业研究,全力做好蓝碳资源生态价值实现以及经济价值转化的发展规划与产业布局,深入践行"绿水青山就是金山银山"的理念,同时丰富产业业态,将海洋渔业与休闲渔业、海钓业、生态旅游业相结合,推广具有本岛蓝碳文化特色的产业模式。

借力海洋渔业资源规划推出系列蓝碳经济发展项目。通过渔旅融合发展,嵊泗县以海洋渔业为基础资源、低碳旅游为主导模式培育产业发展体系,利用海洋渔业蓝碳资源优势,融合渔旅项目促进蓝碳经济发展。嵊泗县以"三产"带"一产",依托绿华大黄鱼养殖基地和万亩贻贝养殖基地,推进休闲渔业体验基地建设,打造建设集养殖、垂钓、休闲、餐饮、娱乐、靠泊等功能于一体的海上综合性娱乐休闲平台,向高端设施渔业引流游客。"十四五"时期,嵊泗县规划四类品牌渔业建设的重点项目(见表5-7),旨在利用海岛蓝碳资源优势,融入生态养殖理念,通过渔旅融合的产业发展项目全方位、多角度实现蓝碳资源生态价值与经济价值的转化,促进海岛蓝碳经济发展。

表 5-7　嵊山—枸杞蓝海牧岛渔旅融合类重点实施项目

项目类别	项目名称	实施内容	实施期限	总投资/亿元
渔旅融合类	高端民宿聚落	在嵊山岛和枸杞岛建设民宿综合体3家,主题酒店1家	2022年完工	0.75
	国家级海洋牧场	已成功列入第六批国家级海洋牧场示范区,预计建成年产300吨鱼	2022—2025年	0.25
	嵊山国际海钓基地	在嵊山岛打造集海钓运动、游艇游览、度假体验于一体的海钓基地	2022—2024年	未知
	海洋之星渔旅综合体	建成一座旅游与渔业相结合的综合体项目	2022—2025年	5

资料来源:嵊泗县蓝碳经济课题组.嵊泗县蓝碳经济调研报告[R].嵊泗:嵊泗县政策研究中心,嵊泗县发展和改革局,中国能源建设集团浙江省电力设计院有限公司,2022.

蓝碳经济文化进一步渗透渔旅融合产品。嵊泗县将蓝碳理念、渔文化融入产业发展布局,从生态、生产、生活三方面推进蓝碳经济模式的"三生融合"。一是依托蓝碳海洋渔业资源,继续优化做强贻贝养殖基地、海洋牧场。二是将蓝碳文化渗入产品经济形式。结合渔俗文化和市场需求,做大做特"渔"产业。通过加强海鲜商品展销基础设施建设,优化布局渔旅产品集中展示的市场空间,利用水产品集中销售的农贸市场、李柱山交通集散中心等重点枢纽销售市场、景区住宿展示专柜等多点布局,推进蓝碳文创产品及其衍生产品孵化推广;此外,将渔俗节庆与海鲜相融合,打造具有嵊泗县本土特色的地方节庆赛事,开发具有渔文化内涵、区域特色鲜明、渔家风情浓郁的旅游产品。将蓝碳经济发展理念融入东海五渔节、灯塔艺术节等多种形式的节庆民俗活动,通过贻贝等渔产品同工艺美术、低碳行为艺术、贻贝故事文化演艺等艺术思想的结合,开发设计系列蓝碳文创产品,促进蓝碳文创产业发展。三是利用海岛渔村优势延伸蓝碳产业链条。嵊泗县积极发展相关产业链,在运营中以"一岛一韵"民宿群为试点,探索经营"一村一公司、一岛一公司"发展模式,或以"小、散、弱"的民宿抱团先试,统一标识、统一标准、统一经营理念,辅以民宿主不同的人性化生活情怀,以达到统一的经营方式,不同的体验效果。"十四五"期间,嵊泗县将进一步融合蓝碳文化,孵化特色海岛品牌。以引进知名品牌、自行组织节庆活动等方式开拓经营民宿与海钓品牌。通过充分利用嵊泗县海洋海岛特色优势,积极尝试对接近年来国内民宿市场上涌现出的一批客栈品牌,如游多多、童话、宛若故里等,形成品牌效应。同时,组织开展海钓节、海钓嘉年华等节庆活动,策划举办专业钓和休闲钓等国际国内重大赛事,打响嵊泗县"海钓天堂"品牌,也有利于打造嵊泗县海钓名片。将蓝碳文化、渔村渔事与蓝碳资源相融合,通过"嵊泗贻贝节""东海带鱼节""东海梭子蟹节"等文化盛宴和城市品牌活动,带动"东海海鲜、食在嵊泗"的旅游经济,促进蓝碳经济模式的"三生融合"。

第二节　海岛生态渔业长链发展的建设示范

嵊泗县大力挖掘蓝碳资源优势,做活生态养殖与蓝碳经济文章,推行海域三权分置改革,实施试点示范的产业提质增效行动。通过先行先试建构生态养殖与蓝碳经济运行的制度框架,为明晰产权、改造高污染养殖业做好顶层设计,通过试点推行海域三权分置改革进一步为贻贝蓝碳交易试点创造制度与市场条件。

一、生态养殖与蓝碳经济的制度架构

向海洋要潜力、要空间,开发更多层次的海洋经济与更多种类的海水养殖品种,是嵊泗县海洋经济建设的重要组成部分。嵊泗县依托自然资源的丰厚基底大力发展生态养殖,实现了资源的有效开发、集约利用和高值转化。

(一)"生态养殖",一张蓝图绘到底

顶层设计谋划"生态养殖"蓝图,先行先试从产业政策到养殖品种再到种苗优培,"生态养殖"蓝图"早策划"。2006 年,农业部印发《水产养殖业增长方式转变行动实施方案》,水产养殖业的生态供养模式在全国层面掀开帷幕。水产养殖业要从追求数量向数量与质量、效益和生态并重的增长方式转变,全国陆续推进创建一批水产健康养殖示范区。早在 2003 年,农业部颁布的《水产养殖质量安全管理规定》中就已对渔业生态养殖理念做了有关规定,并阐释了"健康养殖"和"生态养殖"的理念,既要求从水产品养殖的环节对水产品质量安全进行保障,明确水产品养殖生产过程中饲料、用药、水质、苗种等都应当符合国家或地方质量要求,更提出产品应具有可追溯性的质量管理重点要求。嵊泗县紧跟时代大潮,贯行一系列生态养殖的发展之策。

第一,着重制度化建设,形成生态养殖发展的体系化方案。2009 年,《舟山市人民政府关于实施"十百千万"工程推进渔业转型升级的意见》发布,嵊泗县多地被列为渔业特色强镇以培育渔业发展领头人,建立生态高效的养殖基地,标志着从嵊泗县地方层面水产养殖业生态化发展的理念逐步落实。2019 年,中央多部门联合出台文件《关于加快推进水产养殖业绿色发展的若干意见》,将改善养殖环境作为水产养殖业绿色发展的重要内容,成为引导今后"生态养殖"发展的纲领性文件。此后,《关于实施渔业发展支持政策推动渔业高质量发展的通知》与《"十四五"全国渔业发展规划》等政策规划陆续出台,"生态养殖"的标准化、制度化建设稳步推进。在嵊泗县"十四五"

规划与2035年远景目标纲要中,生态渔业成为推进嵊泗县海洋经济与碳汇经济建设的重要组成部分。

第二,积极丰富养殖品种,推进海水养殖品种多元化。考虑养殖技术的突破,全县重点推广坛紫菜、鲍鱼、牡蛎、扇贝等养殖技术比较成熟、适宜本地养殖的品种。为促进绿色渔业产业的发展,嵊泗县采用"养—捕—加"综合融合发展模式,旨在提升大黄鱼、厚壳贻贝、南美白对虾等优势品种的养殖规模和效益。同时,通过开展贻贝内圈多元混养研究,有计划开展牡蛎、羊栖菜等浅海贝藻类养殖推广工作,提高育苗成功品种的可养性,丰富养殖品种。海水养殖产品中,贻贝在所有贝类中具有较强的固碳潜力,而有研究显示,蛏子的碳汇能力完全不逊色于前者。① 嵊泗县奉行品种多元化的养殖培育发展理念,不仅有利于提升经济效益,还有利于加强碳汇能力。

第三,改善养殖种苗质量,生态养殖效益与技术提升双丰收。嵊泗县通过改善种苗质量,搭建结构优化、程序健全的生态系统,从而降低养殖过程中的病害发生率,起到对养殖环境的生物修复作用。全县以嵊泗贻贝等独特的主导水产品为中心,着眼于水产种业振兴,在整合县海洋科技研究所基地和县养殖服务中心的"产学研"基地方面做出努力,加强对贻贝种质资源的保护和优良种繁育基地的建设,同时积极对接高校院所,突破厚壳贻贝三倍体繁育技术,增强良种供给能力。

在嵊泗县绘就"生态养殖"蓝图的发展过程中,蓝碳资源进一步得到优化配置,产业生态化进程更为蓝碳经济发展营造了良好的蓝碳市场环境。嵊泗县按照绿色和低碳发展的要求,聚焦推进海洋循环经济的实现,促进产业发展的节能减排和提质增效,以推进传统水产养殖业的生态化变革,实现社会经济效益和生态环境效益的协调统一。

(二)"海岛蓝碳",一种经济展宏图

《"一带一路"建设海上合作设想》②的发布从国家层面明确了国家间共

① 尹钰文,车鉴,魏海峰,等.辽宁省2010—2019年海水养殖贝藻类碳汇能力评估[J].海洋开发与管理,2022(9):17-23.

② 国家发展改革委、国家海洋局联合发布《"一带一路"建设海上合作设想》[EB/OL](2017-06-20)[2023-05-08]. https://www.mnr.gov.cn/dt/hy/201706/t20170620_2333219.html.

同进行海洋和海岸带蓝碳生态系统监测、标准规范制定以及碳汇研究。此后,全国各地就蓝碳经济发展陆续出台了一系列政策文件。舟山市先后发布《国家绿色渔业实验基地建设三年行动计划(2018—2020年)》《高质量打造乡村振兴海岛样板地推进共同富裕示范区先行市建设行动计划(2021—2025年)》等,积极推出支持蓝碳产业的政策,为各县区蓝碳养殖业和蓝碳经济发展提供了政策指导。嵊泗县积极响应国家及省、市方案要求,实施推动"海岛蓝碳"经济发展的一系列政策"组合拳"。

第一,市县两级联合规划,率先部署蓝碳经济。嵊泗县陆续发布了蓝碳经济发展的行动方案。《嵊泗海洋生态建设示范区创建方案》对碳汇渔业、海洋牧场建设提出纲领性指导建议;随后全县实施"五大行动助推乡村振兴",从海水养殖和海岛旅游两大产业对推进"蓝色经济"绿色转型做出行动部署。

第二,创建碳汇渔业示范基地,建设低(零)碳试点单位。嵊泗县自2011年就开始创建碳汇渔业示范基地,以枸杞岛后头湾和干斜两大贝藻套养基地为中心,在200亩(约13公顷)试验田上养殖贻贝的同时套养龙须菜及裙带菜。充分利用海岛蓝碳资源先天优势,成功将花鸟乡、雄洋社区创建为浙江省第一批低(零)碳试点单位,与此同时,花鸟村新增国土绿化造林面积2300亩(约153公顷),充分发挥贻贝固碳潜力并获浙江省首张养殖贻贝碳标签,为蓝碳经济发展注入新的活力。此后嵊泗县积极参与浙江省低(零)碳乡镇(街道)、村(社区)试点,为创造可复制、可操作的基层低(零)碳建设打造了嵊泗样板。

第三,科学布局海钓服务基础设施,大力发展海钓产业。嵊泗县加快推进建设国际海钓基地,以菜园、五龙为核心,在六井潭、边礁岙沙滩等区域打造陆上钓点,推行海钓行业规范化管理,提升海钓产业组织化程度,实行休闲海钓经营准入制。根据不同客户群体,推出生产型、营生型、休闲型、竞技型等不同层次、差异化的海钓产品,争创成为全省海钓规范化管理示范基地。

嵊泗县作为一个拥有广阔海域的海洋大县,正加速构建以海洋碳汇为核心、各类海岛蓝碳经济多元发展的产业体系,这不仅有利于提升海洋碳汇能力,实现可持续开发海洋资源的目标,更有利于将海洋生态优势转化为经济优势,为全县海岛蓝碳经济开辟广阔的发展前景。

(三)"两山银行",一个样板建制度

随着"绿水青山就是金山银山"理念的实践发展,"两山银行"成为生态产品市场化交易的重要服务平台。"两山银行"通过对零散资源的收储、生态产品的整合利用以及对产权的重组流转,推进生态产业化进程,最终实现"存入绿水青山,取出金山银山"的发展目标。作为蓝碳经济价值转化的载体平台,"两山银行"结合商业属性、银行概念融入"分散存入、资源整合、转化提取"的理念。生态养殖实现了蓝碳资源的初级利用,"两山银行"进一步在初级利用的基础上完成了蓝碳经济的价值转化。生态养殖将蓝碳资源产品化为生态资产,蓝碳资源的开发与利用形成了初级生态产品,而生态产品的价值实现奠定了"两山银行"发展的基础,养殖产业发展中形成了完整的生产、交易和流通体系,推进生态养殖的产品化转型。

嵊泗县落实行动方案,创建"两山银行"制度样板,利用贻贝蓝碳资源优势开展贻贝蓝碳交易。深化地方治理贯彻落实蓝碳经济发展行动。嵊泗县在《嵊泗县生态环境保护"十四五"规划》与《新时代美丽嵊泗建设实施纲要(2020—2035年)》中提出,探明嵊泗县贻贝养殖"绿水青山就是金山银山"转化机制,科学评估贻贝养殖碳中和能力和水平。2021年发布的《嵊泗高质量发展建设共同富裕示范区海岛样板县2021—2025年主要目标指标责任分工、重点任务清单、突破性抓手清单、重大改革清单、典型实践案例清单、短板问题清单》中包括了208项任务,明确了对海洋蓝色碳汇能力建设、海水养殖业碳汇发展扶持以及蓝碳交易行动的重要指示;随后在2022年发布的《嵊泗县生态产业高质量发展三年行动计划(2022—2024年)》进一步对全县蓝碳交易、海洋碳汇经济价值挖掘与转化做出了行动指导。

目前,嵊泗县以当地特色贻贝碳汇作为生态交易资源,已经成功开展国内首笔贻贝蓝碳交易,完成了蓝碳意向签约,这为进一步完善蓝碳交易机制、开发蓝碳资源潜力提供了宝贵的实践经验。

二、生态养殖与海域三权分置

国家及省、市各级领导始终关切着嵊泗县渔业经济开发与海洋生态保护两大重任。嵊泗县在贯彻落实"生态立县,以渔稳县"战略的20年里,不

断突破生态养殖发展难题,创新试点"三权分置、二级发包、一证到底"的贻贝养殖改革,以完善的产权体系促进渔业生态养殖产业的高效率开发与生态环境的高质量保护。

（一）亟待破解的生态养殖权益困境

渔业生态资源保护与养殖海域利用的"公地悲剧"矛盾日益凸显。随着人口的增长和渔业技术的不断进步,养殖海域开发几近饱和,渔业补给供需关系矛盾不断显现。为了满足市场需求和提高收益,一些渔民采用大型渔网和捕鱼设备等手段竞相占用他人养殖海域,这直接导致渔业资源急剧减少,不仅破坏了渔业资源的生态平衡,更造成了海域资源的"公地悲剧",资源保护与限制性开发利用管理引发了一系列矛盾与纠纷。当下如何减轻渔业生态环境承载压力,如何在满足渔民养捕合理化基本需求的同时最大限度地优化配置养殖海域空间,强化落实渔业管理政策,优化海域开发利用的产权,是下一步做好海域资源空间管理需要重点解决的问题。

渔业分散的经营结构与渔民利益冲突的发展问题日益加剧。一是传统渔业组织以分散的和小规模的海洋捕捞渔船的股份合作制单位或个体经营户为主,没有公司化运行的渔业企业,捕捞专业合作社也存在名不副实的运行模式。以捕捞为代表的渔业生产规模小,达不到规模化运营所带来的收益效果,并且分散的经营主体难以有效地组织起来进行议价,在市场开拓、电商运营、品牌建设等营销方面难以与规模化经营的企业相比。二是盲目养殖会引起资源的浪费与渔民积极性的下降,在海水养殖方面,组织结构的松散性也极易造成水产养殖种类趋同,经常出现"货到地头烂"的现象。三是传统渔业的生产模式以"捕捞—销售"环节为重心,渔区内的二、三产业相对不发达,缺乏渔区劳动力转向二、三产业就业的机会,收窄了渔民经济收入拓宽发展的渠道。四是囿于海岛渔民产业培训、技能培训方面的发展限制,在就业谋生与收益诉求中易产生利益冲突。

渔业养殖污染损害与恢复补偿的权责机制尚不明晰。养殖业的高污染和高排放问题与权责不明、奖惩机制模糊紧密关联。养殖户对于养殖海域的持续经营理念不足,再加上传统渔业生产观念禁锢,渔业生产经营中常常存在产量低、效益差、病害重等问题,海域生态环境污染、渔业资源修复补偿以及个体担责落实的问题亟待解决。渔民个体散养式的经营用海模式、损害与修复无序式的用海权责管理模式以及污染、损害、修复、补偿模糊式的奖惩机制进一步加重了渔业用海监督管理、制度设计、奖励机制以及对非法捕捞处罚力度等方面问题的严峻程度,制约了渔业的可持续发展。

(二)深化养殖海域"三权分置"改革

明晰权责边界,竖起制度高墙。2020年,面对涉及海域权属问题所引发的多样化争议和产业发展挑战,嵊泗县在反复征求养民(养殖户)和渔村干部建议的基础上,参考了土地"三权分置"的成功经验以及其他地区养殖海域"三权分置"的实践,确定了"三权分置、二级发包、一证到底"的改革方案,并在枸杞乡的养殖海域上推出了用海管理体制改革试点,率先开展贻贝养殖海域的"三权分置"改革实验。

一是乡政府负责组织实施并监督检查。根据县政府的授权委托,按照"统一领导、分级管理"的原则,将所有权、行使权下放至一级发包主体,即嵊泗山海奇观海洋科技开发有限公司,然后再按照面积将养殖用海发包给村集体,使村集体经济组织成为二级发包主体,从而将经营权授予了本村养民(见图5-3)。

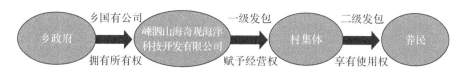

图5-3 嵊泗县养殖海域"三权分置"改革思路

二是养殖用海的承包租金实行分级收费。50%的租金用于支持乡镇的发包和养殖管理,直接由公司拨付给乡镇,剩余的50%则用于加强村集体经济、村公益事业以及发包和养殖管理。

三是"一证到底"原则要求养民签署协议并缴纳租金。此后再颁发"养民证",确认承包权的资格、面积、缴费记录等信息,使养民今后的承包、缴费、养殖船年审管理以及生产成本补贴申报都能在"一证到底"的原则下进行。

四是通过航拍和GPS技术建立了养殖用海的电子"户口册",为依法有序分配和流转养殖用海提供了基础数据支持。这项改革以全新的理念取代了过去"谁先占有谁养殖"的传统思维,特别是将"三权分置"制度作为核心内容,明确了"政府行使所有权,授予村集体用海经营权,保障养民享有承包权"的原则。该制度为确权登记海域资源提供了明确的法治框架,解决了海域无偿使用和界定模糊的根本问题。

因地制宜,落实程序管理。嵊泗县根据《中华人民共和国渔业法》《中华人民共和国海域使用管理法》《浙江省海域使用管理条例》等相关法律条例,制定了《嵊泗县养殖海域管理暂行办法》和《枸杞乡养殖海域使用实施细则》,以法律的力量切实维护养殖渔民的合法权益,促进海水养殖业的健康和可持续发展。在针对性的海域管理和乡镇统筹管理方面,《嵊泗县养殖海域管理暂行办法》和《枸杞乡养殖海域使用实施细则》两项文件规定了组织领导、实施程序和租赁管理等方面的具体要求。在组织领导方面,县水产养殖服务中心被指定为全县养殖海域承包管理的总体协调单位,而县自然资源和规划局、县海洋与渔业局、舟山市生态环境局嵊泗分局以及各有关乡镇也都各负管理职责。在实施程序方面,规定了乡镇国有公司可采用一级发包方式直接将养殖海域租赁给养民,或者采用二级发包方式将其承包给村集体经济组织(在枸杞乡的实际实践中采用了二级发包给村集体的方式)。在租赁管理方面,法规明确传统养殖渔民享有优先租赁的权利,同时规定了租赁权人不得私自进行转租、买卖、继承等行为,还对养民的申请面积、租赁退出机制以及租金收取等细节进行了详细规定。

开展五大行动,稳固收益保障。嵊泗县政府创新性提出"保险支撑、积分管理、违规整治、浮子替代、一证通行"五大举措,助力水产养殖产业有序发展,使得养民收益得到保障。一是搭建保险支撑,在保险宣传和海域承包两方面探索推进改革的实践路径。通过积极宣传养殖保险政策,加强与保险公司的合作,提高了养殖户的保险参与率,同时将养殖保险与海域承包权挂钩,为海域面积确认和养民证制作提供了数据支持,实现了全面的保险覆盖。二是实施积分管理,在养民日常表现方面探索维护渔场秩序的新举措。根据《枸杞乡养殖户积分管理办法》,对养民的日常行为进行积分记录,对不良行为进行扣分记录,对表现优异和有贡献的养民奖励加分。政府与嵊泗农商银行合作,为信用良好的养民提供低利率贷款服务,开辟了贷款绿色通道。三是强化违规整治,在海域权属和摸排建档两方面谋划新发展。联合多部门进行执法整治,对违规养殖桁地进行拆除,并设置浮标以防止外来船只误闯。同时,对确权线范围内但未审批的养殖桁地进行核实,建立了详细的登记档案,实行"一船一档"。四是推进浮子替代,在科技研发和日常管控方面发展新思路。积极推行泡沫浮子替代工程,引导企业加大研发力度,并加强了监管巡逻,规定了奖惩措施,将泡沫浮球替代与养殖户的积分管理挂钩,对完成替代任务的养殖户予以奖励。在监管巡逻方面,注重加强海上日常管控,卡住泡沫浮子入岛渠道。五是坚持一证通行,在数据辅助方面追求新突破。嵊泗县为每位养民颁发了个人专属的养殖证,上面记录了个人信息、养殖面积、租金缴纳记录等信息。这不仅提高了养民的积极性,还为养殖用海提供了数据支持,有效解决了无地理标识的问题。

(三)实力跃升彰显改革成效

2020—2022 年,嵊泗县聚力推行三权分置改革,用海管理与渔业产业发展综合实力跃升,养殖规范化、产权明晰化、用海科学化、海洋生态化这"四化"彰显了蓝碳资源的开发利用与可持续的发展管理之策。

一是养殖规范化。嵊泗县采取有力措施整顿不合规的养殖桁地,对新增养殖船只进行登记,规范养殖行为,将养民纳入标准化体系,明确桁地界线。这一步成功地确保了政府的角色是标准的制定者和规范者,而养民则是标准的参与者和遵守者。二是产权明晰化。协调当前海域使用中的利益冲突,明确政府、集体和个人之间的权责关系,深化三权分置改革,确保养殖海域的公平分配,并建立了有效的利益协调机制。三是用海科学化,利用积分管理办法将"海域使用金"与海域的日常管理、信用贷款利率、养殖桁地保险以及基层社会自治参与等方面挂钩,提高养殖用海的管理水平,推动了养殖户遵守"依法用海,有偿用海"的原则。四是海洋生态化,通过采取浮子替代、整治、回购和升级等一系列措施,成功解决海岸线白色污染问题,保护了海域养殖的生态环境,有效地处理了塑料不易降解且难以回收的问题。

在深化养殖海域"三权分置"改革、贯彻执行"生态立县,以渔稳县"发展战略的阶段,嵊泗县渔民收入、海水养殖产量在改革后迈上新台阶。在2010—2019 年改革前,嵊泗县渔民人均可支配收入保持上升态势,但整体呈缓步上升趋势,与同年城镇居民收入相比仍存在差距;而在 2020 年"三权分置"改革实施后,渔民人均可支配收入迈上了新台阶,并保持较高水平的增长态势(见图5-4)。伴随着渔业改革振兴工作的稳步推进和全产业链贻贝的提质升级,现代绿色渔业基础设施建设全面铺展,嵊泗县海水养殖产量和渔业总产值也得到了迅速提升,渔业生态养殖经济效益明显(见图5-5)。

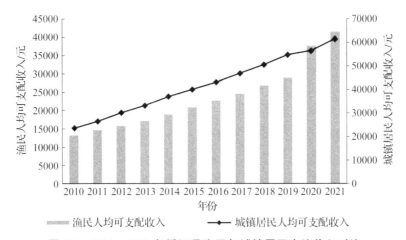

图 5-4　2010—2021 年嵊泗县渔民与城镇居民人均收入对比

资料来源:2021 年嵊泗统计年鉴[EB/OL].(2023-05-15)[2023-08-06]. https://www.shengsi.gov.cn/art/2023/5/15/art_1229324959_3805920.html.

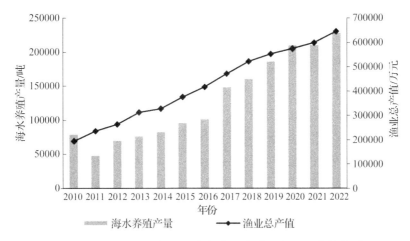

图 5-5　2010—2022 年嵊泗海水养殖产量和渔业总产值统计

资料来源:由嵊泗县课题组根据资料绘制。

三、蓝碳试点示范的实践基地

嵊泗县的蓝碳资源,尤其是贻贝蓝碳极具优势,可持续发展潜力大。2023 年 7 月,舟山市首笔海洋碳汇项目交易意向签约,标志着嵊泗县成功迈出生态产品价值实现的关键一步,为嵊泗县将绿水青山转化为金山银山,进一步建设蓝碳交易市场化体系、实施"两山银行"交易制度提供重要的实践支撑。

(一)开展海岛生态系统生产总值核算工作试点探索

2022 年,嵊泗县对接高校院所,就海岛生态系统生产总值(GEP)核算工作开展了先行先试的初次探索。自 2020 年 9 月浙江省地方标准《生态系统生产总值(GEP)核算技术规范陆域生态系统》发布以来,针对年度 GEP 核算报告、生态产品价值实现实施方案等一系列成果形式在内的核算版本编制工作在全省展开摸索式推行。嵊泗县初次探索以局部试点为核心,旨在针对局部海域生态范围内,通过 GEP 核算、生态产品功能量核算、功能量价值转化与定价核算以及质量控制核算等一系列技术方法,建构嵊泗县试点区内反映海域自然生态特点的指标体系。

2023 年,随着舟山市试点蓝碳工作机制的推进,嵊泗县完善全域海岛的 GEP 核算工作以推进蓝碳工作机制运行变得尤为重要。针对海域生态系统生产总值(GEP)核算体系不完整、供需双向运营机制不明确、政府碳汇补贴不清晰的问题,嵊泗县积极探索摸清嵊泗蓝碳资源与潜力家底、构建供需双向运营机制、建立渔业碳汇补贴机制的工作,筹划 2023 年度全县 GEP 核算工作以构建基于本地蓝碳潜力的运营机制。现阶段,嵊泗县乃至国内对于 GEP 的核算体系尚不完整,在推行蓝碳资源生态价值核算、蓝碳经济价值转化、"绿水青山就是金山银山"转化效果评估等方面建设时将成为生态产品价值量、功能量、定价评估上的难点与堵点,故而优化 GEP 核算步骤、生态产品功能量核算方法、生态产品功能量定价方案、生态产品价值量核算方法、核算质量控制以及核算成果汇总等技术步骤,构建一套充分反映海域自然生态特点的指标体系尤为重要,特别需要重点分析对本地固碳效果产生影响的因素,如贝类养殖方式和养殖环境,以确保数据的准确性和可靠性,并因地制宜地构建系统的计量体系。基于之前的生态产品调查数据,要全面了解碳汇资源的数量、质量等基本信息,明确资源的产权归属,评估开发蓝碳资源的成本与效益,还要确定适用于嵊泗县蓝碳交易的资源种类。

(二)国内首个贻贝蓝碳交易签约

在浙江省、舟山市和嵊泗县三级政府的共同推动下,嵊泗县成功在 2023

年 7 月完成了舟山市首笔海洋碳汇项目的交易意向签约。该项目由政府主导,与律师事务所和浙江省经济信息中心等合作开展。该次海洋碳汇交易的买卖方分别是以市县机关事务管理中心为代表的政府购买方、以浙江浙能中煤舟山煤电有限责任公司为代表的企业购买方,以及卖方嵊泗山海奇观海洋科技开发有限公司。该项以贻贝碳汇为核心交易的项目内容直接涉及 2.23 万亩(约 1486.67 公顷)贻贝养殖面积和 518 户贻贝养殖渔民,成为国内首次签署贻贝碳汇意向交易协议的大规模交易活动,这同时标志着嵊泗县蓝碳交易市场化建设迈出了关键一步。

该次交易以贻贝蓝碳作为标的物,以先行先试的"小步迈进"取代"大步跃进"。目前,全国范围内还没有确立海洋碳汇量计算的标准方法,这也加大了确定交易量和定价款的难度,成为制约此类海洋碳汇交易大规模开展的一个重要因素。故而该次嵊泗贻贝蓝碳交易协议采用了约定交易总金额的方式进行意向签约,以规避碳汇开发过程中的不确定性。此外,为确保合同的稳定性,协议达成了相对保守的购买量,并根据签署日前几个交易日碳市场收盘价的平均值来确定交易单价。今后,嵊泗县生态环境局等相关部门将依据自然资源部于 2021 年发布的《养殖大型藻类和双壳贝类碳汇计量方法:碳储量变化法》行业标准,测算项目所涉贻贝的固碳量。这一步骤旨在进一步发展碳汇核算技术与方法体系,为嵊泗县蓝碳经济建设贡献力量。

(三)蓝碳经济发展显"合效"

经济效益提升。贻贝蓝碳交易发挥了展现蓝碳资源潜力、吸引投资的经济效益。对于政府购买方而言,积极参与蓝碳意向签约是地方政府践行"双碳"承诺的具体体现,也为零碳机关提供了实现碳中和的蓝色途径。而对于企业购买方来说,这不仅是实现"双碳"目标的切实行动,还能够以有利的价格提前锁定所需的碳汇资源。对于养殖户而言,蓝碳交易也为其提供额外的创收途径,助力共同富裕的实现。由此,达成蓝碳交易有助于建设一个完善的生态市场,进而实现蓝碳资源的资本化转型,从而为蓝碳资源拓宽融资渠道,吸引更多私人投资,还可以为相关产业的发展提供有力支持。

生态效益提升。蓝碳交易提高了渔民养殖贻贝的积极性,发挥了保护沿岸和海洋生态、维护海洋蓝碳的生态效益。一方面,蓝碳生态系统扮演着多重角色,包括支持性、供给性、调节性和文化性等,特别是滨海蓝碳系统,它在减缓洪水、潮汐影响方面发挥了重要作用,同时也增强了海岸的复原能力,使其更能适应不断变化的气候条件。开发贻贝蓝碳交易能够减少对于沿海生物栖息地的破坏,有助于提升生物多样性,为生态平衡做出积极贡献。另一方面,贻贝自身能够创造大量海洋碳汇,将蓝碳进行市场化运作有助于提升渔民养殖碳汇的经济效益,进而鼓励渔民提升碳汇养殖量,为嵊泗提升碳汇总量、实现"双碳"目标做出贡献。

第三节　枸杞岛海洋大牧场案例与启示

嵊泗县通过深化国家级海洋牧场示范区建设,不断加强海洋生物增殖放流和人工鱼礁建设,维护海洋生物繁殖地、洄游通道等生态功能区,稳定渔业生物资源的数量和多样性,实现了海洋资源的有序开发与利用及生态效益和经济效益的协调发展。全县拥有马鞍列岛和东库黄礁两个国家级海洋牧场示范区,马鞍列岛中的枸杞岛海洋牧场作为嵊泗县的第二大海洋牧场,占据整个海洋牧场面积的1/3以上,被誉为"海上牧场"和"天然鱼库",同时被农业农村部划定为一类贝类生产区,更是嵊泗县作为"中国贻贝之乡"的主要产区。深度剖析枸杞岛海洋大牧场的建设历程对推动海洋牧场建设提质升级,从而改善近海渔业生态环境、保护蓝碳渔业资源、促进蓝碳经济结构调整与长效发展具有重要意义。

一、枸杞岛海洋大牧场发展基础与特征

枸杞岛以贻贝为代表的生态养殖业逐步发展成集苗种生产、数字管控、精深加工、废弃物综合利用和商贸等于一体的产业集群。庞大的资源蕴藏量,以及在全国具有领先优势的厚壳贻贝工厂化全人工苗种繁育和海区高效保苗关键技术,为枸杞岛海洋大牧场建设与发展提供了重要支撑。

(一)从资源优势挖掘到牧场设施建设

枸杞岛位于马鞍列岛海洋牧场示范区东南部,是一个常规性海洋牧场,其海域面积占马鞍列岛海洋牧场海域总面积的约1/3,在嵊泗县现代化海洋牧场建设中具有举足轻重的地位。全岛拥有适宜的海域环境,水流清澈、水质优良、流速适中,适宜海洋生物生存繁殖,并且枸杞岛海域水深总体较浅,

有利于水体营养物质循环,促进浮游生物等初级生产者繁殖,同时也有利于渔具作业。这种先天的生物资源储量优势以及后期发展中宝贵的贝藻类养殖技术与经验使得枸杞岛海洋大牧场在建设发展中形成不同于传统的"一种高效养殖模式"的牧场建设认知,成为海洋牧场生态价值与社会价值协同发展的蓝海建设项目。

在枸杞岛海洋大牧场建设初期,优良的海域水体环境、丰富的海洋生物资源以及高效的海水养殖经验为海洋大牧场建设创造了得天独厚的基础优势。2010 年,马鞍列岛海洋牧场示范区开展一期工程建设(见表5-8),在枸杞马鞍山周围海域投放藻礁构成 2 座单位藻礁,形成礁区面积800 亩(约53公顷)。自 2011 年以来,在全县碳汇渔业创建示范基地的号召行动中,枸杞岛开始筹划基础设施和养殖基地的建设,枸杞岛后头湾村和干斜码头分别创建了贝藻套养基地,在 200 亩试验面积的基础上实现了人工贻贝养殖和龙须菜、裙带菜的套养。2012 年,马鞍列岛海洋特别保护区开展大型海藻场建设项目,将枸杞乡后头湾1000 亩(约67 公顷)的贻贝养殖区改造成大型海藻场,通过移植海带、龙须菜等大型海藻,来达到有效修复海洋生态环境的目的。2013 年,马鞍列岛海洋牧场示范区开展了二期工程建设(见表5-8);2015 年,马鞍列岛海域成为国家级海洋牧场示范区。

表5-8 2004—2019 年嵊泗县马鞍列岛海洋牧场建设情况总结

时间段	名称	资金/万元		鱼礁类型	数量/万空方	海藻场和海草床面积/公顷
		中央	地方			
2004—2007 年	人工鱼礁一期工程	1018	—	养护礁	5.8	—
2010—2011 年	马鞍列岛海洋牧场示范区一期工程	400	200	养护礁	2.8	2
2013—2014 年	马鞍列岛海洋牧场示范区二期工程	700	50	养护礁	3	3
2016—2019 年	马鞍列岛三横山国家级海洋牧场建设项目	3250	—	养护礁	4.875	25
合计		5368	250	—	16.475	30

区域性海域牧场的建设、枸杞岛海域的资源整合及其基础设施投建标志着枸杞岛海域的鱼、虾、贝、藻等生态养殖打开了新格局,资源丰裕度和海

底物质富饶度的提升也为枸杞岛海洋大牧场建设提供了坚实保障。

(二)从人工鱼礁布局到资源保护修复

2016 年,嵊泗县持续推进马鞍列岛三横山国家级海洋牧场建设项目,在包括枸杞岛在内的周边海域投放人工鱼礁、藻礁,在原有礁区的基础上完成扩建并形成了枸杞、嵊山 2 个新礁区。根据《嵊泗县马鞍列岛海洋牧场建设规划(2015—2025 年)》,枸杞岛海洋牧场建设利用贻贝浮筏生态养殖、增殖放流、深水网箱生态养殖等系列技术手段重点建设海洋牧场管理区。2018 年"蓝色海湾"建设项目的推行,再次提高了枸杞海洋牧场建设保护生态资源以及修复岸线的能力,其中包括 2.5 公里海岸线的修复和 1.7 平方公里蓝色海湾的整治。自 2020 年以来,"退养还海"和"泡沫浮球替代"两大工程的实施,养殖海域"三权分置"改革的创新举措促使枸杞岛海洋大牧场的建设迈向了养殖标准化、区域布局科学化、生态养殖规模化的高能级发展道路。

2020 年底,嵊泗县海洋牧场工程通过一系列人工鱼礁投建、增殖放流管理,形成了枸杞、东库山、三横山、嵊山四个人工鱼礁区,枸杞海洋牧场的建设遏制了蓝碳渔业资源衰退的势头,不断激活海域生物资源活力,减轻了生态资源修复压力,进一步提高了渔业资源的丰裕度,通过增殖放流投放的厚壳贻贝、石斑鱼、大黄鱼、乌贼等幼苗丰富了海底生物种类与蓝碳资源储量,达到了生态资源养护与海底生物修复的效果。

(三)从牧场生态养殖到数字化赋能

枸杞岛海洋牧场采用人工培育、增殖和放流的方法,将驯化后的生物种苗投放入海,利用海洋中的微生物饵料和微量投饵来养育,同时应用先进的鱼群控制技术和环境监测技术实现了数字化建设与管理。自 2021 年以来,枸杞岛海洋牧场已从智慧养殖 1.0 版本升级到智慧养殖 2.0 版本,海洋渔业资源储量、幼苗选种培育成效以及数字化养殖管理效率得到了稳步提升。

多措并举、数字化赋能,枸杞岛海洋大牧场融合科技发展资源节约型与环境友好型海洋渔业。一方面,通过渔具技术提高了海域资源基本储量,全县鼓励发展流刺网、笼捕等生态资源友好型渔具渔法,逐步取缔帆张网、底层拖网等资源破坏型作业方式,渔业生物资源量、生物种群日益丰富。滩涂养殖、近海采捕和人工繁殖为枸杞岛海洋大牧场建设搭建了丰富的海底生物层次与种群结构,维持了海域生态系统的完善与平衡,支撑了单一鱼类种群人工培育后的海域生态。另一方面,数字渔业建设的稳步推进为牧场资源开发与利用、生态养护与修复以及种苗产业发展与选种培育提供了新发展动能。渔业综合数据库、北斗卫星宽带通信网、海上安全生产预警网、智慧渔港网和渔船安全"精密智控"平台的建设使大数据、渔港智慧渔业应用管理能力得到持续不断的提升。利用声学和光学等生物特征进行科学的环境监测管理,不仅促进了海洋渔业资源的增加和结构的改善,更通过产业数字化服务平台的搭建全面优化枸杞岛海洋大牧场建设,有力推动了牧场建设的高水平管理、高效能生态保护、高质量蓝碳经济发展。

二、枸杞岛海洋大牧场建设进展与成效

枸杞岛海洋大牧场作为嵊泗县海洋牧场建设的典范,不仅通过"人工鱼礁"、"增殖放流"、科技加持等方式恢复渔业资源,实现了生态资源养护与环境保护的生态效益,而且刺激了全产业链的市场发展需求,充分体现了生态资源价值及其经济价值的转化,实现了生态、生产、生活"三生融合"发展的经济效益。

(一)资源丰裕度再提高

"人工鱼礁"投建提高了渔业资源的生态养护水平。枸杞岛海洋大牧场通过人工布置海底构造,改善了海域生态环境,为鱼、贝、藻等海洋生物提供繁衍、成长、觅食和庇护的场地。借助人工鱼礁,可以通过巧妙的构造设计和表面处理,扩大附着生物的附着面积和栖息环境,从而吸引初级消费者如小鱼等在此处聚集,形成食物链的起始环节。利用海底环境架构同时聚集了生物群落和提高了资源储备量,各种往返迁徙的鱼类及其他经济生物亦会因此处的丰富食物而停留和聚集,由此产生的孔隙和洞穴,可为底栖鱼类、贝类、甲壳类等提供理想的栖息和避敌场所。此外,人工鱼礁有助于促进浮游生物的繁殖,减轻海洋污染,以及制止破坏性的拖网等捕捞行为。枸杞岛海洋大牧场通过人工鱼礁建设工程和人工藻场的建设,有效改善了鱼类的栖息地和海洋生态环境,不仅遏制了生态环境的退化趋势和海洋生物多样性的下降,还使得海域的渔业资源得以有效恢复,实现了对渔业资源的可持续利用。

增殖放流恢复并增加了海底资源量。枸杞岛海洋大牧场定期增殖放流有效恢复了海洋生物种群数量,通过向特定水域投放鱼、虾、蟹和贝类亲体,以及人工繁育的种苗,促进了海洋渔业资源的恢复,实现了渔业的可持续发展。枸杞岛海洋大牧场进一步加强了增殖放流海域生态系统的优化和管理,通过科学的方法选择适合进行放流的品种和数量,建立了合适的增殖放流技术管理模式。尤其是在增殖放流方面,通过重点加强岩礁性鱼类如褐菖鲉和褐牙鲆的选育和种苗生产,完善了亲体选育和种苗培育体系,满足了保护区增殖放流的种苗需求,有序推进了规模化的增殖放流活动。在增殖放流渔业的品种选择上,重点推进了恋礁型品种如黑鲷、真鲷的增殖放流,以及本地特色贝类如小刀蛏、等边浅蛤的放流,由此形成了独特的主导品种,在传统作业区域着重进行了海蜇、曼氏无针乌贼等品种的增殖放流,双向加快促进资源的恢复、生物层次的叠加以及资源储量的提高。

(二)选种育苗质量再提高

科技加持强化了产品质量管理效能。融合科技设备进行的监测管制成功保护了枸杞岛海洋大牧场内生物种群的存活环境,提高了产品养殖培育的产出效能与质量安全水平。沿海岸线发展的工业企业容易产生排放污染物的现象,且临近航道常常伴有船只溢油的风险。枸杞岛海洋大牧场在建设过程中利用综合海洋环境监测设备,及时了解海洋牧场海域的水质、海流等物理要素的动态变化,能根据动态的监测情况第一时间采取管制措施以减少突发紧急事件造成的危害损失,控制并解决产品质量安全可能存在的潜在威胁。

全产业链数字化管理提高了选种育苗质量。枸杞岛拥有成熟的贻贝养殖产业发展体系,随着嵊泗县"数字渔场"管理模式的深入探索,已成功将智慧养殖平台升级到 2.0 版本,通过落实"监管""服务"两大功能实现了贻贝养殖产业数字化升级,大大提高了种苗选种、养殖培育的存活率、生产效率和苗种质量。枸杞岛"海上牧场"数字化管理平台依托一个产业大数据库,运行一个数字驾驶舱,实现了养殖、加工、销售和流通四大场景的交互监管,充分发挥客户端软件多功能应用,利用"嵊渔通"数字平台快捷、便利地为养殖户提供了科学化、场景化、实时化以及个性化的养殖监管与服务。科技和数字化贯通的全产业链运作流程解决了过去养殖区域管理粗放、养殖船只监管困难以及无序扩张导致产品质量下降等问题,全方位增强了贻贝养殖智能决策和精准管控,另有"浙农码""浙食链"的系统化管理,成功搭建了全链条产品溯源体系,提高了产品质量和生产效能。

（三）生态经济转型再升级

生态养护项目与精深加工产业建设增强了产业经济韧性。枸杞岛海洋大牧场推行"捕捞生态化,养殖业高端化,资源利用永续化"的生态渔场建设,高度重视资源保护,立足本海域的生态环境承载能力,发展为捕捞和养殖功能兼具的海上牧场,合理安排渔业开发时序、重点、方式和规模,提升海洋生态系统的服务功能。通过实施减量增收,推行兼养轮养,坚持合理疏养,结合人工鱼礁建设与鱼类增殖放流,将其发展成集栖息地改造、渔业资源增殖放流和鱼类行为控制于一体的试验性海洋牧场;通过引进深远海养殖等高科技项目,积极拓展牡蛎、羊栖菜等浅海贝藻类养殖"短平快"项目,逐步实现养殖品种多元化、养殖区域深远化,构建成高效、优质、生态的现代水产养殖体系。此外,在水产品加工与水产品品牌领域的探索更是提高了贻贝养殖附加值,提高了产业经济发展的韧性。一方面,推进水产品加工下游领域的精深加工,通过规范建设集育苗、养殖、加工、旅游等于一体的综合产业园区,提升了贻贝精深化和智能化加工水平。引导贻贝加工企业积极探索贻贝产业高附加值领域,不断提高科技含量和加工水平,逐步实现由初级加工向精、深、细加工转型升级。当前,嵊泗县正在积极推进厚壳贻贝种质资源场的第二阶段建设工作,计划打造一个占地3万亩(2000公顷)的贻贝生态养殖基地,其中的一部分用于枸杞—嵊山地区,用以建设现代化的大黄鱼养殖基地。这一举措将有力地促进当地水产养殖业的可持续发展。另一方面,全县专注于水产品品牌建立。通过大力推动新产品研发上市,成功研发了全肉贻贝、即食蒜泥贻贝、即食麻辣贻贝、罐装卤贻贝、贻贝丸等新产品,打造了"东海夫人"等特色品牌。同时,发展贻贝加工产业化项目,鼓励企业开发餐桌食品和休闲方便食品,探索贻贝黏蛋白、贻贝多糖等精深加工技术,大大提高了贻贝附加值。

渔旅融合的多元发展格局推动了经济再上新台阶。枸杞岛海洋大牧场建设进一步发挥牧场生态环境与生物资源优势,基于生态旅游理念结合产业融合模式促进了经济发展。首先,通过整合枸杞海洋牧场及沿岸周边区域的各种资源,实现了海洋牧场从单一化养殖基地向集观光、休闲、养殖、净化等多功能于一体的综合型海洋牧场发展。例如,实施"养殖＋加工＋旅游"融合发展模式,通过开发打造贻贝产业协同创新中心、海洋邻里中心、贻贝加工观光体验馆等主题中心和研学游基地,举办枸杞贻贝文化节、东崖贻贝论坛等活动,有力提升了生态经济效益。其次,全县建设枸杞岛直播中心,搭建"两微一抖"网络直播平台,邀请"渔嫂"不定期开展贻贝产品直播销售,提高融媒体经济发展中产品的专业化、品质化水平,拓宽了经济发展市场。再次,借助水下监控系统、无人机拍摄等手段,开展贻贝网上认养,吸引更多游客,带动海岛旅游消费和贻贝产品购买,进一步促进贻贝产业和旅游产业的融合。最后,推出贻贝养殖科普、精深加工观光、贻贝系列菜品尝鲜游等体验式产品以及渔家乐、海上观光、贻贝认养采摘等"贻贝＋"延伸服务,形成综合服务功能强、宜居宜业的蓝海牧岛乡村产业综合体。

枸杞岛海洋大牧场建设坚持陆海统筹、生态为先、创新引领,多元融合发展。通过进一步完善海洋牧场的岸基配套设施,加大科技创新力度,提升了科技支撑能力,同时以市场需求为导向,以创新引领产业结构优化升级代替依赖要素投入的行业增长模式,注重全产业链、全服务链打造,有效促进了海洋渔业同二、三产业的深度融合,实现了经济、社会与生态效益的协调发展。

三、枸杞岛海洋大牧场实践经验与启示

枸杞岛海洋大牧场建设促进了本岛生态效益、经济效益以及社会效益的协同发展,其对嵊泗县全域生态资源养护、蓝碳资源挖掘、生态经济价值转化以及推动蓝碳经济大发展具有重要影响。总结枸杞岛海洋大牧场建设过程中的实践经验与启示,为海洋牧场建设、渔业可持续发展以及蓝碳经济探索提供了有益的借鉴和有价值的参考。

(一)规划先行,目标明确

枸杞岛海洋大牧场在建设过程中通过整合政府、企业和科研机构的研究力量,制定科学论证、有效的建设规划,并确保严格执行。一是制定了蓝碳资源开发利用的统筹规划,这需要在完善海岛渔业资源、可发展蓝碳资源调查核算的基础上做好全域蓝碳资源的调查研究,通过清单列出蓝碳资源

生态价值转化过程中现存的基底优势、潜在能力以及可能面临的开发困境。二是落实权责明晰的养殖海域"三权分置"改革,加强对选址、布局、可行性等关键领域的审查与评估。在海洋牧场建设中清晰定位发展问题,针对海域管理产权问题创新"三权分置"改革举措,有针对性、引领性、创新性地解决发展问题;及时掌控、管理、调整项目进度,通过具有针对性的海洋牧场建设指导方案、管理实施办法等指导性文件落实行动举措。三是建立透明的项目评估和反馈机制。政府在海洋牧场建设中实施更为主动的实时控制管理有利于确保项目按计划顺利进行,更有利于鼓励社会各界监督和参与,确保项目建设推进的高效性和可持续性。

(二)多元参与,协作开发

枸杞岛海洋大牧场的开发建设强调生态修复功能,再凸显经济转化价值,将生态和社会属性置于经济效益之前,在建设中注重多元主体合作,通过积极拉引利益相关者,鼓励各方相互合作、协调共进,生态效益、社会效益以及经济效益日益提升。一是整合相关产业发展资源,包括人、财、物在内的多方资源,为下一步推进探索蓝碳市场化交易体系奠定基础。在蓝碳资源开发和海洋牧场建设中,嵊泗县政府全力推进与企业、高校科研院所的合作,包括海岛生态系统生产总值(GEP)核算工作、《嵊泗县贻贝养殖行业清洗水生态循环利用方案》[①]等在内,落实了多项行动举措。嵊泗县设立了一个跨部门的工作组,专门负责蓝碳资源的统筹规划和管理,依托科研机构的专业知识,制定出科学有效的建设规划,这将为海岛蓝碳市场化交易体系奠定坚实基础。二是引入社会资本,鼓励有投资意愿的渔民和中小型渔业养殖企业融资,拓宽了资源开发利用与经济建设中的合作渠道。三是加速培育海洋牧场领军企业,以"试点先行""先富带后富"的发展理念,借力领军企业产生的规模效应发挥试点示范作用,进一步推动海洋产业的组织化发展,带动周边海域中小型海洋牧场建设。四是积极推动生态养护、蓝碳经济价值的教育和宣传活动,提高居民、企业的环保意识与蓝碳资源挖潜提效意

---

① 舟山市生态环境局嵊泗分局.聚焦"无废"嵊泗全身心打造贻贝无废产业链[EB/OL].(2022-08-10)[2023-08-06].https://www.shengsi.gov.cn/art/2022/8/10/art_1229498226_59030056.html.

识,提高对蓝碳渔业资源保护和可持续开发利用的重视程度,进一步促使居民更积极地参与到蓝碳资源保护与利用的发展行动中。

（三）平台搭建,科技创新

枸杞岛海洋大牧场通过搭建数字化管理平台,创新传统生产工具与现代化机械设备的融合建设,高效推动了养殖渔业的科技应用,提升了高质量管理水平与蓝碳经济发展潜力。一是借力产学研技术平台,凝聚先进技术型企业、高校科研院所的科技力量。通过加大科研投入,开展一系列有关理论与实证的系统化研究,如人工鱼礁建设技术、渔场形成机制、声光电驯化技术、鱼礁效果评价技术、增殖型鱼礁区防种质退化技术、智能监控技术等,切实解决有针对性、有实践意义的现实发展难题,为蓝碳渔业资源的可持续发展提供有力的学研支撑。二是数字化赋能海洋牧场的生态管理,搭建"数字渔场"智慧管理平台。利用产业发展基础优势,将贻贝产业链做大做强,通过技术加持、智慧管理、场景互动以及探索多功能小程序、客户端软件的开发及应用,为产业发展注入科技活力。三是多措并举实施建设工程,最大限度发挥牧场生态价值、提高资源修复效率、挖掘经济发展潜力。通过开展项目建设的专项研究,解决发展中损害生态、存在安全隐患、产业发展迟滞的难题。就投资机制和管理机制而言,通过制定科学合理的管理策略,优化资源配置,实现生态型海洋牧场的高效运营,促进蓝碳资源的生态养护、海域环境的持续改善以及经济价值的高效率转化。

第六章 "生态立县"先行探索：
风光"零碳岛"、海能新经济

蓝色海洋是嵊泗县经济社会发展的重要战略空间,为嵊泗县提供了丰沛的海洋能资源。海洋能产业作为战略性新兴产业和绿色环保产业,是实现海岛能源结构转变的重要依托,更是嵊泗县海洋经济高质量发展中的重要一环。30余年来,嵊泗县探索海洋能开发利用的步伐从未停止,不仅向海要空间,更向海要潜力,对海岛海域海能综合开发利用进行了诸多实践探索,有效解决了海岛供能的土地瓶颈,提供了可复制、可推广的海域资源集约生态化开发之路,开启了嵊泗县海洋生态能源生产、利用以及海陆输配用统筹的新经济体系。

第一节　海洋能资源禀赋与新能源产业发展历程

嵊泗县是东海域内海洋能源种类最多、储量最丰富、综合密度最高的全域海岛县,具备广阔的开发前景。为更好地将海洋资源优势转化为海岛产业优势、经济优势,嵊泗县始终争当海洋能开发利用的"探路者""排头兵""弄潮儿",从渔火稀疏、星灯难辨的悬水小岛到百万千瓦海洋能源综合利用基地,嵊泗县进行了长达30余年的曲折探索,克服了诸多限制因素和发展瓶颈,谱写了海洋能源综合利用驱动海岛高质量发展的新篇章。

一、嵊泗县海洋能资源禀赋

（一）海上风能

浙江省海域面积和海岸线长度均居全国前列,地域优势明显,海风资源丰富,集中分布在东部沿海、沿岸地区。

嵊泗县位于浙江省风能资源集中区域,区位优势显著。全县95%以上的区域均为风能资源丰富区[①]。受东亚季风控制,每年9月到次年3月盛行偏北风,6月到8月盛行偏南风。年平均风速为7.1m/s,最大风速达57m/s,平均风力5级,风浪3级。年平均大风日147天(平均风力>6级或阵风>7级)。年平均有效风时,泗礁为7710h,嵊山为7917h。年有效风能,泗礁为2522.3 kW,嵊山为3379.4kW。全岛年平均有效风时频率分别达88%和90%(见表6-1),年平均风能密度达0.427kW/m²(见表6-2)。

表6-1　嵊泗县累年各月平均有效风时频率

站名	项目	1月	2月	3月	4月	5月	6月	7月	8月	9月	10月	11月	12月	全年
泗礁	时数/h	670	633	661	636	640	602	645	650	610	658	639	666	7710
	频率/%	90	93	89	88	86	84	87	87	85	88	89	89	88
嵊山	时数/h	688	642	668	649	664	634	682	665	633	668	648	676	7917
	频率/%	92	94	91	90	89	88	92	89	88	90	90	91	90

资料来源:舟山市气象局。

表6-2　嵊泗县累年各月有效风能及风能密度

站名	项目	1月	2月	3月	4月	5月	6月	7月	8月	9月	10月	11月	12月	全年
泗礁	风能/kW	233.8	180.9	210.3	240.3	253.6	167.0	181.9	211.7	188.5	205.3	242.0	207.4	2522.3
	密度/(kW/m²)	0.349	0.286	0.318	0.378	0.396	0.277	0.282	0.326	0.309	0.312	0.379	0.311	0.327
嵊山	风能/kW	316.2	278.9	281.4	320.7	314.2	230.0	332.6	247.7	218.0	241.9	296.8	304.6	3379.4
	密度/(kW/m²)	0.454	0.434	0.421	0.494	0.473	0.363	0.488	0.372	0.344	0.362	0.458	0.451	0.427

资料来源:舟山市气象局。

嵊泗县海上有效风能月季变化平稳,离散程度较小,波动性较低。风能资源集中分布于10月至次年4月,根据月平均有效风能及绝对平均差数据可测算出嵊泗县有效风能相对变率。嵊山和泗礁两地的有效风能相对变率仅为10%(见表6-3),海上风能资源十分集中、稳定。

---

　　① 年有效风功率密度大于200W/m²,年有效风时大于5000h,有效风时频率在60%—80%,年平均风速大于6m/s的区域为风能丰富区。

表6-3 嵊泗县有效风能相对变率

站名	平均有效风能 w/kW	绝对平均差 da	相对变率 dr/%	较差值
泗礁	210.2	21.7	10	86.6
嵊山	281.6	29.5	10	114.6

注:经有效风能相对变率公式核算得出。绝对平均差公式为:$da = \sum_{i=1}^{n} | w_i - w |$,$w$ 为月平均有效风能,相对变率:$dr = \dfrac{da}{w} \times 100\%$。

(二)海上、海岛太阳能

浙江省太阳能资源区域性差异较大。受地形因素影响,浙中北及浙东南等山地区域太阳能资源相对匮乏,而舟山、宁波东部、嘉兴东部等海岛地区太阳能资源较为丰富。舟山市年平均日照时数和年平均辐射量分别达1740.7h 和5086MJ/m²,位列全省第一、第二,而嵊泗县年均日照时数更是超出舟山市年均值12 个百分点,海上太阳能资源优势显著。

嵊泗县全年光照充足(见表6-4),海上太阳能资源相对丰富。全县大部分区域海拔较低,海域面积十分广阔,可直接收获优质的海上太阳能资源:嵊山的年均日照时数为1652.0—2289.2h,泗礁为1761.5—2361.4h;嵊山的年均日照率为44%,泗礁为47%;太阳能年均辐射量为1259.8—1430.8 kW·h/m²,处于Ⅱ、Ⅲ类分区(见表6-5),太阳能资源较为丰富。

表6-4 嵊泗县平均光照辐射情况

站名	项目	1月	2月	3月	4月	5月	6月	7月	8月	9月	10月	11月	12月
嵊泗	光照辐射/(kW·h/m²)	55.9	58.9	98.2	120.9	138.6	119.9	153.7	143.6	120.4	102.9	66.8	61.7
	漫反射损失/(kW·h/m²)	36.9	45.3	69	82.6	96.4	90.5	90.6	92	69.3	64.7	41.7	41.5
	有效光照率/%	34.0	23.1	29.7	31.7	30.4	24.5	41.1	35.9	42.4	37.1	37.6	32.7
	温度/℃	5.8	6.5	9.8	14	18.8	22.3	27.5	27.7	24.2	20	14.7	8.7

资料来源:嵊泗县可再生能源课题组.关于实现海岛可再生能源综合开发利用的研究[R].嵊泗:嵊泗县发展和改革局,2022.

表6-5　太阳能资源丰富程度等级

年水平面总辐照量	资源丰富程度
≥1750kW·h/m²	资源最丰富（Ⅰ类）
≥6300MJ/m²	
1400—1750kW·h/m²	资源很丰富（Ⅱ类）
5040—6300MJ/m²	
1050—1400kW·h/m²	资源丰富（Ⅲ类）
3780—5040MJ/m²	
<1050kW·h/m²	资源一般（Ⅳ类）
<3780MJ/m²	

资料来源：《太阳能资源评估方法》（GB/T 37526—2019）。

（三）波浪能

浙江省是中国沿海海洋能资源最为丰富的省份之一。其濒临广阔的东海，沿岸各岛屿海域受季风气候影响，风大浪高，潮强流急，蕴藏着丰富的波浪能资源。拥有包括舟山海域在内的多个著名大浪区，外海最大波高可达17m。

嵊泗列岛海域波浪能十分丰富，拥有绿华、花鸟、嵊山、枸杞、浪岗、海礁等著名的浪区，区段波浪能理论功率达45.61MW，全岛周边海域主要为波浪能丰富区及较丰富区（见表6-6）。舟山域内的海浪受北风和东北风的影响，波高呈现出东部波高大于西部，北部大于南部的特点。因此，嵊泗县的波浪能蕴藏量具备区位优势。

表6-6　波浪能流密度等级

名称	等级			
	1	2	3	4
P_{year}/(kW/m)	$P_{year} \geq 6$	$4 \leq P_{year} < 6$	$2 \leq P_{year} < 4$	$P_{year} < 2$

资料来源：《海洋可再生能源资源调查与评估指南——第三部分：波浪能》（GB/T 34910.3—2017）。

嵊泗海域波高浪急，波浪能能量密度很高，拥有多个优质浪区。平均波浪周期达 4.5s 以上,其中花鸟山附近海域约为 6.6s,嵊山附近海域约为 6.9s,大黄龙岛附近海域约为 6.5s;平均波高达 1.0m 左右,花鸟山附近海域约为 1.1m,嵊山附近海域约为 1.1m,大黄龙岛附近海域约为 0.9m;全域平均波功率密度为 4kW/m 左右,高出舟山市波功率密度均值(3.4kW/m)约17.6%。花鸟山附近海域多年平均波功率密度约为 4.8kW/m,嵊山附近海域多年平均波功率密度约为 4.6kW/m,大黄龙岛附近海域多年平均波功率密度约为 3.8kW/m。舟山海域部分测站波高统计如表 6-7 所示。

表 6-7 舟山海域部分测站波高统计

项目		滩浒 (杭州湾口)	嵊山 (舟山群岛北部)	朱家尖 (舟山群岛南部)
年平均波高/m		0.4	1.1	0.5
最大值	波高/m	4	11.5	4.2
	波向	ENE	ESE	E
	出现月份	8 月	8 月	8 月
各月平均波高/m		0.5—0.6	0.9—1.2	0.3—0.6
最小月份		4 月、5 月	5 月	1 月
最大月份		8 月、9 月	2 月、7 月	7 月
各季度平均波高/m		0.3—0.5	1.0—1.1	0.4—0.5
最大季节		春季	相差不大	相差不大
最小季节		秋季	相差不大	相差不大

资料来源:嵊泗县可再生能源课题组.关于实现海岛可再生能源综合开发利用的研究[R].嵊泗:嵊泗县发展和改革局,2022.

嵊泗县波浪能资源分布呈现出一定的季节性差异和地域性差异。域内海浪波高受季风更替影响和台风风向支配,呈现出"秋高春低"的特点(见表6-8),全年平均波浪能密度为 2.76kW/m,秋季约高出年均值26.8%,而春季约低于年均值30.4%,冬、夏两季则与均值相差不大。在同一季节中,域内各岛波浪能富集程度也存在一定差异,在岛屿密集的海湾处,海浪受到水深变浅以及岛屿和陆地的阻挡,能量密度较小,而开阔海域波浪能密度较大,且呈现出由近岸海域向外海逐渐增大的趋势。

表6-8　舟山海域部分测站各季主浪向频率统计

地区	滩浒（杭州湾口）	嵊山（舟山群岛北部）	朱家尖（舟山群岛南部）	滩浒（杭州湾口）	嵊山（舟山群岛北部）	朱家尖（舟山群岛南部）
项目	主浪向	频率/%	主浪向	频率/%	主浪向	频率/%
春季	ESE-SSE N-NE	22.4 20.4	NE NW	35.1	NE 偏南向	38.9 33.6
夏季	偏南向	31.6	偏南向（SSE）	55.6	偏南向（SE-S）	66.7
秋季	偏北向	32.3	偏北向	33.0	NE-E N	39.7 16.8
冬季	偏北向（NNW-NNE）	37.0	NE NW	17.4 13.7	N NE	28.6 24.6
全年	偏北向 偏南向	22.2 17.0	NE SE	33.9 28.3	NE S N	18.1 16.0 14.4

资料来源:嵊泗县可再生能源课题组.关于实现海岛可再生能源综合开发利用的研究[R].嵊泗:嵊泗县发展和改革局,2022.

（四）潮汐能

浙江省海岸线曲折蜿蜒,潮涨潮落中蕴含着大量能量,拥有钱塘潮等超大规模潮汐现象,处于我国潮汐能最丰富的地区。全省可开发的潮汐能总量达880万千瓦,占全国总量的41.9%。

嵊泗县沿海岸线曲折,海湾众多,岛屿星罗棋布,近岸区域及河口地区潮汐现象显著,理论潮汐能蕴藏丰富,但稳定性较低。根据嵊泗海域各观测站的数据:嵊泗观测站潮差普遍较高,最大潮差均值为13.43m（见表6-9）,已达强潮标准,最高甚至可达31.4m,潮汐能资源非常丰富。各岛海潮普遍为不规则半日潮,并不稳定,这是因为嵊泗县区域的潮振动主要为太平洋潮波引发的谐振动,潮波受岛屿和浅海影响,表现为不规则半日潮,而离岛较远的海域主要为规则半日潮。大部分海区因受浅海分潮影响,一般落潮历时略长于涨潮历时,且涨潮、落潮历时差自东向西逐渐增大。嵊泗海区内潮流平均涨潮历时为5h34min—5h57min,平均落潮历时为6h28min—6h51min,平均落潮历时长于平均涨潮历时31min—1h17min,符合不规则半日潮特征（见表6-10）。

表 6-9 嵊泗海域各站潮汐特征值

站名	$\dfrac{H_{O1}+H_{K1}}{H_{M2}}$ （一类特征值）	$\dfrac{H_{M4}}{H_{M2}}$ （二类特征值）	$H_{M4}+H_{MS4}+H_{M6}$ （最大潮差）/m
嵊山	0.37	0.03	7.2
绿华	0.39	0.03	8.4
大戢山	0.37	0.05	13.9
滩浒	0.33	0.09	31.4
泗礁山	0.37	0.03	7.7
大洋山	0.44	0.06	12.0

资料来源:嵊泗县可再生能源课题组.关于实现海岛可再生能源综合开发利用的研究[R].嵊泗:嵊泗县发展和改革局,2022.

表 6-10 舟山海域多年实测平均涨潮、落潮历时统计

站名	绿华	大戢山	滩浒	长涂	岱山	定海
涨潮历时	5h57min	5h50min	5h34min	5h48min	5h52min	5h40min
落潮历时	6h28min	6h34min	6h51min	6h36min	6h34min	6h45min
差值	0h31min	0h44min	1h17min	0h48min	0h42min	1h05min

资料来源:嵊泗县可再生能源课题组.关于实现海岛可再生能源综合开发利用的研究[R].嵊泗:嵊泗县发展和改革局,2022.

（五）潮流能

浙江省是海洋潮流能资源大省,潮流能资源十分丰富。全省潮流能理论蕴藏量达 516.77 万 kW,占全国潮流能理论蕴藏量（833.38 万 kW）的 60% 以上。浙江省潮流能可开采量达 103.35MW,超过辽宁（5.98MW）、山东（23.25MW）、江苏（11.27MW）、福建（9.34MW）、广东（6.73MW）、广西（6.11MW）、海南（0.46MW）七省可开采量总和。舟山占据了浙江省 96% 的潮流能资源,建有装机容量达 3.3MW 的"奋进号",是世界最大单机容量潮流能发电机组。

与舟山其他岛屿相比,嵊泗列岛潮流能较为贫乏。花鸟山岛—东绿华岛、东绿华岛—泗礁山岛、泗礁山岛—衢山岛等特征断面的潮流能资源理论

蕴藏量分别为 20.98MW、88.49MW、192.17MW（见表 6-11）。且嵊泗县周边海域平均流速小于 1.2m/s，平均功率密度小于 0.8kW/m²，周边海域基本为潮流能贫乏区。

表 6-11   嵊泗县周边海域潮流能资源理论蕴藏量统计

断面序号	断面名称	宽度/m	平均海平面下水深/m	平均功率密度/(kW·m⁻²)	理论蕴藏量/MW	潮流能资源区划等级
1	花鸟山岛—东绿华岛	3003	13—54	0.18	20.98	贫乏区
2	东绿华岛—泗礁山岛	12108	10—47	0.33	88.49	贫乏区
3	泗礁山岛—衢山岛	24308	2—52	0.30	192.17	贫乏区

资料来源：嵊泗县可再生能源课题组.关于实现海岛可再生能源综合开发利用的研究［R］.嵊泗：嵊泗县发展和改革局，2022.

二、嵊泗县海洋能开发利用基础

嵊泗县依托丰富的海洋能资源禀赋，积极开展海洋能开发利用实践探索，海洋能开发利用的现实基础包括以下三个方面。

第一，资源环境优势。嵊泗列岛拥有种类丰富的海洋能资源，具备进行多场景、多类型海洋能开发利用实践的现实条件，并且可以进行多能互补、海域资源集约化开发利用等项目的示范建设。

第二，地理区位优势。嵊泗列岛开发区域北邻上海，南接洋山港港区，域内各城市电力消纳能力强，大规模海洋能源开发利用发展潜力巨大。同时，嵊泗县广阔的海域面积也为大型海上风电场、集中式光伏基地的建设提供了充足的空间。

第三，发展要求优势。嵊泗县始终坚持"生态立县"战略，把生态文明建设与蓝色海洋经济发展、特色美丽海岛建设紧密结合。海洋能作为一种可再生能源，具备广阔的发展前景。

海洋能与传统能源以及其他陆上新能源相比，在开发利用过程中仍存在一定的限制约束与发展瓶颈。

第一，存在技术难题亟须突破，对设备稳定性、耐候性要求较高，能量储存和输送存在困难。海洋能源的开发利用需要应对海上各种复杂的自然条件,强风、巨浪、海水的强腐蚀性等都会对设备的稳定运行形成挑战。在近海能源开发利用中,设备仍面临着运行效率低、故障率高、维护难度大的窘境。并且地区间资源禀赋、地理环境各不相同,难以形成统一的技术要求,需要根据具体情况进行精细化设计。在电力的稳定输出、高效储存方面也存在一定困难,尤其是海洋能源,如海上风能、潮汐能、潮流能、温差能等多为间歇性、不稳定能源,需要配套的储能设备以及相应的技术来调节产能与需求间的不平衡。综上,现阶段亟待解决的工程技术性问题较多。

第二,初期投入成本高,回报周期长,运营维护难度大。海洋能源开发工程需要大规模的初期投入,设备本身的技术复杂,装备制造水平要求高。潮汐电站每千瓦建设成本比火电站高5—6倍,海上风电站每千瓦建设成本比火电站高2—3倍。相较于其他能源类型的电站,海洋能开发的经济性较差,回报周期较长。此外,海上环境条件复杂,交通不便,工程的运营维护难度也普遍高于陆地工程,需要投入更多的人力、物力。

第三,空间地理限制多,海洋能源开发冲突多,因海制宜方案有待探索。嵊泗县的港湾面积较小,风电站址大多位于近海区域,与大陆存在一定距离,地理环境复杂,海洋能资源丰富的区域往往位于岛屿密集处,设备建设和运营的空间相对较小,在能源开发利用过程中,面临交通运输不便和基础设施短缺的难题。海洋清洁能源生产和利用的过程也不可避免地会对周围环境产生影响,容易产生资源开发利用与海洋生态间的冲突。此外,海域空间资源的集约利用效率仍有待提高,可复制、可推广的因海制宜模式仍有待探索。

三、嵊泗县海洋能产业发展进程

(一)早期示范阶段(20世纪70年代末至80年代)

嵊泗县承担了多个示范应用项目任务,为早期海洋能开发利用积累了宝贵经验,也为后续产业化发展奠定了良好基础。早在1977年,嵊泗县便从本地常规能源短缺的实际情况出发,开启了风能发电的实践探索,菜园镇东南峰顶建了一座18千瓦风力发电组。两年后,又落户一座40千瓦风力发电组。1991年,我国与德国合作的风力发电项目在嵊泗竣工,10台30千瓦风力发电机开始运转。

然而,受地理环境、技术水平等现实因素的影响,嵊泗县早期海洋能源开发探索主要集中在小型试验项目上。由于无法形成规模效应且存在技术瓶颈,海上风电站建设成本、上网电价均十分高昂,经济性较弱,因此这一时期的探索实践主要集中于小规模示范和理论准备阶段。

(二)产业化探索发展阶段(2010—2020年)

嵊泗县始终秉持"建设美丽海岛,高效利用海洋能源"的理念,牢牢抓住发展机遇,开启了海洋能源产业化探索的新实践。这一时期,海洋能源开发利用技术已经趋于成熟,产业化发展的构想已逐步具备落地条件,开始由早期示范阶段逐步转向产业化发展阶段。嵊泗县勇立潮头,争当海洋能源综合利用产业化探索的"排头兵",充分利用资源和区位优势,由点到面,先行先试,对海能产业化发展进行了诸多实践。嵊泗县积极调整和优化能源结构,培育发展海洋可再生能源,确立了菜园北鼎星海上风电场、小洋山北侧风电场项目、嵊泗1#海上风电项目等一系列风能开发利用重大项目。2012年6月,规划总面积约120平方公里,规划容量400兆瓦的嵊泗1#海上风电项目正式开展立塔测风工作,标志着嵊泗县风电产业化发展正式启动。同年,嵊泗县绿华风电项目进入了国家能源局印发的浙江省"十二五"第一批拟核准风电项目计划。该项目选定13台搭载国际最新技术的WD77-1500T型抗台风风电机组,可有效应对各种恶劣的气候条件,是同时期最为先进的风电机组之一。配有35千伏升压电站1座,总装机规模为1.95万千瓦,总投资1.91亿元,于2014年10月正式开工建设,2015年8月全部安装完成且成功并网,是同时期建造速度最快的抗台风风电机组。单台风机每小时发电量为1.5MW,全年可生产4600万度清洁能源,提供上网电量5240万度,年均可节约标准煤1.72万吨。该项目环境效益显著,在生产过程中不排放任何有害气体和固体废弃物,有效克服了海能综合利用环境冲突的难题,具备良好的社会效益和示范效应。

(三)规模化开发应用阶段(2020年以来)

嵊泗县作为长三角区域清洁能源利用的"桥头堡",本身具有"碳中和"多元的应用场景,近海风能资源极为丰富,区域内城市电力消纳能力强,具备较好的应用前景,适合大规模开发。2019年,中广核嵊泗5#、6#海上风电项目及浙能嵊泗 2#海上风电场项目陆续开工建设，2021 年实现全容量并网，真正开启了浙江省百万千瓦能级风电建设的新篇章。该风电项目群北邻上海，南接洋山港港区，位于长三角核心区域，区域电力需求大，发展潜力十足，已形成近海风电开发利用标杆效应。同时进行的还有小洋山薄刀咀 120MW 集中式光伏基地建设项目，应用自主创新的柔性直流输变电技术，有效破解海岛光伏"并网难"的困境。此外，嵊泗县还将海洋能源综合集约利用作为新时期高质量发展的重要抓手。依托现有大型风电基地，科学布局建设"海上风电＋波浪能"集成示范、"海上风电＋海水淡化"集成示范、"海上风电＋漂浮式光伏"集成示范、"海上风电＋海洋牧场"集成示范、"海上风电＋制氢"集成示范等一批多场景应用示范项目，有效提升海洋能源综合利用效率，对海洋能源产业集约化发展具有重要的示范意义。

第二节　海岛海能综合开发的建设示范

一、系统制度性创新建设

海洋能源发展制度建设，是一个不断发展、不断改进的过程。从可再生能源发展规划中的一个条目到专门指导海洋能发展的纲领性文件，国家层面的政策文件持续推动着海洋能源的发展。

党的十八大报告提出，要"提高海洋资源开发能力，发展海洋经济"，并擘画了"建设海洋强国"的战略目标，开启了海洋能开发利用的新篇章。《可再生能源发展"十二五"规划》首次将海洋能开发以单独的条目置于主要任务中，对海洋能开发提出了加快技术进步和开展示范工程建设的规划要求。2013 年，为全面落实建设海洋强国战略部署，首个针对海洋能源发展的细化性纲要文件《海洋可再生能源发展纲要（2013—2016 年）》出台，提出了一系列支持海洋能开发关键技术、完善产业体系的举措，并系统地划定了示范项目的区域和类型。"十三五"时期，中国海洋能源利用进入了高速发展阶段。海洋强国、生态文明建设等国家战略和"一带一路"倡议的提出，也为海洋能发展带来了前所未有的历史机遇。2016 年，首个全面指导海洋能发展的纲领性文件《海洋可再生能源发展"十三五"规划》出台，对海洋能工程化应用、创新性发展做了全面布局，并着重提出了要"积极利用海岛可再生能源"。"十四五"时期,虽然针对海洋能的专门规划还在制定中,但《"十四五"现代能源体系规划》和《"十四五"可再生能源发展规划》等能源发展纲领性文件均指出了发展海洋能的重要性,并坚持高质量发展的鲜明主题,引导海洋能产业朝向规模化、集群化发展。

浙江省虽未出台海洋能源的纲领性文件,但作为我国首个海洋经济发展示范区,浙江省十分重视海洋能源的开发利用,海洋能源作为重要一环被纳入全省可再生能源发展规划中。《浙江省"十二五"及中长期可再生能源发展规划》提出,加快陆上风电项目的建设,积极推进近海风电项目建设。同时要求加快建设万千瓦级潮汐发电示范项目,探索海洋能利用的各种技术途径。《浙江省能源发展"十三五"规划》在稳步推动光伏、海上风电等大型重点建设项目的同时,提出要加大潮流能、波浪能示范工程建设,并充分推动多能互补供能,打造可再生能源综合利用基地。浙江省多能互补高效用能的实践走在全国前列,绘制了海洋能源综合开发利用的新蓝图,示范效应显著。《浙江省可再生能源发展"十四五"规划》创新性地提出要依托现有成熟大型海上风电集群,集约化打造"海上风电+海洋能+储能+制氢+海上牧场+陆上产业基地"的多元场景应用示范项目,为可再生能源产业集约化发展指明了新的方向。

嵊泗县在坚决落实制度安排的同时,争当海洋能开发利用的"排头兵",先行先试,走出了一条独具"嵊泗特色"的海岛可再生能源制度建设之路。

(一)作为综合性规划的重要构成引领海洋能发展的制度建设

《嵊泗县国民经济和社会发展第十二个五年(2011—2015年)规划纲要》和《嵊泗县国民经济和社会发展第十三个五年(2016~2020)规划纲要》分别对海洋能开发利用提出了"适度发展"和"深入推进"的要求,并成功推进建设了嵊泗2#、5#、6#海上风电基地、小洋山光伏电站等示范性项目,开启了嵊泗县新能源产业大规模综合开发利用的新篇章。"十四五"以来,嵊泗县在市级层面,最早提出将"海岛特色"作为海洋能源产业发展的关键词。《嵊泗县国民经济和社会发展第十四个五年规划和二〇三五年远景目标纲要》明确指出,要"因地制宜开发海岛太阳能、海上风能、潮汐能等可再生能源,实施渔光互补等一批清洁能源项目,构建清洁低碳、安全高效的海岛现代能源体系",并依托现有成熟的风电基地项目,谋划创建长三角首个国家级"零碳"海岛,形成可复制、可推广的海岛能源发展经验。

(二)高质量专项规划引领海洋能发展的制度建设

新能源产业是新一轮科技革命和产业变革的标准性方向,为此立足嵊泗实际,嵊泗县人民政府专门发布《嵊泗县新能源产业高质量发展三年行动计划(2022—2024年)》,对海洋能产业发展进行系统性指导,是首个针对海岛县可再生能源发展的细化行动方案,也是市县级层面,最全面、最完整的针对海岛可再生能源布局规划的行动计划。该计划提出了打造新能源海上供应基地、推进新能源产业延链补链强链、提高新能源就地消纳能力等多项重要举措,并在稳步推进海上风电以及海岛光伏规模化建设的同时,打造海岛能源综合应用示范基地,建设成为全省海上新能源发展标杆县。

(三)保障海洋能发展的系统性制度建设

嵊泗县还出台了一系列特色保障性制度安排,为海洋能产业高质量发展"保驾护航"。对海洋能开发利用重点项目推行"一窗进出、并联审批、全程代办",提供全链式跟踪服务,实施容缺后补制度,营造便捷、高效的产业发展环境。同时,积极探索政府产业基金以"投"带"招"等招商新模式,推进海洋能产业招商引资工作。此外,积极发挥政府在要素保障方面的关键作用,引导金融机构提供长期低息贷款等信贷支持,吸收外资、民资等进入海洋能产业,创新融资方式和金融服务模式,全力保障项目建设资金需求。对于海洋能开发利用过程中可能遇到的技术、运维、成本等诸多难题,嵊泗县还精细化制定了一系列实施方案,支持海洋能产业健康有序发展。针对发展过程中可能出现的技术性难题,《嵊泗县科技创新体系建设工程实施方案(2023—2027年)》明确指出,要"围绕产业链部署创新链,强化新能源前沿技术研究,突破一批海洋新能源领域关键核心技术,加大产业科技成果转化应用力度"。在先行先试探索发展的过程中,始终将"创新"这个关键词铭记于心。针对运维难题,《嵊泗县服务业高质量发展"百千万"工程实施方案(2023—2027年)》指出,要加快打造海上新能源运维基地,支持国内龙头企业开展"风电制造+风场运营+工程服务"一体化发展。针对成本难题,舟山市发展和改革委员会印发《关于2022年风电、光伏项目开发建设有关事项的通知》,明确海上风电上网电价暂时执行全省燃煤发电基准价,同时给予一定的省级财政补贴,按照"先建先得"原则确定享受省级补贴的项目,直至补贴规模用完。

二、多场景应用的标杆建设

(一)打造百万千瓦级海上风能基地

浙能嵊泗 2#海上风电场是浙江省装机容量最大的海上风电场,共装有风电机组 63 台,总装机容量 399.95 兆瓦。为增强区域电力供给能力、完善电力能源保障体系、解决嵊泗县用能限制,其与嘉兴 1#海上风电场(容量 300WM)、嘉兴 2#(容量 300WM)集中并网,共同组成了当时长三角最大的海上风电集群,标志着浙江省正式跨入海上风电"百万千瓦级"时代。同时,为克服海岛区域经常面临的极端天气难题,提升近海大型风电项目的安全性、稳定性以及可靠性,浙能嵊泗 2#创新性地为风场配备了 32 台针对中国海域定制研发的电气风电 WD6250-172 抗台型机组,搭载最先进的电气风电风场监控与数据采集系统(SCADA),并配套远程智能测控系统,有效保证抗击台风期间风电机组的平稳运行,对其他近海抗台风型风电机组的建设形成了积极的示范作用。嵊泗 2#海上风电场从正式开工到全容量并网仅历时 17 个月,是浙江省建设周期最短、落地最快、容量最大的近海风电项目,具备显著的社会效益和示范作用,在有效解决嵊泗县的用能限制的同时,带来了可观的经济效益,建投 3 年期间为滩浒村创收超百万元,成功协助"白板村"摘帽,每年可贡献可再生能源电量约 10.99 亿 kWh,相当于 50 万户家庭全年的基本用电量。

中广核嵊泗 5#、6#海上风电场是嵊泗县最早实现全容量并网的近海风电项目,项目总投资约 50 亿元,总装机容量 282MW。该项目用于舟山绿色石化基地用能,同中广核岱山 4#海上风电场组成风电集群,一举超越嘉兴 1#、嘉兴 2#、嵊泗 2#风电集群,成为浙江省最大的海上风电场群,是推动浙江省产业结构和能源结构调整、实现高质量发展和绿色发展的重要举措。中广核嵊泗 5#、6#海上风电项目多次获奖获评:

(1)2020 年度嵊泗县安全生产先进单位

(2)2022 年度上海市工程建设优秀 QC 小组成果二类成果

(3)2022 年度浙江省"工人先锋号"

（4）2022年度浙江省建筑施工安全生产标准化管理优良工地（能源业工程）

（5）2023年度浙江省建设工程钱江杯（优质工程）

两大风电基地在引领百万千瓦级集群化能源开发探索的同时，具备良好的生态效益。浙能嵊泗2#每年可节省标准煤35.4万吨，减排二氧化硫、氮氧化合物约3958吨，减排二氧化碳72.6万吨，减少灰渣13.2万吨。节约淡水317万立方米，并减少相应的废水排放和温排水。中广核5#、6#风电集群上网电量约8.9亿千瓦时，全部用于舟山绿色石化基地，每年可节约标准煤约27.9万吨，减排二氧化碳73.4万吨、废水5.3万吨，为浙江能源结构转型升级和高质量发展注入绿色活力。

（二）引领海岛集中式光伏基地建设

为解决临港用能难题，满足岛链集中用能需求，嵊泗在小洋山薄刀咀布局建设集中式光伏基地。该项目是全省可再生能源重点示范建设项目，也是国内容量最大的海岛集中式光伏基地之一，总规划面积1660亩（约111公顷），投资总额达5.17亿元，每年可生产1.4亿千瓦时清洁电力，是优化嵊泗县能源消费结构的又一重要举措。

在海岛光伏发电并网过程中，经常需要面对"孤岛效应"、极端天气、技术限制等诸多难题。为有效破解海岛光伏"并网难"的困境，小洋山薄刀咀120MW光伏基地产生的绿色电力全部通过20千伏直流升压器上网，并应用自主创新的200千伏柔性直流输电技术送出。从技术上充分论证了大型海岛集中式光伏建设的可行性。该项目是国内大规模光伏发电直流并网项目，也是重大可再生能源全直流接入输电示范工程，具备显著的示范效应和深远的社会影响。同时，该项目结合嵊泗海岛特色，在滩涂、废弃宕口之上开展大规模光伏电站建设，将废弃、闲置的土地资源进行再利用，提高土地利用效率，有效缓解了空间上对海岛集中式能源利用项目建设的限制。

该项目年产值约6000万元，年均纳税总额800万元，经济效益良好。每年可节约标准煤约4.32万吨，减少二氧化硫、氮氧化物排放约1940.4吨，减排二氧化碳11.19万吨，还可减少温排水和水力除灰废水的排放，可有效保护水体生态环境，生态效益显著。

(三)创建离岛高弹性电网模式

嵊泗县创新性打造离岛高弹性电网海岛样板,有效攻克了海岛电网供电不稳定的难题。通过建设高弹性电网,实现了由单靠上级电网转向本地风电、光伏、储能、弹性负荷有效协同,进一步提升了区域电网接纳能力,实现新能源全额消纳。嵊泗县始终坚持"因岛制宜"的基本原则,多项举措兼施并行,深化海岛共同富裕背景下新型电力系统建设特色实践。

针对中大型岛屿,嵊泗县主要通过海缆与大陆联网,形成以交直流并网运行为主、交直流分列运行为辅的供电运行结构。2014年,嵊泗县打造了世界首个±200千伏五端柔性直流输电工程,解决了东部海岛单线供电问题,各岛屿间完全实现电能互通。2023年,舟山嵊泗二回联网输变电工程投运,嵊泗县供电可靠性提升近一倍,各海岛乡镇均实现了双回路及以上供电。针对远离本岛的偏远小岛,嵊泗县持续探索推进孤岛微电网建设。打造包括太阳能发电、风力发电、海浪发电和蓄电池储能系统在内的全新分布式供电系统,与海岛原有的柴油发电系统和电网输配系统集成为一个泛能结合微电网系统,有效解决了悬水小岛电网建设难、通电成本高的问题。

分布式微电网建设实践成效显著,有效提高偏远岛屿供电可靠性和电力分配的合理性。2019年3月,国网嵊泗县供电公司首个海岛风光互补微电网项目在嵊泗县滩浒岛正式投运,实现了风机、光伏、柴油机及储能设施的海岛能源综合利用。此外,嵊泗县壁下岛也建设了风光储微电网系统,并配套建设储能系统。充分利用该岛丰富的风能、太阳能等各种可再生能源就地入户消纳,组成多电源、新生态的智能微电网,有效提升能源利用效率,提高了偏远海岛供电的可靠性。

三、多能综合利用标杆

为克服海洋能能量密度小、收集困难、稳定性差等能源供给波动性难题,实现海域空间资源的集约高效利用。嵊泗县充分发挥"闯"的精神、"创"的劲头、"干"的作风,奏响绿色发展的"协奏曲",积极开展多能互补探索实践。以浙能嵊泗2#、中广核嵊泗5#、中广核嵊泗6#为首发阵地,先行先试,科学布局探索"海上风电 + 波浪能"集成示范、"海上风电 + 海水淡化"集成示范、"海上风电 + 漂浮式光伏"集成示范、"海上风电 + 海洋牧场"集成示范、"海上风电+制氢"集成示范等多元场景应用项目,以期推广至全域海上风电站,探索出可复制、可推广的海域资源集约生态化开发之路。

(一)海上风电+海洋牧场

嵊泗县依托现有大型风能电场,在海上风电场工程高桩承台风机基础形式与海洋牧场融合基础上深化设计,创造性地提出基于海上风电基础的智能化养殖网箱结构和施工、运行维护方案。通过将海洋网箱养殖与海上风机高桩承台基础相结合,形成全新的海上风电牧场,真正实现风电产业与渔业融合发展,达到集约用海的目标。该方案将高桩承台风机基础混凝土承台与八根钢管桩相连,为网箱提供支撑,使其能够抵抗风、浪、流等恶劣的海洋环境荷载的影响,形成约 1000 立方米的海洋鱼类养殖空间,每个网箱可放养黑鲷幼鱼 3 万尾,并且还可在桩基平台之间打桩拉绳,悬挂贝类养殖设备,在提高空间利用效率的同时,实现良好的阻流效果。

项目方案科学合理,在充分利用海域空间的同时兼顾智能化、自动化,具有一定的示范意义。利用海上风机高桩承台基础进行海上风电牧场网箱养殖方案设计,高桩承台风机基础混凝土承台与八根钢管桩相连,钢管桩均匀布置,空间斜度为 5∶1。由八根钢管桩所围成的空间是一个进行海洋鱼类养殖的优良场所,网箱空间约为 1000 立方米,每立方米养殖水体放养 30 尾黑鲷幼鱼;在不同桩基平台之间的空旷海域打桩,并在不同桩之间拉绳,用以悬挂贝类养殖设备。利用双层网结构,实现阻流效果;将海洋网箱养殖与高桩承台基础相结合,是全新的海上风电牧场。其高桩承台基础为网箱提供支撑,使其能够抵抗风、浪、流等恶劣的海洋环境荷载的影响,并降低网箱锚固系统的制作费用以及安装费用;另外在高桩承台基础平台上安装网箱养殖装备,包括自动投饵机、监视系统等。

项目经济效益良好,充分带动区域产业向好发展。海上风电单台基础养殖网箱总投入约 250 万元,在充分利用海上风电场现有设施进行运维的条件下,单台基础网箱年养殖产值达 120 万元,海洋鱼类年养殖利润约 70 万元;牡蛎年养殖利润约 80 万元。海上风电场区域可供利用的风机有 54 台,形成规模效应后的海洋牧场具备十分可观的经济效益。同时,使用风机风能电力为海洋牧场供电,利用风机运维系统进行风电牧场的运维,能够实现深海渔业网箱养殖的智能化、自动化,降低人力维护成本。

项目社会效益显著,推动了产业集约化健康发展。利用海上风电用海进行养殖,打破了风电场区用海的排他性,开拓了养殖空间,解决了海上风电与海洋渔业的冲突问题;利用海上风电的桩基作为海洋养殖业的固定支撑,利用风力发电为养殖提供能源,利用海上风电运维资源为养殖运维提供帮助,实现了海洋资源的立体开发,对于海洋养殖业的发展有促进意义。

(二)渔光互补生态高效养殖

为进一步发挥海洋资源优势,探索海岛光伏与支柱产业有机融合的实践路径,嵊泗县布局规划了大洋山镇生态高效养殖暨屋顶分布式光伏示范项目。该项目是全国单体最大工厂化渔光互补的分布式光伏示范项目,同时也是国际先进、国内领先的集新能源、水产品绿色养殖和生态休闲旅游于一体的示范基地。项目总投资 5.87 亿元,占地约 450 亩(30 公顷),年营收达 1.78 亿元,年税收 1000 万元,年均发电量 1834 万千瓦时,可辐射渔农户 2200 余户。园区大力开展"海上风电 + 海洋牧场 + 分布式光伏"融合项目,在海上风机和分布式光伏电站的基础上,采用一体化装置养殖对虾、牡蛎和鱼类,努力打造技术先进、装备优良、生态和谐的新型养殖业态,建设包括循环水养殖(南美白对虾)、分布式光伏发电和公共配套设施的生态休闲旅游基地。

大洋山"渔光互补"项目示范效应显著,是海岛多能综合利用的创新实践。具备三大示范成效:一是充分发挥海洋能源优势,促进海岛光伏与支柱产业有机融合。该项目充分利用现有光伏产业基础布局的有利条件,促进渔业与新能源等产业交叉重组、渗透融合,催生新产业、新业态、新模式,形成现代渔业与海岛休闲旅游业多模式推进、多主体参与、多机制联结、多业态打造的创新格局,为嵊泗县推动乡村产业转型升级提供了引领和驱动力量。二是创新驱动发展,提升海岛土地资源利用效率。创新性地将光伏和渔业这两个大量占有土地资源的产业结合在一起,形成了"上可发电、下可养鱼"的能源利用新模式,在高效利用有限土地资源的同时,输出了环境友好的清洁能源,是加强海洋、陆地空间资源集约利用的重要举措。三是有效克服了分布式光伏并网、消纳难题,通过引入加温养殖等对能源要求高的高附加值渔业,就地消纳,克服了能源耗损、输送稳定性低等并网难题,具备良好的示范效应。

第三节 双子"零碳岛"案例与启示

一、"东海第一零碳岛"的由来

花鸟岛是舟山群岛最北部的一个离岛,风光旖旎。2015 年 5 月 25 日,习近平总书记到舟山考察调研时说:"舟山有花鸟岛,名字就美,当年我就想去那里。"①然而,远离喧嚣、生态保护完整在造就花鸟岛旅游金名片的同时,也带来了淡水短缺、电力资源短缺等诸多难题,成为制约花鸟岛旅游产业蓬勃发展的一大障碍。花鸟岛远离本岛,处于电力输送末端,非常容易受到极端天气等自然因素影响。同时,花鸟岛的陆域面积十分有限,自身不具备架设大型发电及输变电设备的条件,如果建立分布式发电设备又会严重影响岛内风光,不利于旅游产业的发展,发电设备的巨大噪声也会影响岛内居民以及游客的正常生活。如何有效解决花鸟岛能源需求与供给严重不匹配的难题,破解花鸟岛能源急剧短缺的困境,成为花鸟岛新阶段高质量发展亟待解决的首要问题。

花鸟岛将发展的目光投向岛外,希望打破岛域限制,向外寻"能"。花鸟岛历来坚持走以生态保护为前提、以经济崛起为核心、以全民共富共享为目标的可持续发展之路,是远近闻名的绿色低碳示范岛。花鸟岛首先考虑的是清洁能源储量十分丰富的绿华岛。绿华岛与花鸟岛仅相隔 3000 米,拥有绿华风电场以及多个分布式光伏电站,末端微电网建设经验较为丰富,可有效满足花鸟岛的能源需求。由此双子"零碳岛"的建设蓝图正式落定,依托绿华岛清洁能源,助力花鸟零碳建设,双岛联动,为共同富裕示范区建设提供海岛样板。

二、双子"零碳岛"样板建设

双子"零碳岛"的建设,既有效缓解了花鸟岛的用能限制,又解决了绿华岛的能源消纳问题,同时也是落实嵊泗县低碳试点县建设方案的重要举措。嵊泗县系统谋划、多措并举、多管齐下,全面推进"双子岛"零碳乡镇示范项目建设。

---

① "花鸟模式"谱写现代版的诗与远方——浙江省舟山市花鸟岛[EB/OL].(2020-11-25)[2023-08-06]. https://www.ndrc.gov.cn/xwdt/ztzl/qgxclydxal/stzyytx/202011/t20201125_1251244.html.

(一)互补联动,打造共同富裕海岛样板

充分发挥绿华岛清洁能源储量丰富的优势,引导"分布式光伏 + 小型风电集群 + 储能站"的电源侧示范项目落地,实现供给侧多能互补、需求侧多元负荷互动、电网侧源网荷储协调控制的运营模式,多措并举提升清洁能源开发利用水平和系统运行效率,为花鸟岛零碳建设提供坚实的能源基础。推动花鸟岛朝着绿色、现代化方向发展,将花鸟岛打造成为浙江省共同富裕的海岛样板。在花鸟岛构建零碳民宿、零碳景区、零碳体验馆等智慧产业领跑项目,打造花鸟岛绿色低碳生活先行示范地。对清洁能源的开发利用,从根本上解决了花鸟岛生态保护实践中面临的能源难题,有效助推了"海绵海岛""无废花鸟"等模式的建设。绿华、花鸟双子"零碳岛"建设,是探索低碳发展在偏远海岛实践的典型样本,可积极形成经验总结,将"零碳智慧岛"理念向周边海岛纵深辐射。同时,岛屿之间利用自身优势形成资源互补,可有效解决发展过程中面临的诸多难题,进一步缩小城乡差距,优化能源结构,提升资源配置效率,为共同富裕示范区建设奠定基础。

(二)科技助力,建设智慧能源新体系

以绿华岛、花鸟岛为"实景图",率先推动"零碳智慧岛"项目建设。利用绿华岛现有资源,引进新技术、新项目,将绿华岛建设成清洁能源岛,并通过海底电缆输送清洁电能至花鸟岛就近消纳,同步推进花鸟岛能源利用全电模式打造,并在花鸟岛建设一个集中统一的综合能源管理展示平台,实现双岛联动。

探索建立智能化能源供应体系。在花鸟岛设置综合能源管理展示平台,通过远程数据接入,在大屏实时展示综合能源项目运行数据及情况。建设以电为中心的综合能源系统,以保障城市清洁可靠用能、支撑地区经济高质量发展和满足人民多元化美好生活用能需求为出发点,引导以全电模式健康发展,逐步淘汰传统的燃煤、燃油设施设备,共同推进小岛范围内的交通设施、冷热水供应、取暖、炊具等均使用绿色电能,实现岛内"无排放、无污染、无噪声"。

利用智能技术聚焦能效提升,培育能源消费新业态。打通"电—碳—能"数据链条,深入开展"零碳发展指数"与"电碳指数"双轨制试点研究,探索利用在线感知设备,实现民宿、交通、景区多领域用能监测,纳入政府一体化公共数据平台,共同打造"双碳"管控应用场景,以数字化全景运营中心建设为抓手

助推能效治理升级。深化港口岸电、全电景区、绿色智慧村庄等电能替代技术的应用。利用政策、技术、机制赋能,推动政府出台需求响应支持性政策,提升用户参与响应积极性。深挖需求响应资源,完善"分钟 + 秒级 + 邀约"响应模式,打造多元精准互动的弹性资源库,引导全社会参与电网柔性互动。

(三)统筹规划,推动重点项目落地

双子"零碳智慧岛"的建设始终坚持"绿水青山就是金山银山"的发展理念,系统谋划,合理布局。在发展的过程中始终坚持低碳经济的发展要求,拒绝一切有污染的工业企业进入花鸟岛,全岛做到"零工企",任何经济活动均要以保护生态为前提,坚持低碳循环理念发展经济。此外,乡政府充分关注到政企合作在推动零碳建设中发挥的重要作用。通过开展多层次、多领域、全方位的合作,推动《嵊泗县"十四五"能源互联网发展合作框架协议》落地,合力打造政企合作推进"双碳"目标落地的典范,加快形成"全社会能源生态共建、清洁低碳共享、减排成本共担"的能源发展新格局,推动储能成本分摊、乡村综合用能、专用车辆电动化等配套政策出台,促进县域储能配额制、屋顶光伏补偿等机制建立运作。建设安全高效的柔性交流输电网和可靠灵活的主动配电网,实现风能、太阳能、氢能等各种清洁能源的充分利用,加快能源微电网建设,推动分布式电源的广泛接入和有效互动,实现能源资源优化配置和能源结构优化调整。细化重点建设工程任务,有效推动项目落地并提供保障,通过舟山嵊泗 2021 年 10 千伏绿华 D432 线东绿华支线改造工程,可有效提高东绿华地区供电可靠性,促进光伏发电送出消纳;通过舟山嵊泗绿华变至花鸟第二回路 10 千伏线路新建工程,可提高花鸟地区供电可靠性和新能源利用效率;这些项目的推进可以有效提高花鸟、绿华区域的供电可靠性,同时确保绿华风电清洁能源全消纳,避免因旅游旺季用电需求激增产生的断电难题;通过自动化改造工程,提高电网自动化水平,强化设备动态感知能力。

三、双子"零碳岛"建设成效

(一)主要成就

在注入绿华输送的绿能活力后,花鸟乡零碳建设取得突出成绩。实现"绿华清洁能源示范岛—花鸟零碳智慧网红岛"双岛联动。每年可减少花鸟岛约 9.07 万吨 CO_2 排放,降碳幅度达 80%,一个贫穷落后的边缘海岛涅槃再生,实现了"绿水青山"与"金山银山"的有机统一,实现了生态环境和经济社会发展的双赢,走出了一条新常态下边缘海岛科学发展之路。嵊泗县花鸟乡坚持将生产、生态、生活相融合,始终牢记良好生态是最普惠的民生福祉,深入践行"绿水青山就是金山银山"理念,走出了一条以生态保护为前提、以经济崛起为核心、以全民共富共享为目标的可持续发展之路。2013 年自主创新"定制旅游"发展模式,形成了海岛乡村低碳旅游的"花鸟模式";2015 年组织开展"低碳环保岛"创建活动,推进低碳生活方式转变,深入实施生态立乡;2016 年成功入选首批省级低碳试点;2021 年成为全省首批低(零)碳乡镇试点创建单位。

(二)经验启示

"绿华清洁能源示范岛—花鸟零碳智慧网红岛"双岛联动实践形成了可供周边海岛参考的建设经验。

第一,突出顶层设计,系统谋划发展新方向。花鸟—绿华双子"零碳岛"建设过程紧紧遵循"绿水青山就是金山银山"理念,发挥离岛优势,做足"海"字文章。坚持将生产、生态、生活相融合,走出了一条以生态保护为前提、以经济崛起为核心、以全民共富共享为目标的可持续发展之路。同时,坚持"一山一文化,一岛一主题",对岛屿的发展方向进行系统性谋划,突出自身的风景资源优势,形成了独特的海岛乡村低碳旅游"花鸟模式"。

第二,利用资源优势,创新产业融合新路径。花鸟—绿华双子"零碳岛"建设过程充分考虑到了现有资源优势以及发展瓶颈,通过岛屿间联动,形成资源优势互补,走出了一条海岛高质量发展之路。通过产业融合,拓宽发展路径,经济社会效益显著,充分带动了区域经济发展,真正实现了"绿水青山"与"金山银山"的有机统一,走出了一条新常态下边缘海岛科学发展之路。

第三,坚持智慧赋能,聚焦数字化发展新模式。花鸟—绿华双子"零碳岛"建设过程充分应用智能技术,有效提升了"零碳海岛"建设过程中能源的利用效率,将能源供应消费、新能源发电情况、企业用能等多方面核心数据汇聚在一张数字沙盘上,实现多系统采集、多角度分析,充分挖掘数据价值,为"零碳海岛"建设提供了数字化发展样板。

以下为对花鸟岛居民李女士的访谈记录。

访谈专栏

受访者基本情况：

李女士，本岛居民，小学毕业后便一直外出求学、工作。2017年回岛后开办民宿至今。

访谈问题：

1. 您为什么回岛后选择留在故乡继续发展？
2. 您怎样看待花鸟岛近几年的巨大变化？

访谈记录：

调研员1号：李女士您好，我们是嵊泗"生态立县"先行探索调研报告的研究团队，很高兴有机会能够对您进行访谈，接下来将就双子"零碳岛"的建设和您进行一段简短的交流。

李女士：好的，很高兴能够帮到你们！

调研员1号：我们了解到，您之前在岛外学习和工作了很长一段时间。是什么促成您在回岛后，放弃原有的工作，选择留在故乡发展呢？

李女士：我在几百公里以外的地方读大学，后面就一直留在那边工作生活。我回到岛上是一个很偶然的机会。朋友知道我来自嵊泗，对这边很感兴趣，一直吵着要来。实在拗不过他们，所以在2017年的某一天，我领着朋友们一道，来到了我的故乡花鸟岛。起先我并不对此行抱有多少信心，因为在我的印象里，20年前的花鸟岛就是一个破旧的小渔村，虽然生态保护得很好，但可玩的地方少之又少，交通也不是很方便，还会经常停电停水。然而回岛以后，我完全不敢相信自己的眼睛，破旧的渔屋变成了漆着蓝白相间的颜色的"网红小屋"，岛上的一切焕然一新，到处都是盛开的鲜花，习习海风吹过，我当即就产生了留在这里的念头，这不就是我理想的生活吗！现在我将之前的房子重新改造，盖起了一间民宿，不忙的时候就做杯咖啡，看着大海翻开一本书来阅读，还可以生活在熟悉的小岛上，和留下的亲戚相互照应，这样的生活真的很惬意、幸福。

调研员2号：在熟悉的家乡做自己真正想做的事情，真的很让人羡慕。那请问您怎样看待岛上近些年的巨大变化呢？

李女士：我觉得这一切的变化，首先，要感谢政府对于花鸟岛的关心和帮助。刚刚我谈到了岛上景观的改善，这一切都离不开政府大量的投入、规划，最终将花鸟岛建设成了远近闻名的旅游岛、爱情岛。自从我开了民宿以来，旺季的客流量一年比一年多，越来越多的年轻人知道花鸟（岛）、了解花鸟（岛）、来到花鸟（岛），花鸟（岛）的老百姓的收入也获得了切实的提升。其次，就是政府牵动的和绿华（岛）那边的联动项目，这也为我们老百姓的生活解决了很大的问题。原先花鸟岛的能源供给其实挺不稳定的，紧急停电的状况时有发生，尤其是对我们开民宿的老板来说，停水停电确实很让我们头痛。一方面，客人会抱怨没有热水、没有照明；另一方面，我们自己准备的柴油发电机噪声很大，运行时会影响客人的休息。不过，自从有了绿华岛那边的能源保障以及电缆线路的升级后，停电的状况几乎再没遇见过了，困扰我们的最后一个问题被彻底解决了！

调研员1号：谢谢李女士，让我们对于双子"零碳岛"的建设有了更深的认识，感谢您的配合，祝您生活愉快！

第七章　海岛"生态立县"经验启示与未来展望

"八八战略"实施以来,嵊泗以蓝色生态为发展特色,以高质量建设为发展动力,从传统渔村逐步蜕变为和美海岛乡村,走出了一条"美丽美好"的特色发展之路。本章总结海岛"生态立县"实践探索,凝练"八八战略"引领下嵊泗聚焦聚力高质量发展的经验启示,展望"美丽美好"现代化发展的未来海岛愿景。

第一节　海岛探索"生态立县"之高质量发展特色道路

嵊泗县坚守"生态立县"战略以及探索先行先试实践,深刻体现了海岛地区必须走绿色发展道路的内生特质,回答了"为什么建设生态文明"的海岛答案。

第一,生态优先的发展要求。"绿水青山就是金山银山"理念明确了生态保护与经济发展的辩证关系。经济发展不能以破坏生态为代价。海岛生态环境更脆弱,生态环境容量更有限。不容许也不可能采取"先污染、后治理"的发展方式。没有蓝天、绿岛、碧海、金沙,就没有海岛海民赖以生存发展的资源和生态基础,更谈不上长远发展。

第二,绿色主导的发展要求。海岛"港景渔"业态往往呈现生态友好型产业体系,但并不必然体现绿色发展,同样可能存在牺牲环境质量、降低生物多样性的"灰色"发展模式。盲目追求经济效益的片面观念以及超越环境和生态承载极限的增长,只会使海岛生态更加脆弱,导致人海相争的衰败结局。

第三,资源高效利用的发展要求。经济发展存在"资源约束论"和"资源诅咒论"两类现实情景,但无论是破除资源稀缺约束还是过度依赖,都需要实现资源高效配置与集约利用。海岛海洋资源既存在稀缺性,又存在不平衡性。海岛用地、用水、用矿资源极其受限,而海岸、海域、海能资源相对丰富。深海港岸资源更为独特优异,也更有限稀缺。深远海景资源是有独特韵味的,也是有限稀缺的。任何海岛海洋资源的低效无序利用与浪费,尤其是独特资源,都难以维系长远发展的资源需求。海岛海洋资源高效利用是支撑优势特色发展的基本要求。

第四,美丽环境的发展要求。持续改善环境质量是不断满足人民对美好生活新期待的必然要求。就人们对生态环境的需要而言,首先是人们对生态环境安全的需要,也是生产和生活中的生态环境安全保障问题;然后是人们对生态环境审美等自我实现的需要,也是"三生"融合的美学享受问题。海岛美丽风景不仅是"蓝天、绿岛、碧海、金沙",还是将美丽转化为美好的生态资本。海岛美丽环境建设同样是赋能长远发展的基本要求。

基于海岛发展四大特征要求,嵊泗县在确立并提升"生态立县"战略的过程中,秉承"绿水青山就是金山银山"的理念,形成了海岛县"生态首位、绿色发展、美丽美好"的发展共识,构建了"生态两美"的理论逻辑体系,回答了海岛县"建设什么样的生态文明"的问题。

"生态两美"生动反映了"绿水青山就是金山银山"高层次的发展观。"生态两美"是在高标准生态保护前提下通过绿色发展而实现经济社会美丽共富的过程,体现生态文明、物质文明、精神文明全面进步与长远发展。

"生态首位":以生态福祉的优先意识,确保全局性、长远性的生态公共福利实现。生态首位在系统发展层面的确立,体现为生态发展是经济社会全局性、系统性基础,生态发展促进经济发展,生态发展保障社会发展,是生态系统脆弱,尤其是以生态资源为主导、环境承载力受限的海岛地区始终保持发展的协调性、系统性、均衡性和可持续性的前提基础。生态首位内化在文化价值层面,体现为尊重自然、人海和谐的社会价值观,是个体和集体价值取向对生态优先的高度认同和自觉行动。生态首位建构于社会制度层面,体现为高水平生态保护的常态化、长效化制度形态,生态资源和生态环境破坏"零容忍"的保障体系,以及生态福利实现权益共享、权益转化的制度。

"高质量发展":以跨域跨际的发展模式,体现高质量发展和可持续发展。在经济体系方面,高质量发展体现生态高标准的产业结构或可持续经济体系,对于海岛地区而言是海岛经济、海岸经济和海上经济的产业生态化与生态产业化有机结合,还是海陆联通和跨域联动的绿色产业融合发展。在资源利用方面,高质量发展体现资源有序开发、集约利用和高效配置方式,对于海岛地区而言是海陆两域自然资源、生物资源的科学系统认识、空间合理规划和保护开发统筹,也是相邻海域、相邻海岛地区资源利用的创新生态与开放共赢。在人类发展代际层面,自然资源的可持续利用和高效创新利用,进一步反哺子孙后代资源容量和发展空间,实现可持续高质量发展。

"美丽美好":以人民为中心,体现事关人的全面发展和全体人民共同富裕。"美丽美好"的辩证关系是美丽催生美好,美好促进美丽。海岛美丽是山海城景全域美丽。美丽山海城提供宜居、宜业的美好、独特环境与生态环境保障制度,促成人对于自身发展层次与发展质量的更高追求,进一步推动建设美好家园、创业创新以及和谐社会的制度建设,有效改善美丽海岛生态、经济、社会价值的系统实现。这一过程将持续推进生态文明价值体系建设,持续提升人民群众获得感、幸福感、安全感和认同感,实现全体人民共同富裕。

嵊泗县探索"生态两美"发展,走出了一条高质量发展特色之路,也提供了"怎样建设生态文明"的海岛画卷。

第一,海陆生态全局统筹之路。针对海洋生态资源保护与开发问题,坚持"保护优先,开发与保护相结合",从对渔业资源的保护和修复,到深入推进海洋特别保护区、重要生态功能保护区和海洋公园的建设,以及开展海洋生态修复示范工程,如海洋牧场和人工鱼礁、人工藻场和增殖放流等,都旨在建立海洋生态系统的屏障,创造完整的海洋生态环境,以恢复海洋生态系统,促进海洋渔业的可持续发展。针对海岛城乡生态治理与提升问题,乡村"千万工程"从渔村人居环境整治入手,到"三改一拆""五水共治"和"五气共治"等综合治理,再到"蓝天碧水净土清废""新时代美丽乡村建设"等全面提升,构建海岛特色生态元素,促进生态资本积累与价值转化。综合来看,嵊泗走出了一条"保护优先,绿色发展""科学规划,统筹协调""因岛制宜,注重保护"的海陆生态全局统筹发展之路。

第二,海洋经济蓝色创新之路。针对海洋产业结构问题,坚持"生态底线、产业发展与生态效率相容"。嵊泗县建构了全域生态产业体系,没有任何传统"三高"产业,不将污染留给后代。针对海岛资源要素开发与区域合作问题,坚持"战略融入、开放创新",从长江经济带发展战略到长三角一体化发展战略,从嵊沪港口合作开发到浙沪合作和新时代"与沪同城",传统渔村逐步转型为现代化临港经济、产城联动发展的新经济形态。针对海洋产业效率与高质量发展问题,坚持"科技引领、创新驱动"。"港景渔"作为海岛主导产业,集中体现了数字智慧、生态养殖、商业创新等发展突破。海洋新能源产业作为海洋新兴产业,利用多能互补、零碳岛链等因地制宜开发模式,实现经济性、规模化的领先发展。综合来看,嵊泗走出了一条"生态优先,绿色主导""开放创新,发展共赢""生态创新,技术赋能"的蓝色海洋经济发展之路。

第三,山海城景全域美丽之路。针对美丽全景打造问题,坚持分类举措、美丽升级。嵊泗县山海城景从山景绿化、城乡景观化建设到城乡立体绿化和生态廊道建设,形成立体式、多彩化生态美景。针对山海城景优势发展问题,做好城乡融合、特色发展。优化城镇空间布局,形成各具特色的列岛组合,改造老城区,重塑美丽县城,打造"一村一品"美丽村居,打响特色精品村和历史文化村品牌。针对海洋生态景业互促提升问题,持续放大"业态＋"综合效应。"旅游＋"的发展道路最具代表性。从艺术品、艺术家进小岛1.0时代,到主题艺术活动2.0时代以及艺术产业化3.0时代,走出了原生态旅游、旅游产品转化以及产业化之路。综合来看,嵊泗走出了一条"生态共建,美景共享""美丽业态、美丽文化""景业互促,美丽提升"的山海城景全域美丽之路。

第四,生态生活美好共富之路。针对生态致富共富协同问题,民宿产业的共富之路,建构了可持续盈利和兼顾效率公平的分配模式。这种模式盘活闲置农房发展海岛特色经济,按照"足额提留保发展,酌情分红展成果,适当倾斜老年人"的原则,既保障了村级事务的可持续发展,又满足了老年人的特殊需求,还使全村居民共享了集体经济发展的红利。在经济上带动了村庄的繁荣,也在社会层面培养了村民的社会责任感和参与感。针对"绿水青山就是金山银山"理念转化问题,蓝碳普惠的共富之路建构了蓝碳资源的生态价值实现模式。这种模式贯通海岛全域生态资源养护、蓝碳资源挖掘与生态经济价值转化的全面实现模式,既提升了海洋经济致富水平,又形成了生态市场与普惠,还提升了生态权益的社会效应。综上可见,嵊泗逐步探索出了一条"生态共建,美好共享""生态普惠,市场转化""政府主导,民众参与"的美好共富之路。

第二节　海岛"生态立县"先行示范的经验启示

嵊泗县在坚守"生态立县"战略,探索高质量发展特色道路的发展历程中,形成了六个方面可推广、可复制的经验举措,形成了良好的先行示范效应。

第一,坚持规划引领,筑牢顶层设计生态屏障。坚持"一张蓝图绘到底",坚定"生态立县"发展方向。历届政府坚持了生态优先、守住生态底线的根本方针,持续谋划和推进生态文明建设向更高标准迈进,筑牢顶层设计的生态屏障。从将"生态立县"列入"十二五"发展规划总战略,到嵊泗县第十三次代表大会2021年年会上作的工作报告提出将"生态立县"作为首位战略实施,从制定专项规划守住生态保护底线,到谋划新时代美丽嵊泗建设总纲要,嵊泗已形成了海岛区域可复制、可借鉴的系统性制度框架。

第二,坚持生态为先,持续推进海岛生态修复。一是坚持精细化生态空间管控,形成全域生态空间格局。落实"三线一单"政策,充分考虑海岛生态、大气、水等环境要素边界和城镇开发边界,形成"一核、两带、诸岛"的美丽海岛全域空间格局。二是坚持系统观念,精细化环境污染综合防治。秉承"山水林田湖草是生命共同体"的理念,针对海岛独有而脆弱的生态系统,采用污染源分类管控、源头防范、单元管理、排污许可、差异监管等举措,各级责任分解落实到控制单元和网格。三是抓典型工程,高效实施生态保护修复。"绿岛再造"、湾(滩)长制、国家级海洋牧场示范区、美丽村落风貌改造工程等成为省域乃至全国可参照的示范工程。

第三,坚持产业为本,做强绿色低碳新兴产业。一是依托生态赋能,促进传统产业绿色转型升级。坚持生态优先、绿色发展战略,以生态养殖、数字生态、资源生态生产力等"双碳""绿色"发展赋能港口业、渔业、工业等传统支柱产业。二是发挥资源禀赋优势,积极培育新能源产业。充分利用海上风能、潮汐能、波浪能、潮流能等清洁富集能源,首建百万千瓦级海风集群电场、"渔光互补"特色养殖生产项目、"花鸟—绿华"双子"零碳岛"、五龙波浪能发电机等,形成全国示范。三是强化产业融合,推进产业提质增效。坚持"旅游活县"生态战略,在有限的空间内,以融合发展为主线,打造具有文化底蕴、以生态为主题的文旅体深度融合新发展构架,形成具备全国知名度的"渔、民、港"海岛文化礼堂、极具古今文化识别度的百年渔场与海岛民宿景观,人海和谐的港文化与渔俗文化研学游基地,打造海岛品牌引领、文化引领的新发展格局。

第四,坚持创新驱动,激活高质量发展新动能。一是强化数字赋能,助推绿色发展。立足海岛特色,数字化举措深入乡村振兴的各个方面。以贻贝养殖为代表的"数字渔场"、"无废花鸟"适农化场景的"浙里办"数字 App 和农村集体经济数字管理系统的"浙农经管"模式,领航数字赋能乡村治理的生态、经济与社会体系。二是依托产学研合作推进重大科技项目攻关。汇聚浙沪科研院校和国内外名企,共促海工、海事、海能高端产业落地。深化基层党建与产业发展融合推进,共建产业协同创新中心,惠及渔民就业与产业生态化。三是全要素保障激活企业生态活力。全要素匹配双碳领域生态导向型项目技术需求。引智引才共建创新载体、科技孵化器和众创空间等创新平台,减税增补倾向海洋生物、清洁能源、现代渔业等新兴技术的培育和传统产业的技改转型,为领锋未来产业做出示范实践。

第五,坚持生态惠民,共享生态优势经济红利。一是推进"生态 + 产业"共享化发展。"生态 + 旅游 + 康养 + 能源"等新业态融合,推动民众增收,盘活生态优势资源。产业惠民从就业增收 1.0 版提升到创业增收 2.0 版,再到创智增收 3.0 版,走出生态产业惠民新路。二是积极探索碳汇富民新模式。挖掘"蓝碳"大潜力,生态贻贝成为"绿水青山就是金山银山"理念转化最典型的碳汇产业。海洋生态建设有效引导社会资金参与,为推动碳汇富民提供了新样板。三是强化生态治理,打造高品质宜居地。坚持把解决突出生态环境问题作为民生优先领域。全域海岛"蓝色海湾"修复、海上环卫、"蓝天碧水"保卫战等工作方案重塑"金沙、碧海、蓝天"之嵊泗,成为生态惠民最直观的写照。

第六,坚持制度创新,提升生态环境治理效能。一是创新国土资源开发管理体制。海陆并举创新资源管理制度。率先推进农村宅基地"三权分置",盘活闲置资源,高效配置有限资源。推动养殖海域"三权分置、二级发包、一证到底"改革,率先出台县级层面《养殖海域使用管理暂行办法》。二是创新环境监测监管体制。成立党政主体责任制的生态文明建设工作委员会和乡镇各级管理体制,创新实施执法"正面清单"、"轻微违法不予处罚"等管理机制,建立部门联动、日常监管、长效保洁三大工作机制等组合拳,可为全国其他海岛地区健全环境监测监管体制提供宝贵借鉴。三是创新生态文明建设社会参与机制。探索生态环境治理主体多元化机制,示范行动如"守护嵊泗的碧水蓝天"倡议、守护美丽生态研学实践、净滩志愿和"绿色兑换低碳生活"等,引导企业、社会共同参与,让生态环保思想成为社会生活中的主流文化。

第三节　海岛"生态立县"之路的未来展望

一、强化多规融合,统筹好开发保护新格局

(一)建立"陆海合一"的国土空间规划体系

海岛土地资源有限和海洋空间广阔的双重特征客观决定了陆海统筹国土空间规划的重要性。坚持陆海统筹理念,以功能互补、相互协调、目标统一为标准,推动地方"十四五"规划、国土空间总体规划、生态环境保护规划、美丽海岛建设规划、旅游发展规划、海洋功能区规划等规划的有效衔接,实现"多规合一",解决陆域、海域规划在功能布局方面的冲突,填补海岸带上的空白地带。整合城乡用地分类,做好与海洋功能区划的衔接,划定陆海统筹的功能分区,按照居住区、综合服务区、临港产业区等用地类型划定陆域功能区,按照工业用海、城镇用海、休闲娱乐区、港口航运区等划定海域功能区,重点推动海岸线两侧陆域功能与海域功能的协调对接,优化海岛岸线空间布局。强化国土空间规划对各专项规划的指导约束作用,建立国土空间规划"一张图"实施监督信息系统,支撑规划评价分析、监测评估、资源环境承载力预警等多功能综合集成,加快政府部门间、政府与企业社会间的信息

流通,建立国土空间规划智慧管理机制。围绕海岛重点生境系统开展专项资源环境承载力评估,依据关键生态指标科学划定生产、生活和生态空间开发管制界限,引导产业转型升级,优化功能布局,以多规融合的"一张图"为基础,强化生态空间用途管制。

(二)打造"红线约束"的海岛生态安全格局

严守生态红线是海岛"生态立县"助推高质量发展的根本保障。对此,一是要严守陆域生态保护红线和海洋生态保护红线,建立生态保护红线监督管理体系,制定生态保护红线台账,确保功能完备,面积不减少。落实生态保护红线管理制度,实施最严格的生态环境保护。坚持以系统观点推进山水林田湖草生命共同体保护,推动生态占补平衡,科学评估海岛开发建设承载上限和适宜尺度,将生态保护置于海岛、海域开发利用的首位。二是按照不占或少占耕地,特别是优质耕地的原则,强化对城乡各类建设占用耕地的控制和引导,通过严格供地政策、制定项目用地控制指标、细化市场准入条件等措施,减少非农业建设对耕地的占用。严格执行耕地占补平衡制度,积极加大对补充耕地的投资力度,采用工程或生物措施针对性提升耕地质量。三是充分尊重自然地理格局,统筹发展和安全,统筹农业、生态、城镇空间布局,科学划定城镇开发边界。坚持反向约束与正向约束相结合,避让资源环境底线、灾害风险、历史文化保护等限制性因素,守好底线。严格控制建设用地规模,强化节约集约用地,减少建设用地占用耕地。坚持节约集约优先,保障国家战略空间用地和民生改善、产业转型发展需求,加快低效用地优化利用,提高土地利用效率。

(三)谋划"特色鲜明"的美丽海岛开发格局

立足海岛区位、面积、资源、人口及开发现状,在生态优先的基础上谋划特色鲜明的差异化开发格局,形成一批定位清晰、功能互补、优势凸显的主题岛屿。一是依托资源禀赋优势,打造绿色经济发展带。坚持生态保护原则,加快一、二、三产业融合发展,探索形成高端休闲旅游业、临港产业等特色经济集聚区,助推海岛特色经济品质化、集聚化发展,将生态优势转化为高质量发展优势。二是强化生态惠民,打造现代化美丽海岛乡村。积极推进海岛共富行动,探索海岛乡村集体经济发展新模式,整合全区乡村在文化、资源、产业等方面的优势资源,打造一批生态优美、各具特色、生活便利的美丽海岛未来乡村,加速定海乡村研学、乡村旅游等产业发展。通过生态景观营造、宅基地改革、人居环境整治、公共服务提升等举措,形成示范引领、个性鲜明、体验多样的特色村落,展现各美其美、岛岛共富的新图景。三是统筹谋划海岛联动发展格局。以基础设施互联互通、公共服务共建共享、生态环境共防共治为抓手,推进岛群间的一体化组团发展,探索错位、分工、互补的协同发展模式,打造功能特色鲜明、优势互补的网络化海岛群。

二、引育市场主体,提升海岛特色产业能级

(一)绿色渔业全产业链升级发展

海洋渔业是海岛重要的传统优势产业,对海岛乡村经济、就业的拉动作用突出。在资源环境约束的大背景下,推动海岛渔业绿色转型发展,打造绿色渔业全产业链,是推动传统渔业升级改造的必由之路。一是聚焦产业链前端,加快发展绿色生态化育种和养殖模式。发挥海岛水质优势,建设一批传统优质特色鱼类和重要贝藻类良种场,着力打造国家级水产遗传育种创新基地。发挥海岛区位优势,发展浅海增养殖、大型围栏养殖、离岸深远海养殖等,推进养殖设施智能化改造,探索"养—捕—加"与"海—岛—陆"相结合的综合性养殖模式,构建高效、优质、生态、健康的现代水产养殖体系。二是做强产业链中端,打造绿色水产品加工、仓储和物流体系。引进水产品深加工关键装备、配套工艺与机械化生产线、渔获物船载加工关键装备技术,提高水产品精深加工水平。引进、培育和扶持重点企业开展低值水产品高值化利用,围绕重点大宗水产品开展深度开发和高值化利用。以技术创新为抓手,打造绿色水产品冷链物流中心,培育绿色水产品冷链物流龙头企业。三是创新产业链终端,建立一体化绿色水产品产销综合园区。围绕优势水产品品种,发挥规模优势,打造集生产、加工、电商、餐饮、文化于一体的特色渔业产业园区,以此带动绿色水产品消费,拉动地方休闲渔业发展。

(二)绿色新能源产业集聚化发展

海岛的风能、太阳能、潮汐能等新能源资源丰富,但开发进展十分缓慢,大力发展新能源产业是破解海岛资源约束、助推海岛高质量发展的关键。一是加快建设海上风电场,精准开展风电装备制造产业和下游的风电建设

运营产业招引,紧密联系风电装备制造企业、风电科研机构、海上风电运营维护企业、风电人才培训机构,促进风电产业科技人才集聚,逐步形成集设计、制造、运维服务于一体的风电全产业链,提升海上风电产业能级。二是加快上下游一体化的海岛制氢产业培育。发挥海岛风电资源优势,以海风制氢为纽带推动上游海上风电装备制造、中游氢气储运及下游氢能发电与应用等全产业链的培育发展,解决海岛风能过剩利用率低的现实问题。三是充分利用滩涂、废弃宕口等,重点发展集中式光伏电站,鼓励利用工商业企业厂房、车棚和公共建筑等屋顶资源,推动建设屋顶分布式光伏发电项目,鼓励居民社区、家庭和个人发展户用光伏系统,推动光伏发电入社区、进家庭,实现分布式光伏的就地消纳和有效利用。四是积极探索波浪能、潮流能与海上风电综合利用,推进海洋能协同立体开发。借助产学研合作模式,吸引社会资本参与海洋新能源技术研发和示范项目建设,不断提高海洋能利用水平,为海洋能规模化应用创造条件,为孤岛实现多能互补提供解决方案。五是推进新能源互补的海水淡化产业发展。加快探索"海洋新能源 + 海水淡化"融合发展模式,鼓励小面积海岛发展与太阳能、风能、海洋能等可再生能源相结合的小型海水淡化装置,推动大面积海岛建设中大型新能源互补的海水淡化工程。

(三)海岛旅游业多元化发展

海岛具有丰富的旅游资源,海岛旅游业具有带动海岛现代服务业和推动城市经济转型升级的重要作用。利用好海岛特有的资源、景观及文化优势,探索现代化的多元旅游新业态,是推进海岛旅游业提质增效发展的重要路径。一是加快建设现代化海岛休闲渔业基地。发挥海岛特有的区位、资源优势,积极推进现代化海洋牧场建设,大力发展海上垂钓、渔业体验、渔文化科教等多种形式的休闲渔业,积极开发休闲渔业新业态,重点打造集垂钓、观光、娱乐和餐饮于一体的休闲渔业综合平台。积极打造高端休闲渔业示范基地,扶持培育休闲渔业龙头企业,加快推进休闲渔船更新换代,鼓励休闲渔船向中高端发展。二是积极探索多业态融合的海岛乡村旅游新模式。推进海岛宅基地改革,积极开发"农房＋休闲咖吧""农房＋海鲜美食""农房＋健康运动""农房＋渔村电商""农房＋文创手作"等多元业态,引导农房变景点、闲置房变创作室、空心村变度假村,延伸农房产业链,构建海岛乡村的特色产业链。探索"村集体—外来资本""外来资本—村民"合作模式,构建闲置农房开发主体、村集体和渔农民三方利益共同体,积极引导社会资本参与美丽乡村建设。三是强化文旅产业融合,打造独具海岛特色的文旅精品项目,积极探索生态科普、文化体验、海岛探奇、海岛研学等新型海岛旅游模式。

(四)特色海岛型港航运输业突破发展

港航业是海岛传统的支柱产业,对支撑地方工业发展、助推外向型经济具有重要意义。推进海岛港航运输业的突破发展,须充分发挥区位优势,积极服务区域经济发展战略,不断提升港口能级,强化高端航运服务能力。一是加强与沿海航运中心的功能分工,努力发挥海岛优势,避免同质化竞争,在做大船舶代理、货运代理、引航、理货等传统航运服务业规模和优势的基础上,特色化发展国际船舶供应业务,打造国际海事服务基地。二是加快培育本土国际航运企业,吸引国际知名航运服务企业、国际航运组织和功能性航运机构入驻,增强航运服务品牌的国际影响力。三是立足资源优势,推进特色商品国际中转基地建设,提升码头全程物流服务功能,争取建设国际商品交易中心,加快发展商品现货交易、金融衍生、贸易融资、资金结算、物流监管、信息服务等业务。四是推进港航基础设施的智能化、自动化升级改造,通过大数据、云计算以及物联网等技术手段的运用,推动港航物流、航空物流、多式联运等信息平台的协同融合,形成港口服务、监管、运输"一站式"服务,大幅提升海港货物周转效率。

三、勇于先行先试,创新生态产品价值实现模式

(一)建立海岛生态产品信息目录

推进海岛生态产品信息调查,编制多层级海岛生态产品目录清单,建立动态监测制度。依托网格化自然资源调查监测体系,开展生态产品基础信息调查,摸清生态产品构成、数量、质量等底数,编制生态产品目录清单。合理评估生态资源资产价值,完成自然资源统一确权登记。以海岸带生态产品价值核算体系为基础,以生态产品实物量为重点,结合海岛自身禀赋特征,完善生态产品价值核算指标体系、具体算法、数据来源和统计口径等,探索建立核算动态反馈机制,逐步构建完善生态产品价值(GEP)核算标准体

系,编制海岛生态产品价值核算规范及技术指南,在重点海岛针对重点资源类型开展核算试点。推进生态产品价值核算结果在政府决策和绩效考核评价中的应用,推动生态产品价值核算"进规划、进决策、进项目",探索在编制规划和实施项目建设时,结合生态产品实物量和价值核算结果采取必要的补偿措施,确保生态产品保值增值。探索建立海岛生态产品价值核算结果的市场应用机制,将核算结果作为开展生态保护补偿、生态环境损害赔偿、经营开发融资、生态资源权益交易等工作的重要依据。建立海岛生态产品价值定期核算与发布制度,适时开展生态保护成效和生态产品价值评估。

(二)培育海岛生态产品交易市场

建立海岛生态产品交易平台和交易机制,积极探索海岛贝藻渔业碳汇交易、红树林碳汇交易、盐沼湿地碳汇交易等蓝碳项目,推动生态产品供需精准对接。探索建立政府引导、企业和社会各界参与、市场化运营的海岛生态资源资产经营管理平台,推动生态产品供需精准对接。加强市场信息共享和产销对接,建设特色生态产品交易中心,充分利用展会平台开展生态产品推介,组织开展生态产品线上云交易、云招商,推进生态产品供给方与需求方、资源方与投资方高效对接。通过互联网、"两微一端"、社交短视频、直播等方式,加大宣传推介力度,提升海岛生态产品的社会关注度。依托龙头企业,建立海岛生态资源资产运营公司,承担调查、储备、评估、核算、流转、策划、增信、提升、开发等转化赋能的全流程业务工作,建设并管理生态资源云数据平台,完成生态资源收储,并同步开展运营提升低效资源、增信推动资源变现等工作,推动海岛生态资源运营管理工作建设。

(三)引导多方参与共同扩大海岛生态产品供给

探索生态补偿、生产补贴、税收优惠、低息贷款、技术援助等多元化激励措施,建立持续性惠益分享机制,引导企业、社会组织及居民参与海岛生态系统修复,畅通社会资本投入渠道。探索建立政府主导、多元化参与的海岛生态保护修复资金投入机制,统筹利用自然资源、财税、金融等相关政策,吸引各类社会资本参与重大工程建设。通过设立海岛生态产品价值实现专项基金、发展投融资机制等方式加大海岛生态产品研发生产的资金投入,建立海岛生态产品价值实现重大项目库,主动谋划实施一批战略性、引领性重大项目。加大政府绿色采购力度,促进绿色产品推广应用。鼓励高校、科研院所及科技型企业加强海岛生态产品价值实现创新研究,加快生态保护修复基础研究和关键技术攻关,加大生态产品技术研发推广力度,构筑产学研一体化支撑体系。鼓励相关企业采取产学研联合或企业技术联盟等手段大力开展海岛生态产品种类创新和生产技术创新,提升产品供给质量和效率。

四、深挖文化特色,创建一流美丽海岛品牌

(一)深度挖掘海岛文化元素

海岛拥有独特、丰富的文化元素,包括渔文化、民俗文化、民族文化等。深度挖掘文化元素、打造特色显著的海岛文化精品,是未来推动海岛品牌建设升级发展的关键。依托海岛自然资源禀赋,梳理生态经济发展新优势,加强与国内外知名品牌设计、品牌策划、文化创意机构的合作,借助外部智力资源加快开发海岛生态资源,培育绿色文化创意品牌,推动海岛自然资源和历史文化元素的深度融合。积极融合生态、创新、创意元素,支持创意文化旅游创新平台、创新基地等新型众创空间发展,融合美丽经济、时尚经济、全域旅游等产业新业态发展,培育更多高品质的文化品牌。依托海岛自然资源和历史文化资源优势,打造融海洋文化、渔业文化与海岛民俗风情于一体的海岛风光文化旅游品牌,引导当地居民参与特色文化建设,推动全社会共建共享。

(二)打造海岛文旅融合品牌

加强文旅体深度融合,培育新型文化业态,丰富文化旅游产品和服务。立足地方自然和文化禀赋,提炼出有市场吸引力的"文化特质"融入高等级景区和风情小镇培育建设,从风景、风貌、风味、风物、风俗、风采等多个方面深入挖掘文化旅游要素,积极打造特色海岛文化品牌。全面推进海岛景区村庄创建,探索打造特色街区、主题场馆、渔文化展示平台等文旅景点,提升海岛旅游品质。结合新型城镇化和美丽乡村建设,在老街、旧厂房、旧仓库、旧建筑保护与改造过程中,着力打造具有历史记忆、文化底色的创意文化旅游街区。针对目标消费群体的需求,布局特色民宿、个性化餐厅、艺术家工作室、主题咖啡馆和酒吧、文化茶馆、复合书店、文创零售、艺术体验等小而特、小而精、小而美的文化商业业态,汇集休闲娱乐、文化创意、创业创新等

综合功能。完善旅游基础设施,改善环境卫生面貌,提升公共服务水平,全面满足游客融入当地生态环境、文化生态、民俗活动、生活方式的体验需求,培育以文化体验、休闲娱乐、摄影写生、游艇海钓、海上运动、滨海度假、养生康体等产品为主的特色鲜明的"海洋文化主题旅游岛屿",做深特色海岛"主题游"。积极承办海钓、沙滩足球、滑翔伞、帆船等特色体育赛事,丰富完善水上运动项目,支持本地旅游公司引进符合本地特色、发展前景良好的海上运动项目,推动竞技体育市场化发展。

借助多种媒体方式,加大海岛文旅品牌宣传力度,提升海岛文旅品牌在全国的影响力。升级传统营销方式,充分利用报刊、广播、电视等传统媒体,全维度覆盖海岛文旅品牌营销,加大客源地区传统媒体的宣传力度,吸引各地市场客源。积极与地方媒体开展战略合作,围绕海岛文化旅游制作精品宣传微视频、微读物等,加大海岛旅游宣传力度,积极与携程、同程等在线旅游平台开展合作,强化联合推介、捆绑营销。针对周边大型城市区域,开展海岛文化旅游品牌推介会,以"线上 + 线下 + 体验"的新推介模式,强化与重点客源地的交互性与联动性。创新宣传载体,围绕海岛渔文化体验、海岛乡村旅游体验、海岛美食体验等特色主题,组织线上线下开展大型宣传活动,提升海岛旅游热度。顺应网络化、数字化、智能化的趋势,培育以"直播带货"为代表的线上新型消费,实现线上线下相融合,捕捉海岛文化产品的消费热点和商机,提振海岛经济动能。

(三)打造海岛文明实践品牌

推进海岛文明创建工作,挖掘海岛红色资源,健全理论宣传宣讲工作体系,打造海岛学习传播实践阵地。不断优化文明村镇、文明单位、文明校园、文明家庭等群众性精神文明创建工作,提升新时代文明实践中心、所、站建设水平,推动社会主义核心价值观深入人心。坚持以人为本,强化公民道德建设,健全道德典型礼遇关爱和退出机制,倡导"德者有得"的社会风尚,打造礼让斑马线、席地可坐等文明实践品牌,推动文明礼仪全面普及、文明好习惯全面养成。立足渔业特色、海洋特色,积极探索"最美渔民""最美海岛建设人"等推选活动,制定礼遇措施,大力弘扬劳模精神、劳动精神、工匠精神,营造勤劳致富的文化氛围。完善公共文化设施网络,积极谋划海岛高品质现代文化供给,打造新型文化传播平台,促进城市社区和基层渔村文化服务齐头并进。

(四)打造海岛社会治理品牌

强化海岛风险闭环管控机制建设,围绕消防、道路交通、危险化学品、海上渔船、食品药品、生态环境、金融等行业领域的风险隐患,健全全链条、精准化的行业监管体系,提升各类安全事故的风险防范能力。针对社会治安、工程建设、交通运输、海洋渔业、金融放贷、文化旅游等重点领域,建立常态化排查机制,筑牢共同富裕安全根基。凝聚乡贤人才,挑选乡贤"船老大"、水产养殖能手、海岛民宿人才等加入各类调解机构,开展法律法规、沟通技巧等业务知识培训,组建有威望的乡贤主持、有法律背景的乡贤提供专业建议、一般志愿者提供基本服务的调解队伍,提升社会治理能力。打造陆海联动"一张网"工作体系,在港内建立巡逻机制,邀请乡贤主持调解港内船只碰撞、泊位争议等矛盾纠纷,确保快速高效化解,在船上设立远洋渔业调解工作室,由乡贤船老大负责,依托在线矛盾多元化解平台开展视频调解,快速就船解决言语冲突等轻微矛盾。

五、优化公共服务,打造民生优享共富样本

(一)构建现代化基础设施体系

基础设施建设不足一直是制约海岛经济社会发展的核心短板。对此,应立足岛内、岛间、陆岛等多个层面谋划基础设施建设与布局,打造系统完备、高效实用、智能绿色、安全可靠的现代化基础设施体系。一是打造立体式、网络型海岛交通基础设施体系。加快推进国省道、重要疏港路、重要县道等干线公路建设,实施连岛行动,积极谋划布局跨海铁路、跨海公路建设,打造高品质水路客运站点,提升陆岛交通码头的门户功能,加强民生航线、涉旅航线、特色航线布局,积极发展民用航空和通用航空,发展岛际通航旅游。二是加快推进绿色智能的水利、能源基础设施建设。推动大陆引水工程建设,加快实现水网连通,科学发展分布式光伏、风能、潮流能、波浪能、氢能等可再生能源,提升电力保障能力,建设互联互通的天然气管网、油品管网,积极谋划液化天然气(LNG)接收站及外输管道项目建设,夯实能源保障体系。三是强化数字基础设施建设。加快实施光缆上岛工程,推进5G网络、数据中心、存储中心等数字基建项目建设,完善"数字海岛"基础设施。

借助数字技术应用,构建智慧、高效的污水、污泥处理一体化系统,形成厂网并举、泥水并重、再生利用设施布局,构建城乡垃圾一体化收集处置体系,健全污水处理设施及配套管网建设,全面提升海岛污染物处理能力。

(二)提升社会公共服务水平

高标准的社会公共服务是海岛共同富裕示范区的重要标志,是实现城乡居民健康资源共建共享、持续增进海岛人民生活福祉的重要保障。一是提质海岛教育。优化学前教育和义务教育学校整体布局,推进教育领域数字化改革,提高教育信息化应用水平,全面提升教育教学治理服务能力现代化。建设高素质、专业化、创新型教师队伍,优化教育资源,稳定师资队伍,完善教育保障机制,促进教育优质、均衡、高质量发展。二是健全医疗健康服务体系。完善公共卫生体系、重大疫情救治体系和公共卫生应急保障体系,提升突发公共卫生事件应对能力。加强医疗卫生专业人才定向培养,补齐海岛紧缺医疗卫生专业人才短板,构建合理的基层医疗卫生专业人才梯队,提高基层医疗卫生机构整体服务水平。三是构建综合养老服务体系。增加养老服务供给,探索乡镇卫生院与养老机构统筹规划、毗邻建设,建设老年活动中心,发展农村互助养老服务。创新养老服务新业态,促进高新技术与养老服务融合发展,加快发展以智慧养老、健康养老为主要业态的养老服务业。加快养老服务人才培养提升,加强养老护理员队伍建设和培训,增加护理人员数量,培育发展为老社会组织,促进社会组织、志愿者参与养老服务。

(三)全面改善城乡人居环境

改善城乡人居环境既是推动海岛旅游业高质量发展的重要保障,也是提升居民幸福感的重要手段。一是要加快推进新型海岛城镇化发展。完善城乡融合发展机制,全面推进以公共服务一体化、基础设施一体化、综合执法一体化为核心的城乡一体化进程,打造共建共享的海岛居民生活场景。深化以城区为主要载体的城镇化建设,加快县城有机更新,大力开展旧城改造,全面推进智慧岛城建设,探索建设共同富裕现代化基本单元。二是深入实施新时代美丽乡村建设。完善村庄规划,持续改善农村人居环境,探索数字乡村建设,培育一批新时代美丽海岛精品村及共同富裕示范村、示范岛。

积极实施进城渔农民,尤其是进城无房户老年渔农民的"安居"项目,打造城郊融合新型城镇,促进渔农村转移人口市民化。三是提升城乡污染治理智能化水平。深入实施智慧环保建设,构建数字化生态环保综合应用系统,健全环境污染问题发现、处置及举一反三闭环管控机制。强化污染物协同控制和区域协同治理,提升城乡环境应急监测与应急处置联动,健全社会参与机制,推进生态环境治理能力现代化,切实推动城乡人居环境改善。四是打造特色亲海人居环境。加强海湾、湿地、岸滩等海岸环境生态修复,依托海岛自然资源优势,谋划建设海洋主题公园、生态长廊、海上运动休闲区等特色居民活动"打卡"点,打造亲海人居环境。

参考文献

［1］全社会行动起来做绿水青山就是金山银山理念的积极传播者和模范践
行者［N］.人民日报,2023-08-16（1）.

［2］绿水青山就是金山银山——习近平总书记在浙江的探索与实践·绿色
篇［N］.浙江日报,2017-10-08（1）.

［3］习近平.决胜全面建成小康社会　夺取新时代中国特色社会主义伟大
胜利——在中国共产党第十九次全国代表大会上的报告［M］.北京:人
民出版社,2017.

［4］Daily G C. Introduction：What are ecosystem services? ［M］//Nature's
Services：Societal Dependence on Natural Ecosystems. Washington, D. C. :
Island Press,1997：1-10.

［5］Costanza R, d'Arge R, de Groot R, et al. The value of the world's
ecosystem services and natural capital ［J］. Nature, 1997, 387 （15）:
253-260.

［6］李淑娟,徐海霞,隋玉正.国内外海洋生态系统服务研究进展及启示
［J］.海洋湖沼通报,2019（1）:126-134.

［7］石敏俊,陈岭楠,王金南.生态产品第四产业的概念辨析与核算框架
［J］.自然资源学报,2023（7）:1784-1796.

［8］Marre J, Thébaud O, Pascoe S, et al. Is economic valuation of ecosystem
services useful to decision-makers? Lessons learned from Australian coastal
and marine management［J］. Journal of Environmental Management,2016,
178:52-62.

［9］欧阳志云,朱春全,杨广斌,等.生态系统生产总值核算:概念、核算方法
与案例研究［J］.生态学报,2013（21）:6747-6761.

［10］Chee Y E. An ecological perspective on the valuation of ecosystem services

[J]. Biological Conservation,2004,120(4):549-565.

[11]潘怡,叶属峰,刘星,等.南麂列岛海域生态系统服务及价值评估研究[J].海洋环境科学,2009(2):176-180.

[12]丁冬静.海南滨海湿地生态系统服务功能价值评估[D].北京:中国林业科学研究院,2016.

[13]王保栋,陈爱萍,刘峰.海洋中 Redfield 比值的研究[J].海洋科学进展,2003(2):232-235.

[14]隋磊,赵智杰,金羽,等.海南岛自然生态系统服务价值动态评估[J].资源科学,2012(3):572-580.

[15]张朝晖,叶属峰,朱明远.典型海洋生态系统服务及价值评估[M].北京:海洋出版社,2007.

[16]王祥荣,谢玉静,李瑛,等.气候变化与中国韧性城市发展对策研究[M].北京:科学出版社,2016.

[17]《中国海岛志》编纂委员会编.中国海岛志:浙江卷第一册[M].北京:海洋出版社,2014.

[18]Howarth R B, Farber S. Accounting for the value of ecosystem services[J]. Ecological Economics,2002,41(3):421-429.

[19]Limburg K E, Folke C. The ecology of ecosystem services:Introduction to the special issue[J]. Ecological Economics,1999,29(2):179-182.

[20]习近平.干在实处　走在前列——推进浙江新发展的思考与实践[M].北京:中共中央党校出版社,2013.

[21]Carson R. Silent Spring[M]. New York:Houghton Mifflin Harcourt,2002.

[22]Ayres R U, Kneese A V. Production, consumption, and externalities[J]. The American Economic Review,1969,59(3):282-297.

[23]Patel C K. Industrial ecology[J]. Proceedings of the National Academy of Sciences,1992,89(3):798-799.

[24]邓英淘.新发展方式与中国的未来[M].北京:中信出版社,1992.

[25]李周.生态产业初探[J].中国农村经济,1998(7):4-9.

[26]王如松,杨建新.产业生态学和生态产业转型[J].世界科技研究与发展,2000(5):24-32.

［27］陈效兰. 生态产业发展探析［J］. 宏观经济管理,2008(6):60-62.

［28］李周. 生态产业发展的理论透视与鄱阳湖生态经济区建设的基本思路［J］. 鄱阳湖学刊,2009(1):18-24.

［29］刘建波,温春生,陈秋波,等. 海南生态产业发展现状分析［J］. 热带农业科学,2009(1):39-43.

［30］梁蕊娇. 数字经济背景下生态产业高质量发展路径探析［J］. 时代经贸,2022(11):142-145.

［31］任洪涛. 论我国生态产业的理论诠释与制度构建［J］. 理论月刊,2014(11):121-126.

［32］王金南,王志凯,刘桂环,等. 生态产品第四产业理论与发展框架研究［J］. 中国环境管理,2021(4):5-13.

［33］邵文慧. 海洋生态产业链构建研究［J］. 中国渔业经济,2016(5):10-17.

［34］李京梅,王娜. 海洋生态产品价值内涵解析及其实现途径研究［J］. 太平洋学报,2022(5):94-104.

［35］秦曼,刘阳,程传周. 中国海洋产业生态化水平综合评价［J］. 中国人口·资源与环境,2018(9):102-111.

［36］王琰,杨帆,曹艳,等. 以生态产业化模式实现海洋生态产品价值的探索与研究［J］. 海洋开发与管理,2020(6):20-24.

［37］中华人民共和国自然资源部. 海洋碳汇核算方法［M］. 北京:中国标准出版社,2022.

［38］Stocker T F, Qin D, Plattner G, et al. Contribution of Working Group I to the Fifth Assessment Report of the Intergovernmental Panel on Climate Change［M］. New York: Cambridge University Press,2013.

［39］Friedlingstein P, O'sullivan M, Jones M W, et al. Global carbon budget 2020［J］. Earth System Science Data,2020,12(4):3269-3340.

［40］焦念志,梁彦韬,张永雨,等. 中国海及邻近区域碳库与通量综合分析［J］. 中国科学:地球科学,2018,48(11):1393-1421.

［41］陈武. 中国海洋碳汇渔业发展对碳效益的影响研究［D］. 长春:吉林大学,2022.

［42］Phang V X, Chou L M, Friess D A. Ecosystem carbon stocks across a tropical intertidal habitat mosaic of mangrove forest, seagrass meadow, mudflat and sandbar[J]. Earth Surface Processes and Landforms,2015,40 (10):1387-1400.

[43]张紫轩.人工鱼礁生态效应评价及增殖放流物种生态容量评估[D].上海:上海海洋大学,2022.

[44]许冬兰.蓝色碳汇:海洋低碳经济新思路[J].中国渔业经济,2011,29 (6):44-49.

[45]张麋鸣,颜金培,叶旺旺,等.福建省贝藻类养殖碳汇及其潜力评估[J]. 应用海洋学学报,2022,41(1):53-59.

[46]郭莉娜,赵娇娟,程前,等.海洋牧场碳汇容量计算方法理论探讨[J].中国渔业经济,2023(1):57-63.

[47]李纯厚,贾晓平,齐占会,等.大亚湾海洋牧场低碳渔业生产效果评价 [J].农业环境科学学报,2011(11):2346-2352.

[48]公丕海,李娇,关长涛,等.莱州湾增殖礁附着牡蛎的固碳量试验与估算 [J].应用生态学报,2014(10):3032-3038.

[49]Wang F, Sanders C J, Santos I R, et al. Global blue carbon accumulation in tidal wetlands increases with climate change [J]. National Science Review,2021,8(9):296.

[50]Wu J, Zhang H, Pan Y, et al. Opportunities for blue carbon strategies in China[J]. Ocean & Coastal Management,2020,194:105241.

[51]尹钰文,车鉴,魏海峰,等.辽宁省2010—2019年海水养殖贝藻类碳汇能力评估[J].海洋开发与管理,2022(9):17-23.

[52]习近平.在庆祝改革开放40周年大会上的讲话[N].人民日报,2018-12-19(2).

[53]陈斌娜,王瞳,任芮芮.我市首笔海洋碳汇交易意向签约[N].舟山日报,2023-07-12(2).

[54]程家骅,姜亚洲.海洋生物资源增殖放流回顾与展望[J].中国水产科学,2010(3):610-617.

后 记

本书缘起于浙江省社会科学界联合会开展的"社科赋能山区（海岛）县高质量发展行动"专项课题"嵊泗争创共同富裕海岛示范县的经验与探索"。宁波大学东海研究院对接嵊泗县委宣传部、县社科联，开展以海岛"生态立县"先行地实践为主题的专项研究。课题组坚持问题导向、需求导向，聚焦海岛探索高品质生态与高质量发展的特色道路。希望本书能够成为社会各界了解和认识嵊泗县高质量发展先行地实践的重要窗口，也能为浙江乃至全国海岛地区全面推进人与海洋和谐共生的现代化模式提供有益参考，助力嵊泗县生态强县富民发展迈上新台阶。

本书的研究和写作邀请到宁波大学、中共舟山市委党校、嵊泗县社科联和县委党校、浙江石油化工有限公司等单位的十余位学者共同参与。具体分工如下：余杨教授负责整个课题（全书）设计、审读、审定等工作，具体负责第一章和第三章；季扬沁博士负责第二章；余璇博士负责第四章；胡求光教授负责第五章；张洪涛副研究员负责第六章；陈琦博士负责第七章。各章执笔人如下：

第一章 宁波大学余杨、嵊泗县委党校贺跃军

第二章 中共舟山市委党校季扬沁、宁波大学余杨

第三章 宁波大学余杨、焦帅晔

第四章 宁波大学余璇、嵊泗县社科联翁晖

第五章 宁波大学胡求光、魏昕伊、单亦柯

第六章 浙江石油化工有限公司张洪涛、宁波大学焦帅晔、嵊泗县社科联翁晖

第七章 宁波大学陈琦、嵊泗县委党校贺跃军

本书在研究落实过程中，得到省社科联以及嵊泗县委宣传部、县社科联、县生态文明建设主管部门和县委党校等的大力支持和配合，得到学界、业界同人的共同支持，在此表示衷心的感谢！在浙江省社科联党组成员、副主席范钧的带领下，课题组多次赴嵊泗考察调研。嵊泗县委书记邬剑波为

课题组的工作对接、成果交流与转化等提供了大力支持,县委宣传部部长刘立峰在专题调研、学术研讨、会务安排等各方面事无巨细、亲力亲为,为研究落实提供了极大便利。嵊泗县发展和改革局、经济和信息化局、自然资源和规划局、海洋与渔业局、文化和广电旅游体育局、统计局等多部门负责人对"生态立县"的主要举措与创新成效提供了充分的意见与经验参考。宝武资源马迹山港倪锦文、浙江浙能嘉兴海上风力发电有限公司陈沈伟、国家电投集团氢能科技发展有限公司刘野等负责人在"港、景、渔、能"产业生态发展、案例研究等项目工作中提出了建设性意见。宁波大学副校长汪浩瀚教授、浙江省社科联科研管理处处长屠春飞就资政建议采纳、政策创新与应用给予课题组极大的鼓励与支持。宁波大学东海研究院执行副院长胡求光以及团队成员克服山海风雨、车船颠簸,数次共赴嵊泗,为蓝海美丽付出不懈努力。

非常感谢浙江省政府经济建设咨询委员会委员、浙江大学黄祖辉教授为本著作作序,并提出下一阶段开展系列研究的宝贵意见。

著作出版方面,浙江省社科联以及东海研究院的基金支持使得前期成果能够顺利出版。

宁波大学东海研究院、商学院以及经济系与研究所给我提供了一个愉快的工作和学习环境。学生焦帅晔、包寅孜对著作稿件的仔细审读和校稿,提高了文本质量,为著作的顺利出版提供了支持。

在此,对所有为本研究提供帮助和指导、为本著作做出贡献的同志表示衷心的感谢!

本书整理出版之际,我正在加拿大阿尔伯塔大学访学。合作学者刘润娟教授和汪龙周博士是发展经济学、国际经济学以及资源环境经济学等领域的国际知名专家,在绿色转型与国际合作、制度设计与优化等研究方面具有突出贡献。很荣幸能够在国际"石油之都"与这些学者就资源创新利用、生态市场建设等主题进行深入的学术研讨,在资源环境前沿问题与方法论方面进行创新性探索。期待在此进行"石油之都"与"海上明珠"的高质量发展研究比照,期待海岛嵊泗成为展示海洋生态文明的世界窗口。

余 杨

2023 年 12 月 20 日早上于加拿大埃德蒙顿市河谷岸